高等院校法学精编系列教材

电子商务法案例评析

（第3版）

李晓秋　主编

对外经济贸易大学出版社
中国·北京

图书在版编目（CIP）数据

电子商务法案例评析 / 李晓秋主编. —3 版. —北京：对外经济贸易大学出版社，2024.6

高等院校法学精编系列教材

ISBN 978-7-5663-2565-5

Ⅰ. ①电… Ⅱ. ①李… Ⅲ. ①电子商务–法规–案例–中国 Ⅳ. ①D922.294.5

中国国家版本馆 CIP 数据核字（2023）第 257587 号

电子商务法案例评析（第 3 版）

李晓秋　**主编**

责任编辑：刘传志

助理编辑：吴中杰

出版发行：对外经济贸易大学出版社

社　　址：北京市朝阳区惠新东街 10 号

网　　址：www.uibep.com

资源网址：www.uibepresources.com

邮政编码：100029

邮购电话：010－64492338

发行部电话：010－64492342

E-mail：uibep@126.com

成品尺寸：185mm×260mm

印　　张：14.5

字　　数：335 千字

ISBN 978-7-5663-2565-5

印　　刷：北京九州迅驰传媒文化有限公司

版　　次：2024 年 6 月北京第 3 版

印　　次：2024 年 6 月第 1 次印刷

定　　价：49.00 元

第 3 版修订说明

当前，数字经济作为经济的新引擎，正深刻地改变着产业结构和商业模式。电子商务则是数字经济中的一个重要组成部分，它以互联网为平台，实现了线上线下的无缝连接，为消费者提供了更加便捷、多样化的消费体验。随着移动支付、物流配送等领域的不断创新，电子商务已经从传统的购物方式演变为一个全方位的消费生态系统。根据国家统计局数据显示，2022 年，全国电子商务交易额达 43.83 万亿元，按可比口径计算，比上年增长 3.5%。电子商务的快速发展极大地推动了其立法、司法和执法等法治实践，也推动了电子商务法治的理论研究。近年来，电子商务的科学立法以习近平法治思想为根本遵循，取得重要成果——《电子商务法》《电子签名法》《网络安全法》《数据安全法》《个人信息保护法》《网络交易监督管理办法》《网络直播营销管理办法（试行）》《国务院反垄断委员会关于平台经济领城的反垄断指南》等法律法规相继颁布。与此同时，电子商务领域的司法实践积累了更加丰富的经验。

本书第 2 版自 2015 年 9 月出版以来，在高校电子商务专业、结合专业教学中得到了广泛的应用，效果良好。近年来随着数字经济时代的到来，电子商务面临新的机遇和挑战。基于此，我们启动了第 3 次修订，以确保电子商务法案例分析教材的提质升级。第 3 版在体系框架和所选案例方面与第 2 版、第 1 版有着显著不同，也使得本次修订是修订工作量最大的一次。

本次修订以习近平新时代中国特色社会主义思想为指导和根本遵循，践行社会主义核心价值观。以“问题意识”为引领，通过典型案例的评析，将法学理论与实践创新紧密结合，引导阅读者发现问题、分析问题、解决问题，进而推动电子商务营商环境的优化和高质量发展，着力推动法治中国建设。在体系框架上根据《中华人民共和国电子商务法》的结构，即“总则→电子商务经营者→电子商务合同的订立与履行→电子商务争议解决→电子商务促进→法律责任”的篇章来设置，总共分为六章。在案例方面，编写组根据各篇章的不同，精心选择和调整案例，总共替换 60 个案例。新增选案例主要来源于最高人民法院公布的指导性案例、公报案例、典型案例，以及每年 4 月 26 日公布的知识产权司法保护案例、三大互联网法院公布的典型案例、社会关注的热点案例。在内容方面，每宗案例都包括案例索引、案情简介、审理结果、法理评析、法条点击等部分。编写组力求翔实全面介绍每宗案件的案情和审理结果，在深刻剖析其“法理”的同时也注重讲清“事理”和“情理”，及时追踪立法和司法最新动态，确保相关信息的及时更新。

本书第 3 版仍由李晓秋担任主编。参与修订的作者及分工如下（以撰写章节先后顺序）：

李晓秋（重庆大学法学院 科技法治研究中心）：负责本次修订的总体策划、体系框架设计、增删案例的确认、统稿和修改，并撰写第 3 版修订说明及第二章；

孙卿轩（重庆市人大常委会法制工作委员会法规一处）：负责撰写第一章；

远洋（中国建筑第八工程局有限公司城市发展公司法律部）：负责修改第三章；

潘晨（重庆市渝北区人民法院民二庭）：负责撰写第四章；

余晨（国浩律师（成都）事务所）：负责撰写第五章；

田帅帅（重庆城市科技学院/北京天驰君泰（重庆）律师事务所）：负责撰写第六章。

编者借此一隅，一并向本书提及和没有提及的相关人员致谢：在本书撰写过程中给予悉心指导和大力支持的重庆大学法学院曾文革教授；本书中注明和没有注明的、赋予编写人员灵感和指引的众多研究成果的作者；为本书顺利再版付出辛勤工作的对外经济贸易大学出版社吴中杰、刘传志编辑；参与本次修订版初稿校核的硕士研究生吴蕴扬、黄钰清、赵艳婷、潘玉磊、王梓骄、田苗。

本书如能继续成为各位同仁在理论研究和实践中的参考资料，必是本书编写组的努力目标和莫大荣幸！

李晓秋

2023年9月18日于重庆大学法学楼

目　录

第一章

总　　则

当前，伴随着互联网的全球化、普遍化，我国电子商务得到空前发展。电子商务的快速发展不仅推动了我国经济的发展，也改变了人们的生活方式。它不仅为消费者提供了更加便捷的购物渠道，也为商家提供了更加广阔的销售平台。作为引领网络经济发展的生力军，电子商务由于蕴藏着巨大的利润和财富而备受社会各界青睐，由此产生的利益和机会已成为整个社会追逐和争夺的新目标，各种电子商务侵权行为也随之产生。

与传统的商务活动相比，电子商务具有虚拟性、跨越时空性、高效性以及信息的开放性等特征，加之知识产权客体的无形性，电子商务环境中的知识产权更容易成为被侵犯的对象，知识产权法律保护在电子商务领域中面临更新、更复杂的挑战。此外，电子商务领域的竞争已达白热化程度。激烈的竞争往往会带来市场秩序的失控，尤其是在经济这一独特的环境之中。网络的“先发效应”“用户锁定效应”以及其他的进入障碍都会对市场的自由竞争产生影响，甚至形成极少数实力雄厚的“网络寡头”“电商寡头”。这不仅会减损竞争，还会产生垄断和不正当竞争。

由于电子商务较之传统商务有诸多新特性，该领域的知识产权侵权、不正当竞争行为以及其他侵权行为也呈现出许多新样态。比如，在电子商务领域中，小程序平台的法律属性的认定、直播带货平台的法律性质、网络虚假刷单行为以及电子商务中出现的生命权、健康权纠纷等，都有待作进一步深入研究。有鉴于此，本章精选了近年来在司法实务中出现的部分热点案例，其中不乏全国法院“十大商事案例”“年度优秀案例”等，从理论和实务的角度对相关问题进行专门分析，以期更好地指导实践，推动建设良好的电子商务经济市场秩序，促进网络经济持续健康发展。

1. 如何认定提供小程序的平台的法律属性?

——杭州某网络科技有限公司与长沙某网络公司、深圳市某计算机系统有限公司侵害作品信息网络传播权纠纷案[①]

◉ 案情简介

原告：杭州某网络科技有限公司

被告：长沙某网络公司

被告：深圳市某计算机系统有限公司

原告杭州某网络科技有限公司诉称，其获得了专栏作品《武志红的心理学课》复制权、发行权、信息网络传播权的排他授权并可以自己名义维权，被告长沙某网络公司未经许可，在其开发、运营并所有的微信小程序向公众提供涉案作品部分音频内容的在线播放服务，侵犯了其著作权；被告深圳市某计算机系统有限公司作为微信小程序的平台管理者，对小程序内容具有审核的义务，在应知的情况下，仍然放任长沙某网络公司的侵权行为，构成帮助侵权。两被告的侵权行为给原告造成了损失。原告以此为由将两被告诉至杭州互联网法院，请求判令两被告停止侵权并赔偿经济损失以及合理费用共计人民币 5 万元。

被告长沙某网络公司答辩称，其无侵权故意且在收到通知后及时断开链接，删除了涉案视频。

被告深圳市某计算机系统有限公司答辩称，小程序服务是一种移动页面接入技术服务，不存储小程序开发者具体服务内容，并非信息存储服务空间，其性质属于基础性技术服务，这也决定了深圳市某计算机系统有限公司无法做到一般网络服务提供者所能采取的删除、屏蔽等必要措施。深圳市某计算机系统有限公司作为仅为页面接入提供基础性技术服务的主体，已经公示了页面开发者即内容提供者的主体信息，不存在侵权意图和过错。因客观技术原因和法律规定，深圳市某计算机系统有限公司并不具有删除侵权内容的义务，不应承担侵权责任或整体下架涉案小程序的责任。

一审法院杭州互联网法院认为，小程序的开发者服务器数据不保存于深圳市某计算机系统有限公司，开发者通过小程序直接向用户提供数据和服务。深圳市某计算机系统有限公司对小程序开发者提供的是架构与接入的基础性网络服务，其性质类似《信息网络传播权保护条例》第 20 条规定的自动接入、自动传输服务。与直接存储或控制第三方内容的网络服务不同，深圳市某计算机系统有限公司未存储开发者小程序的数据且亦无法进入开发者服务器查看或处理相关内容，其客观上难以对小程序内容作出审核。因此，

---

① 案例摘自杭州互联网法院（2018）浙 0192 民初 7184 号判决书，浙江省杭州中级人民法院（2019）浙 01 民终 4268 号判决书。

原告认为深圳市某计算机系统有限公司违反审查义务、构成帮助侵权应承担赔偿责任的诉请不能成立。同理，深圳市某计算机系统有限公司不属于《信息网络传播权保护条例》第 14 条规定的“提供信息存储空间或者提供搜索、链接服务的网络服务提供者”，不适用该条款规定的“通知—删除”规则。从深圳市某计算机系统有限公司所能采取的必要措施看，由于小程序内容均存储于开发者服务器，小程序只是通过开发者域名作为端口与开发者服务器之间进行通信。因此，小程序平台在技术上无法触及开发者服务器内容，更谈不上精准删除开发者服务器中侵权内容。如果一定要屏蔽侵权信息，深圳市某计算机系统有限公司在技术上可采取的措施只有彻底关闭通信端口，切断用户与开发者之间的联系通道，即彻底删除小程序，而彻底删除小程序并非法律规定的采取必要措施所追求的“定位清除”效果。因此，以法律规定和客观技术事实为依据，深圳市某计算机系统有限公司作为小程序接入服务提供者，不应承担开发者小程序内容出现侵权时整体下架小程序的责任。

◉ 审理结果

一审宣判后，原告不服提出上诉。二审法院浙江省杭州市中级人民法院审理查明的事实除与一审判决认定的事实一致外，另查明原告在提起本案诉讼前，未就长沙某网络公司的被控侵权行为向深圳市某计算机系统有限公司通知或投诉。二审法院认为一审判决认定事实清楚，实体处理得当，应予维持，判决驳回上诉，维持原判。

◉ 法理评析

在互联网技术日益发展的今天，手机用户们都在享受着微信小程序给我们带来的便利。从小程序的技术原理来看，小程序是开发者独立运营的一组框架网页架构，只通过指定域名与开发者服务器通信，开发者通过小程序直接向用户提供数据和服务，小程序的开发者与提供小程序的平台往往属于不同主体。当出现侵权纠纷时，作为提供小程序的平台的法律属性如何认定，以及小程序平台管理者是否构成帮助侵权往往是争议的焦点。

我国《民法典》第 1194 条规定了网络服务提供者的侵权责任。实际上，网络服务提供者是一个非常宽泛、模糊的概念，它囊括了在网络这一环境下为用户提供服务的所有机构，“不仅指提供网络设备的主体，而且包括了提供各类信息服务的主体”。[①]1998 年，美国《千禧年数字版权法》将网络服务提供者分为四类[②]，并分别规定相应的免责事由。[③]本案中，杭州互联网法院认为“小程序”属于基础性网络服务提供者，其性质与《信息网络传播权保护条例》第 20 条规定的自动接入服务提供者类似。二审法院浙江省杭州市中级人民法院则认为深圳市某计算机系统有限公司提供的微信小程序服务不属于《信息网络传播

---

① 兰晓为，彭小坤．“网络服务提供者”之微观解析［J］．科技与法律，2009（05）：21－25．

② 网络服务提供者的四种类型为：暂时性数字网络传输商（Transitory Digital Network Communications）、系统缓存服务商（System Caching）、依用户指令存放系统信息服务商（Information Residing on Systems or Networks at Direction of Users）、信息定位服务商（Information Location Tools）。

③ 参见美国《千禧年数字版权法》第 512 条 a 款、b 款、c 款、d 款。

权保护条例》规定的四种类型服务，不能适用《信息网络传播权保护条例》的相关规定，而应根据《民法典》生效前的《中华人民共和国侵权责任法》（已废止）第36条关于网络服务提供者责任的规定来确定深圳市某计算机系统有限公司在本案中是否构成帮助侵权、应否承担相应的民事责任。虽然两个法院的判决都认定被告深圳市某计算机系统有限公司无须承担间接侵权责任，但在“通知—删除”规制的适用上却存在明显差异，其关键在于小程序平台的法律属性。

《信息网络传播权保护条例》第20条、第21条、第22条和第23条规定了四种服务类型，即自动接入和自动传输服务、自动存储服务、信息存储空间服务以及搜索或者链接服务。就本案而言，一是微信小程序开发者服务器数据并不保存于深圳市某计算机系统有限公司，故其提供的服务既非自动缓存服务，也非信息存储空间服务；二是微信小程序用户点击播放按钮时网页未发生跳转，浏览者在小程序上即可完成作品收听，并不提供指向或含有具体作品的网页链接，故其提供的内容也不属于搜索或链接服务；三是深圳市某计算机系统有限公司为微信小程序开发者提供了框架、组件、接口等完成小程序页面的搭建，故其提供的服务不属于单纯的网络自动传输服务，更不属于自动接入服务。因此，微信小程序所提供的服务并非《信息网络传播权保护条例》所规定的四种服务类型，应属于一种新型的网络服务。

随着技术的不断更新，对每一种新型技术进行分类既无必要也不现实，但这并不意味着作为新型网络服务提供者的小程序提供平台不受法律的规制。我国《民法典》第1194条所规定的网络服务提供者的侵权责任针对的是一切发生于网络的侵权行为，第1195条明确了互联网中侵权责任的“通知—删除”规则，即权利人或者利害关系人发现专利侵权情形时，先行通知网络服务提供者，网络服务提供者据此进行审查。“通知—删除”规则来源于美国《千禧年数字版权法》，具体而言，它是指“信息存储空间服务提供者或搜索和链接服务提供者在接到著作权人通知的情况下，对网络用户上传的侵权内容进行删除而免于承担著作权侵权责任，即可以进入‘避风港’。”[①]“通知—删除”规则是关于网络经营者法律责任的免除，让网络经营者不至于卷入无尽的诉讼纠纷中，在互联网发展前期对网络的快速发展起到了极大的推动作用。本案中，原告在提起诉讼前并未就被告的被控侵权行为向深圳市某计算机系统有限公司发出通知、投诉等，以告知深圳市某计算机系统有限公司运营的微信小程序中存在侵权信息并要求其采取相应措施。“通知—删除”规则要求在线服务提供者接到权利人的侵权通知以后，应当删除存在于其系统之上的侵权材料，或者断开存储侵权材料的网址。[②]在微信小程序包含海量信息的情况下，深圳市某计算机系统有限公司作为网络服务提供者，并不具有面对存在海量信息的微信小程序进行事前审查的能力，法律亦未规定其有该项义务。因此，深圳市某计算机系统有限公司并不存在过错，不构成帮助侵权。

---

① 李晓秋. 客观认识专利法“通知—删除”规则［N］. 中国知识产权报，2016-08-26（008）.

② 孔祥俊.“互联网条款”对于新类型网络服务的适用问题——从“通知删除”到“通知加采取必要措施”［J］. 政法论丛，2020（01）：52-66.

法条点击[①]

《中华人民共和国民法典》

第一千一百九十四条 网络用户、网络服务提供者利用网络侵害他人民事权益的，应当承担侵权责任。法律另有规定的，依照其规定。

第一千一百九十五条 网络用户利用网络服务实施侵权行为的，权利人有权通知网络服务提供者采取删除、屏蔽、断开链接等必要措施。通知应当包括构成侵权的初步证据及权利人的真实身份信息。

网络服务提供者接到通知后，应当及时将该通知转送相关网络用户，并根据构成侵权的初步证据和服务类型采取必要措施；未及时采取必要措施的，对损害的扩大部分与该网络用户承担连带责任。

权利人因错误通知造成网络用户或者网络服务提供者损害的，应当承担侵权责任。法律另有规定的，依照其规定。

《信息网络传播权保护条例》

第十四条 对提供信息存储空间或者提供搜索、链接服务的网络服务提供者，权利人认为其服务所涉及的作品、表演、录音录像制品，侵犯自己的信息网络传播权或者被删除、改变了自己的权利管理电子信息的，可以向该网络服务提供者提交书面通知，要求网络服务提供者删除该作品、表演、录音录像制品，或者断开与该作品、表演、录音录像制品的链接。通知书应当包含下列内容：

（一）权利人的姓名（名称）、联系方式和地址；

（二）要求删除或者断开链接的侵权作品、表演、录音录像制品的名称和网络地址；

（三）构成侵权的初步证明材料。

权利人应当对通知书的真实性负责。

第二十条 网络服务提供者根据服务对象的指令提供网络自动接入服务，或者对服务对象提供的作品、表演、录音录像制品提供自动传输服务，并具备下列条件的，不承担赔偿责任：

（一）未选择并且未改变所传输的作品、表演、录音录像制品；

（二）向指定的服务对象提供该作品、表演、录音录像制品，并防止指定的服务对象以外的其他人获得。

---

① 由于部分案例审判时所引用的法律法规已修改或失效，本书“法条点击”部分列举的为最新法律法规的条款。

2. “付费超前点播”模式是否因平台享有单方变更权而有效?

——吴某某与北京某科技有限公司网络服务合同纠纷案[①]

◉ 案情简介

原告：吴某某

被告：北京某科技有限公司

原告诉称，其系北京某科技有限公司的黄金 VIP 会员，可享受其平台的内容特权（比如热剧抢先看）、观影特权（比如广告特权）、身份特权和生活特权（共计 4 类 40 余项）。吴某某激活开通“黄金 VIP 会员 365 天”，其会员权利起止时间为 2019 年 6 月 19 日至 2020 年 6 月 18 日。当时北京某科技有限公司提供的 VIP 会员协议系 2018 年 11 月 23 日的旧协议。2019 年 12 月 8 日，北京某科技有限公司更新了 VIP 会员协议，增加了“付费超前点播”条款。原告认为在电视剧《庆余年》播出过程中，北京某科技有限公司推出的“付费超前点播”模式使其需要额外付费才能看最新剧集，损害了其会员权益。于是，原告向一审法院请求确认涉案《VIP 会员服务协议》存在多处违法条款，应属无效，并请求判令北京某科技有限公司赔偿吴某某公证费损失 1 500 元。

被告答辩称，对于原告所提出的诉讼请求均不认可，请求法院依法驳回原告吴某某的全部诉讼请求。

一审法院北京互联网法院经审理认为：“涉案 VIP 会员协议”属于格式条款。“涉案 VIP 会员协议”导言第 2 款[②]部分有违法律关于格式条款不允许合同当事人排除适用的强制性规定[③]，故该内容无效。“涉案 VIP 会员协议”第 3.1 条[④]部分，北京某科技有限公司可以设立单方变更权，但是该项合同权利的解释受到合同法公平原则的制约，即北京某

---

① 案例摘自北京互联网法院（2020）京 0491 民初 3106 号判决书，北京市第四中级人民法院（2020）京 04 民终 359 号判决书。

②《VIP 会员服务协议》导言第 2 款规定：“双方同意前述免责、限制责任条款不属于《合同法》第 40 条规定的‘免除其责任、加重对方责任、排除对方主要权利’的条款，即您和爱奇艺均认可前述条款的合法性及有效性，您不会以爱奇艺未尽到合理提示义务为由而声称协议中条款非法或无效。”

③《中华人民共和国民法典》第 497 条规定：“有下列情形之一的，该格式条款无效：（一）具有本法第一编第六章第三节和本法第五百零六条规定的无效情形；（二）提供格式条款一方不合理地免除或者减轻其责任、加重对方责任、限制对方主要权利；（三）提供格式条款一方排除对方主要权利。”

④《VIP 会员服务协议》第 3.1 条规定：“爱奇艺有权基于自身运营策略变更全部或部分会员权益、适用的用户设备终端。”

科技有限公司在享有单方变更权的同时，也有不损害合同相对方利益的当然法律义务。北京某科技有限公司在依据该条款行使单方变更权时，如果损害了合同相对方的权益，其单方变更行为不具有法律效力。“涉案 VIP 会员协议”第 3.3 条[①]部分和“涉案 VIP 会员协议”第 10.2 条[②]部分，既未违反法律、行政法规中的强制性规定，又未违背公序良俗，属于当事人享有的合同自由的范畴，应属有效。同时，北京某科技有限公司在卫视热播电视剧、优质自制剧范围内，推出“付费超前点播”服务违反了其与吴某某之间“热剧抢先看”的约定，北京某科技有限公司构成违约，应当承担赔偿损失的民事责任。

◉ 审理结果

二审法院北京市第四中级人民法院经审理认为，一审判决认定事实清楚，适用法律正确，应予维持，判决驳回上诉，维持原判。

◉ 法理评析

本案的焦点之一在于北京某科技有限公司单方变更的“付费超前点播”条款是否有效。随着我国电子商务行业的发展，网络交易平台的格式合同在网络交易中的地位与作用逐步显露出来。为了提高交易效率，经营者往往向消费者提供格式合同供双方签订。提供商品或者服务的网络经营者往往利用其优势地位，制定有利于自己而不利于交易对方的格式条款，这影响到合同当事人之间的利益平衡。格式条款的适用应基于双方当事人达成平等互利协议的基本构想，不能背离最初合同订立的目的，更不能“沦落为条款拟定方牟取不正当利益的工具”[③]。实践中，对于网络服务合同格式条款中与消费者有重大利害关系的内容，服务的网络经营者需要尽到显著提示义务，简单地“点击即同意”并不是一个有效的提示。对此，《民法典》第 496 条对格式条款合同有明确的要求，即提供格式条款的一方应当遵循公平原则确定当事人之间的权利和义务，并采取合理的方式提示对方注意免除或者减轻其责任等与对方有重大利害关系的条款，按照对方的要求，对该条款予以说明。

格式条款的更改应基于合同双方“真实意思表示”的“同意”，且须是积极的、明确的、可以被共同认知的具体行为或者具体表达。本案中，北京某科技有限公司在“涉案 VIP 会员协议”的格式条款中没有提供给 VIP 会员便捷解除合同、退还 VIP 会员费的有效渠道，导致即便会员不同意变更的内容，其解除 VIP 会员协议的权利依旧形同虚设，构成对 VIP 会员权利的实质损害。此外，在解除 VIP 会员协议受限的情况下，北京某科技有限公司单方面约定“如您在变更后的协议生效后仍继续使用 VIP 会员服务的，则视为您已经同意变更的全部内容”，显然违反了《民法典》中的公平原则。因此，北京某科

---

① 《VIP 会员服务协议》第 3.3 条规定：“您理解并同意部分视频出于版权方等原因，视频的片头仍会有其他形式的广告呈现，上述呈现不视为爱奇艺侵权或违约。”

② 《VIP 会员服务协议》第 10.2 条规定：“双方同意，解决争议时，应以您同意的最新《VIP 会员服务协议》为准。”

③ 夏庆锋. 网络合同中不正当格式条款的纠正规则［J］. 江淮论坛，2020（02）：134－144.

技有限公司单方面更改“付费超前点播”服务协议违反了其与吴某某之间“热剧抢先看”的约定，实质性缩减了会员权益，其行为构成违约。

互联网技术的发展日益改变着人们的生产生活方式。在符合法律规定的情况下，为了满足社会公众多元的文化需求，为用户创造更好的服务体验，网络服务提供者可以探索新的商业模式，制定单方变更条款。但是，单方变更条款应以提升用户体验、适应技术革新等实现用户与网络平台之间的共赢为目的，同时受到公平原则的制约，必须建立在不损害用户合法权益的基础上。如果单方变更权行使后形成的合同条款，不当地克减了用户的主要权利，就应当认定此类合同条款损害社会公共利益，应属无效。

◉ 法条点击

《中华人民共和国消费者权益保护法》

第二十六条 经营者在经营活动中使用格式条款的，应当以显著方式提请消费者注意商品或者服务的数量和质量、价款或者费用、履行期限和方式、安全注意事项和风险警示、售后服务、民事责任等与消费者有重大利害关系的内容，并按照消费者的要求予以说明。

经营者不得以格式条款、通知、声明、店堂告示等方式，作出排除或者限制消费者权利、减轻或者免除经营者责任、加重消费者责任等对消费者不公平、不合理的规定，不得利用格式条款并借助技术手段强制交易。

格式条款、通知、声明、店堂告示等含有前款所列内容的，其内容无效。

《中华人民共和国民法典》

第一百一十九条 依法成立的合同，对当事人具有法律约束力。

第四百九十六条 格式条款是当事人为了重复使用而预先拟定，并在订立合同时未与对方协商的条款。

采用格式条款订立合同的，提供格式条款的一方应当遵循公平原则确定当事人之间的权利和义务，并采取合理的方式提示对方注意免除或者减轻其责任等与对方有重大利害关系的条款，按照对方的要求，对该条款予以说明。提供格式条款的一方未履行提示或者说明义务，致使对方没有注意或者理解与其有重大利害关系的条款的，对方可以主张该条款不成为合同的内容。

第五百七十七条 当事人一方不履行合同义务或者履行合同义务不符合约定的，应当承担继续履行、采取补救措施或者赔偿损失等违约责任。

第五百七十八条 当事人一方明确表示或者以自己的行为表明不履行合同义务的，对方可以在履行期限届满前请求其承担违约责任。

3. 如何认定主播私下直播带货行为的法律性质和法律责任？

——王某某与许某某、北京某科技有限公司网络购物合同纠纷案[①]

◉ 案情简介

原告：王某某
被告：许某某
被告：北京某科技有限公司

原告王某某诉称，被告在北京某科技有限公司直播间以四五千元的价格出售官方售价约 1 万元的 Iphone Xs Max 256G（以下简称涉案手机），但须通过微信联系。原告购买后发现为仿冒 Iphone 的山寨机，遂要求被告许某某退货退款，被告未同意并将原告拉黑。原告向北京某科技有限公司反映，被告北京某科技有限公司答复称已对相关账户作出处理，对实施欺骗交易账号封禁。几天后，原告发现被告许某某仍在直播，多次联系反馈北京某科技有限公司官方，官方回复均为上述答复。原告将二被告诉至法院，请求法院判令解除原告与被告许某某之间的网络购物合同，被告许某某退还原告货款并赔偿货款的 3 倍，共计 16 000 元；被告许某某、被告北京某科技有限公司赔偿原告合理开支 2 924.89 元；许某某承担诉讼费用。

被告许某某答辩称：第一，原告要求被告承担 3 倍赔偿的责任适用法律错误。被告许某某不是《消费者权益保护法》所指的经营者，与原告的交易行为不属于该法调整的范围。第二，原告主张的维权费用没有法律依据。原告提供的住宿费没有发票，误工费不能提供误工相关证明。第三，被告自愿承担退还购买手机的费用 4 000 元。

被告北京某科技有限公司答辩称，原告王某某和被告许某某系通过微信沟通方式进行私下交易行为，并非发生在被告公司平台上，原告主张的相关合理开支并非因被告北京某科技有限公司而造成，与被告北京某科技有限公司无关，被告北京某科技有限公司不应当承担赔偿责任。

◉ 审理结果

北京互联网法院经审理认为，被告许某某的私下交易直播带货行为亦可视为其利用其主播身份导流并实现流量变现，与直接销售类、第三方跳转类直播带货行为在经营模式上并无本质区别，属于经营行为。况且，被告许某某属隐瞒事实告知虚假情况，导致原告陷入其购买的是正品 Iphone Xs Max 手机的错误认知，并因此支付相应价款，其行为构

① 案例摘自北京互联网法院（2020）京 0491 民初 7972 号判决书。

成欺诈。而被告北京某科技有限公司接到原告的举报后，及时对被告许某某的公司账号进行封停处理，尽到了事前提示和事后监督义务，且现无证据证明北京某科技有限公司知道或者应当知道涉案交易行为存在而未采取必要措施。故法院判决原告王某某与被告许某某订立的网络购物合同于 2020 年 4 月 4 日解除；被告向原告王某某退还购机款并赔偿损失。

◉ 法理评析

本案双方争议的焦点在于，被告许某某直播带货行为的性质应如何认定及其应承担何种法律责任，被告北京某科技有限公司应承担何种法律责任。

近年来，随着移动互联网的发展，网络购物已成为消费者的首选，各大电商平台相继开始网络直播带货，给消费市场带入了新的活力。作为一种新兴的营销形态，直播带货帮助消费者提升了消费体验，成为受到消费者广泛关注的消费新模式。同时，直播带货也衍生出许多新问题，对既有规则提出了挑战。直播带货涉及销售、宣传、代言、引流，是社交、娱乐和电子商务的结合体，更融合了“直播”和“带货”两种形式。在直播带货的不同场景下，主播在直播中单纯以主播身份，和以主播及销售者的双重身份，从事带货行为，其法律地位和法律责任具有显著差别。

通过直播带货行为完成交易，买卖双方实际上存在网络购物合同关系，应依照合同的约定享有各自的权利并履行相应的义务。任何一方违反合同规定的义务，即应承担相应的违约责任。卖方通过网络交易平台出售商品或服务，买方无法直接了解货物的具体情况，仅凭卖方对货物的描述进行了解，这些描述形式包括文字的、图片的甚至是多媒体的。尽管手段多样，我们或许仍然无法准确了解这些描述的可信赖程度，这就需要平台提供商对发布于平台上的信息的真实性进行审查。作为提供带货服务的直播平台，既属于网络服务提供者，又属于电子经营者，需要尽到事前提示和事后监督义务。根据《民法典》第 148 条的规定，一方以欺诈手段，使对方在违背真实意思的情况下实施的民事法律行为，受欺诈方有权请求人民法院或者仲裁机构予以撤销。同时根据《消费者权益保护法》第 55 条第 1 款的规定，经营者有欺诈行为的，应当按照消费者的要求增加赔偿损失。如果直播带货的一方欺诈，实施了欺诈行为，则受欺诈方有权撤销，且要求增加赔偿。

本案中，原告王某某从被告许某某处购买涉案手机，双方之间就涉案手机存在网络购物合同关系。许某某在向原告王某某出售手机的过程中实施了欺诈行为，使原告在违背真实意思的情况下购买了手机。根据《民法典》第 148 条的规定，原告和被告许某某的合同属于可撤销合同。需要注意的是，双方并非是在北京某科技有限公司平台内进行交易的，这影响到被告许某某和北京某科技有限公司平台应当承担的民事责任。此时，被告北京某科技有限公司应从其作为提供直播服务的网络服务提供者的视角来确定其应承担的法律责任，其已尽到相应的法律义务，不应承担民事责任。而被告通过利用主播的直播行为进行引流以实现流量变现，应被认定为经营行为，因此适用《消费者权益保护法》第 55 条规定，须承担相应的赔偿责任。

◉ 法条点击

《中华人民共和国消费者权益保护法》

第三条 经营者为消费者提供其生产、销售的商品或者提供服务，应当遵守本法；本法未作规定的，应当遵守其他有关法律、法规。

第五十五条第一款 经营者提供商品或者服务有欺诈行为的，应当按照消费者的要求增加赔偿其受到的损失，增加赔偿的金额为消费者购买商品的价款或者接受服务的费用的三倍；增加赔偿的金额不足五百元的，为五百元。法律另有规定的，依照其规定。

《中华人民共和国民法典》

第五百六十三条 有下列情形之一的，当事人可以解除合同：

（一）因不可抗力致使不能实现合同目的；

（二）在履行期限届满前，当事人一方明确表示或者以自己的行为表明不履行主要债务；

（三）当事人一方迟延履行主要债务，经催告后在合理期限内仍未履行；

（四）当事人一方迟延履行债务或者有其他违约行为致使不能实现合同目的；

（五）法律规定的其他情形。

以持续履行的债务为内容的不定期合同，当事人可以随时解除合同，但是应当在合理期限之前通知对方。

第五百六十六条 合同解除后，尚未履行的，终止履行；已经履行的，根据履行情况和合同性质，当事人可以请求恢复原状或者采取其他补救措施，并有权请求赔偿损失。

合同因违约解除的，解除权人可以请求违约方承担违约责任，但是当事人另有约定的除外。

主合同解除后，担保人对债务人应当承担的民事责任仍应当承担担保责任，但是担保合同另有约定的除外。

《中华人民共和国民事诉讼法》

第二百六十四条 被执行人未按判决、裁定和其他法律文书指定的期间履行给付金钱义务的，应当加倍支付迟延履行期间的债务利息。被执行人未按判决、裁定和其他法律文书指定的期间履行其他义务的，应当支付迟延履行金。

《中华人民共和国电子商务法》

（2018年8月31日第十三届全国人民代表大会常务委员会第五次会议通过）

第九条 本法所称电子商务经营者，是指通过互联网等信息网络从事销售商品或者提供服务的经营活动的自然人、法人和非法人组织，包括电子商务平台经营者、平台内经营者以及通过自建网站、其他网络服务销售商品或者提供服务的电子商务经营者。

本法所称电子商务平台经营者，是指在电子商务中为交易双方或者多方提供网络经营场所、交易撮合、信息发布等服务，供交易双方或者多方独立开展交易活动的法人或者非法人组织。

本法所称平台内经营者，是指通过电子商务平台销售商品或者提供服务的电子商务经营者。

4. 如何判定直播带货快手账号的归属？

——姜某某与赵某某归还争议快手账号的所有权及经营权纠纷案[①]

◉ 案情简介

原告：姜某某

被告：赵某某

原告姜某某诉称，其从事商品营销，于2019年年初与被告赵某某相识并建立男女朋友关系，此后两人一起从事营销工作。为更快打开市场局面，俩人决定进行网络直播卖货。被告赵某某用身份证信息注册了快手短视频平台账号“bbXXXX”，相关信息登记了原告经营商店的工商登记信息。该快手账号在使用经营期间，原告多次使用，被告亦多次使用该快手账号进行网上直播，为原告销售了大量商品。2020年，原告、被告结束了男女朋友关系，被告于2020年5月更改了快手账号密码，不再为原告服务和使用。原告无法登录使用该快手账号，在多次向被告讨要密码无果的情况下，原告请求法院判令被告赵某某归还争议快手账号的所有权及经营权，并协助原告在快手平台办理账号密码的更改等相关工作。

被告赵某某答辩称，原告所诉与事实不符，该快手账号系被告本人在相关审批机构依法注册，且该快手账号的登记人和使用人均是被告，与原告无任何关系，所以请求法庭查明事实依法驳回原告诉讼请求。

◉ 审理结果

山东省临沂市兰山区人民法院经审理认为：本案快手账号“bbXXXX”系被告赵某某利用其身份证信息进行实名认证后注册所得，且被告一直使用并获取收益，故被告对该账号拥有使用权。原告要求被告归还原告账号为“bbXXXX”快手号的所有权及经营权、协助原告在快手平台办理账号密码的更改等相关工作，证据不足，被告不存在按照约定返回原告诉争快手账号的事实及义务，判决驳回原告姜某某的诉讼请求。

---

① 案例摘自山东省临沂市兰山区人民法院（2020）鲁1302民初10672号判决书。

◉ 法理评析

技术赋能的时代背景下，快手、抖音等网络直播平台迅速涌现。网络直播具有直观、快速、表现形式好、内容丰富、交互性强、地域不受限制、受众可划分等特点，可以为用户提供观看视频、表达意见、网络购物、社交等服务，给用户的生活带来了巨大便利。近年来，网络直播行业其中一个重要应用就是网络直播带货，可以即时直播宣传、实时答疑解惑，并向消费者从产品的成分、使用方式、功能效用等方面作深度讲解。这种更全面直观展示商品的直播带货模式已然成为互联网时代发展的庞大新兴业态，伴之而来的是巨大经济利益。因此，网络直播平台已不是单纯的娱乐软件，已具有商业价值属性。

直播账号作为网络直播平台对外展示和流量变现的重要途径，其所有权归属愈发重要。直播账号依托于直播平台而存在，《互联网直播服务管理规定》第 12 条①要求网络平台对互联网直播用户进行真实身份信息认证，《中华人民共和国电子商务法》第 27 条②和《关于加强网络秀场直播和电商直播管理的通知》第 8 条③也对网络直播带货的经营者真实信息认证进行了规定。网络直播账号具有极强的人身属性，一般是通过个人身份来申请。申请者容易对账号的归属产生认知上的混同，普遍会认为通过手机号码、个人身份等信息绑定的平台账号属于申请人自身信息，因此平台账号应为申请人个人所有。需要注意的是，申请网络平台账号需要申请者与平台签署用户协议。直播平台的用户协议一般约定账号的所有权归属直播平台，实际注册用户仅享有该账号的使用权、收益权（见表 1）。

表 1　部分网络直播平台账号所有权的规则

平台名称	相关规则
抖音	《“抖音”用户服务协议（生效日期 2023 年 2 月 23 日）》3.4 您在“抖音”中的注册账号仅限于您本人使用，未经公司书面同意，禁止以任何形式赠与、借用、出租、转让、售卖或以其他方式许可他人使用该账号。
快手	《快手软件许可及服务协议（2022 年 8 月 8 日生效）》2.2 部分快手账号的所有权归北京快手科技有限公司所有，用户完成申请注册手续后，仅获得快手账号的使用权，且该使用权仅属于初始申请注册人。
哔哩哔哩	《哔哩哔哩弹幕网用户使用协议（2022 年 5 月 20 日生效）》2.3 您理解并同意，您仅享有账号及账号项下由哔哩哔哩提供的虚拟产品及服务的使用权，账号及该等虚拟产品及服务的所有权归哔哩哔哩所有（法律法规另有规定的除外）。未经哔哩哔哩书面同意，您不得以任何形式处置账号的使用权（包括但不限于赠与、出借、转让、销售、抵押、继承、许可他人使用）。
斗鱼	《用户注册协议》4.2 服务规范斗鱼平台账户的所有权归斗鱼所有，您完成申请注册手续后，获得斗鱼平台账户的使用权，该使用权仅属于初始申请注册人。

①《互联网直播服务管理规定》第 12 条规定，互联网直播服务提供者应当按照“后台实名、前台自愿”的原则，对互联网直播用户进行基于移动电话号码等方式的真实身份信息认证。

②《中华人民共和国电子商务法》第 27 条第 1 款规定：“电子商务平台经营者应当要求申请进入平台销售商品或者提供服务的经营者提交其身份、地址、联系方式、行政许可等真实信息，进行核验、登记，建立登记档案，并定期核验更新。”

③《关于加强网络秀场直播和电商直播管理的通知》第 8 条规定，网络电商直播平台要对开设直播带货的商家和个人进行相关资质审查和实名认证。

网络直播带货在物理上分离了消费者与平台经营者的接触[①]，而网络主播则是其中的纽带。在实名认证的要求下，很多双方合作账号是由网络主播以个人身份进行申请的。一旦发生合作纠纷，直播账号使用权的归属就成了争议的焦点。本案中，网络直播账号是被告赵某某利用其身份证信息进行实名认证后注册所得，原告姜某某无法拿出证据支持自己享有账号权益的事实依据，也无法拿出证明来反驳被告以实名身份取得快手账号使用权的事实，法院判决原告败诉也不足为奇。虽然本案以举证不足判决原告败诉，然而在网络直播带货产业如火如荼的发展过程中，类似案件将会越来越多。对于平台经营者来说，应注意做好风险防范，保存好相关证据，比如关于对平台账号的投入支出。平台经营者也可与网络主播双方缔结合同约定，明确合作账号涉及的内容所有权及知识产权归属问题，以保护合作账号的实质内容的归属。这不仅是对网络直播账号归属的保护，也是对网络主播违约时确定违约金的有利证据。

◉ 法条点击

《中华人民共和国民法典》
（2020 年 5 月 28 日第十三届全国人民代表大会第三次会议通过）

第一百七十六条　民事主体依照法律规定或者按照当事人约定，履行民事义务，承担民事责任。

《最高人民法院关于适用〈中华人民共和国民事诉讼法〉的解释》

第九十条　当事人对自己提出的诉讼请求所依据的事实或者反驳对方诉讼请求所依据的事实，应当提供证据加以证明，但法律另有规定的除外。

在作出判决前，当事人未能提供证据或者证据不足以证明其事实主张的，由负有举证证明责任的当事人承担不利的后果。

第九十一条　人民法院应当依照下列原则确定举证证明责任的承担，但法律另有规定的除外：

（一）主张法律关系存在的当事人，应当对产生该法律关系的基本事实承担举证证明责任；

（二）主张法律关系变更、消灭或者权利受到妨害的当事人，应当对该法律关系变更、消灭或者权利受到妨害的基本事实承担举证证明责任。

---

① 程信和，董晓佳. 网络餐饮平台法律监管的困境及其治理［J］.《华南师范大学学报》（社会科学版），2017（03）：118－122＋191.

5. 分时出租影视 VIP 账号是“好生意”吗？

——北京某科技有限公司与杭州某科技有限公司、
杭州某某科技有限公司不正当竞争纠纷案[①]

◉ 案情简介

原告：北京某科技有限公司
被告：杭州某科技有限公司
被告：杭州某某科技有限公司

原告诉称，被告杭州某科技有限公司和杭州某某科技有限公司在涉案 App 中通过分时出租而实际提供爱奇艺 VIP 视频服务，违反了北京某科技有限公司 VIP 账号用户协议，造成北京某科技有限公司 App 下载量的降低，损害了北京某科技有限公司的付费会员制度，也通过吸引用户观看视频进行导流；同时将北京某科技有限公司 VIP 账号非法分时出租，使其用户无须向北京某科技有限公司付费即可获得爱奇艺 VIP 视频服务，二被告通过技术手段对涉案 App 部分功能进行限制，使公众误认涉案 App 存在缺陷，导致其对北京某科技有限公司 App 的用户体验感下降。原告将二被告诉至法院，请求赔偿经济损失及合理开支 300 万元，并刊登声明消除影响。

被告杭州某科技有限公司辩称，第一，其与北京某科技有限公司不存在竞争关系。第二，2017 年 8 月前涉案 App 为杭州某科技有限公司所有，但当时该应用只是作为演示 DEMO 使用，并未实际运营；2017 年 8 月后，涉案 App 运营权转让给了杭州某某科技有限公司，杭州某科技有限公司仅为其提供云 App 流化技术，并未实施被诉行为。第三，北京某科技有限公司未提交证据证明其经济损失，且合理费用缺乏合同佐证，杭州某科技有限公司亦未通过被诉行为获得利益。

被告杭州某某科技有限公司答辩称，第一，其与北京某科技有限公司不存在竞争关系。第二，涉案 VIP 账号为合法购买，只是将使用权进行分时出租以实现充分使用，该行为正当。第三，杭州某某科技有限公司在 2017 年 12 月即停止维护视频账号。第四，北京某科技有限公司未提交证据证明其存在经济损失，杭州某某科技有限公司亦未因被诉行为获得利益。

一审法院北京市海淀区人民法院认为，杭州某某科技有限公司、杭州某科技有限公司通过分时出租 VIP 账号而实际提供北京某科技有限公司 VIP 视频内容的行为妨碍了北京某

---

① 案例摘自北京市海淀区人民法院（2018）京 0108 民初 37522 号判决书，北京知识产权法院（2019）京 73 民终 3263 号判决书。

科技有限公司合法提供的网络服务的正常运行，主观恶意明显。杭州某某科技有限公司、杭州某科技有限公司利用云流化技术对其云端产品中的北京某科技有限公司 App 界面进行限制的行为，除给北京某科技有限公司造成会员收入一项损失之外，还为其带来了用户流量方面的损失。两项被诉行为均系采用技术手段对北京某科技有限公司为其 VIP 会员正常提供 VIP 视频服务的破坏，构成不正当竞争，应承担赔偿损失和消除影响的民事责任。

◉ 审理结果

二审法院北京知识产权法院经审理认为，一审判决认定事实清楚，适用法律正确，应予维持，驳回上诉，维持原判。

◉ 法理评析

本案系涉及擅自分时段出租视频网站 VIP 账号而引发的新型网络不正当竞争典型案例，争议焦点之一在于被告杭州某科技有限公司和杭州某某科技有限公司的被诉行为是否构成不正当竞争。

当前，随着互联网的快速发展和移动设备的普及，网络视频已成为各年龄段消费者日常文化娱乐生活中不可或缺的一部分。网络视频服务的兴起，改变了人们的娱乐方式，使得消费者可以更加方便地观看视频，而不必受到时间和地点的限制。为了获得更好的观看体验和更多的内容，网络视频付费模式已逐步被消费者接受。网络视频付费模式的出现，不仅为消费者提供了更多的选择，也为网络视频平台提供了更多的收入来源。网络视频的点播关注也已经成为网络行业用户流量的重要来源。尤其在网络视频行业依然在享受互联网普及及中国庞大人口基数带来的人口红利的当下，用户流量的争夺仍然是目前各大网络视频平台竞争的核心目标。网络视频行业中的新商业模式应有一定的边界，既不能妨碍、破坏他人合法提供的网络服务正常运行，更不能损害消费者的合法利益。而一些企业往往通过技术手段，为用户免费无偿（或收取低廉费用）提供他人的产品或服务，以此来获取用户流量，谋取不正当利益。

随着互联网技术的不断发展，不同的行业和产业之间的联系日益密切，流量等资源的交互、融合已经成为常态。在此背景下，市场竞争的范围也逐步扩大。除了同业竞争者之间的竞争，非同业竞争者之间的竞争也日益激烈。非同业竞争者可能来自不同的行业或领域，他们也会争夺同样的市场资源，例如用户流量、客户资源、品牌影响力等。这种竞争不仅会影响市场的公平性和稳定性，也会对企业的经营和发展带来不利影响。《反不正当竞争法》的立法目的在于鼓励和保护公平竞争，保护经营者和消费者的合法权益，促进社会主义市场经济健康发展。因此，只要经营者的不当经营行为影响了其他经营者的经营利益，即落入了《反不正当竞争法》的调整范围。

本案中，杭州某科技有限公司、杭州某某科技有限公司通过使用的云流化技术分时出租北京某科技有限公司 VIP 账号的方式获得用户流量，以直接获利或间接获得可变现为商业利益的流量收益，皆是以北京某科技有限公司支付 VIP 视频服务的运维成本为代价，扰乱了北京某科技有限公司的正常经营活动。且在北京某科技有限公司发出侵权通知后，二被告对涉案 App 中北京某科技有限公司视频所处位置进行多次调整且逐渐将之隐蔽化，系对北京某科技有限公司重要经营资源的“搭便车”，具有明显的主观故意恶意。而二被告在涉案 App 中添加“画质切换”等功能选项，并对北京某科技有限公司 App 中的“我的”“泡泡”和播放设置等功能进行限制，亦非基于通过对网络新技术的运用向社会提供新产品服务进而促进行业新发展的需要，具有不正当性和可责性。两个被诉行为属于利用技术手段来限制、干扰或者破坏其他经营者的经营自由①，与《反不正当竞争法》第 12 条第 2 款第 4 项的规定相悖，应承担损害赔偿的民事责任。

◉ 法条点击

《中华人民共和国反不正当竞争法》

第十二条 经营者利用网络从事生产经营活动，应当遵守本法的各项规定。

经营者不得利用技术手段，通过影响用户选择或者其他方式，实施下列妨碍、破坏其他经营者合法提供的网络产品或者服务正常运行的行为：

（一）未经其他经营者同意，在其合法提供的网络产品或者服务中，插入链接、强制进行目标跳转；

（二）误导、欺骗、强迫用户修改、关闭、卸载其他经营者合法提供的网络产品或者服务；

（三）恶意对其他经营者合法提供的网络产品或者服务实施不兼容；

（四）其他妨碍、破坏其他经营者合法提供的网络产品或者服务正常运行的行为。

第十七条 经营者违反本法规定，给他人造成损害的，应当依法承担民事责任。

经营者的合法权益受到不正当竞争行为损害的，可以向人民法院提起诉讼。

因不正当竞争行为受到损害的经营者的赔偿数额，按照其因被侵权所受到的实际损失确定；实际损失难以计算的，按照侵权人因侵权所获得的利益确定。经营者恶意实施侵犯商业秘密行为，情节严重的，可以在按照上述方法确定数额的一倍以上五倍以下确定赔偿数额。赔偿数额还应当包括经营者为制止侵权行为所支付的合理开支。

经营者违反本法第六条、第九条规定，权利人因被侵权所受到的实际损失、侵权人因侵权所获得的利益难以确定的，由人民法院根据侵权行为的情节判决给予权利人五百万元以下的赔偿。

6. 优化电子商务营商环境，电商平台何不敢为先？

——浙江某网络有限公司与姚某侵犯商誉案②

◉ 案情简介

原告：浙江某网络有限公司

---

① 吴伟光. 对反不正当竞争法中竞争关系的批判与重构——以立法目的、商业道德与竞争关系之间的体系性理解为视角［J］. 当代法学，2019，33（01）：137.

② 案例摘自上海市奉贤区人民法院（2017）沪 0120 民初 6274 号判决书。

被告：姚某

原告诉称，2016 年 6 月，原告在合作打假过程中，发现被告姚某店铺销售的“ROYALCANIN”猫粮存在销售假货的嫌疑，侵犯皇家宠物食品有限公司（Royal Canin SAS）（以下简称皇誉法国公司）的“ROYALCANIN”商标权，遂以“神秘购买”的方式从被告店铺购买了“法国皇家 K36 幼猫粮 4～12 月龄 2kg 宠物猫主粮”一袋，价格为 99 元。经鉴定，被告销售的商品验证码、二维码、包装都与权利人生产的商品相同，但包装底部有被划开又被高温融合的明显痕迹，经试验室对猫粮颗粒检测，检测结果数据与正品不符合，给出了所涉商品为假货的鉴定结论。且被告在浙江某网络有限公司平台上销售涉嫌侵权商品货值已经触犯刑法，故原告将线索移送警方。上海市公安局宝山分局遂对被告进行刑事立案侦查。原告认为被告违反与其签署的平台服务协议约定，请求法院判令被告赔偿原告损失 2 650 000 元以及合理支出 20 000 元，并连续一周在《法制日报》《中国消费者报》等媒体除中缝之外的显著位置，在新浪网、网易网网站显著位置刊登声明，消除因被告的恶意售假行为对原告商誉造成的影响。

被告答辩称，第一，原告自成立经营以来，其平台上售假行为一直存在，故被告并未给原告的商誉造成影响；第二，根据原、被告签订的平台服务协议，双方对赔偿的计算方式并没有约定，原告单方面提出的计算方式，被告不认可，原告也没有证据证明其遭受的实际损失；第三，关于律师费，被告认为本案中原告并没有发生实际的财产损失，故应以律师收费标准中的计件收费或按 100 000 元以下标的额进行收费，原告主张 20 000 元的律师费过高。

◉ 审理结果

上海市奉贤区人民法院经审理认为，双方签署的平台服务协议系依法成立的合同，对各方当事人均具有法律约束力，当事人应当按照约定履行自己的义务，一方不履行合同义务或者履行合同义务不符合约定的，应当承担继续履行、采取补救措施或者赔偿损失等违约责任。被告以掺假的方式持续在原告平台上出售假货，其行为不仅损害了与商品相关权利人的合法权益，而且降低了消费者对原告的信赖和社会公众对原告的良好评价，对原告的商誉造成了损害，故被告应当承担赔偿损失的民事责任。此外，原告是以服务合同为基础法律关系提起诉讼，双方合同并未约定被告对原告造成商誉损害需要承担消除影响的责任。现原告要求被告在媒体上发表声明、消除影响，并无合同和法律依据。

◉ 法理评析

随着互联网交易的普及和发展，网络购物已经成为人们日常生活中不可或缺的一部分。商家售假、侵犯知识产权等乱象也随之而来，不仅给消费者的权益造成损害，还影响正常的市场秩序。面对网络交易平台的售假行为，消费者往往对电子商务平台经营者提起诉讼，以维护自己的合法权益，却鲜有人关注到电子商务平台经营者亦会因为入驻商家售假而遭受利益损失。《电子商务法》明确了电子商务平台经营者的审核、注意义务和安全保障义务，对于平台内经营者违反平台服务协议或交易规则的责任未明确规定。

电子商务平台经营者基于服务协议的约定进行打假，一定程度上起到净化网络购物环境、保护消费者合法权益的作用。[①]

不同于实体交易，网络交易本身就具有虚拟化、无形化特点，网络交易的对象也存在不特定性。面对海量的网络商家，电子商务平台难以与每一位注册用户签订合同，由平台统一制定协议和规则，并由用户以在线点击的方式签署系电商行业惯例。[②]因此，在网络交易过程中，出现了一种最常见的电子合同订立模式，即点击合同。点击合同是指在电子商务经营者通过互联网发出要约，用户通过点击屏幕上“我接受”或者“不接受”，“我同意”或者“我不同意”的按键以表明是否对该要约作出承诺的合同形式。《民法典》第 469 条第 1 款、第 3 款规定，当事人订立合同，可以采用书面形式、口头形式或者其他形式；以电子数据交换、电子邮件等方式能够有形地表现所载内容，并可以随时调取查用的数据电文，视为书面形式。点击合同本质上属于书面形式合同的一种，具有法律约束力，合同当事人双方必须严格遵守，全面、适当地履行，任何一方不履行合同义务或者履行合同义务不符合约定的，应当承担继续履行、采取补救措施或者赔偿损失等违约责任。

本案中，原告与被告姚某签订服务协议，存在合同关系，双方行为是否构成违约属于意思自治范畴。被告姚某应恪守约定，履行自身义务，其违反与原告之间的约定，构成违约，理应承担相应的民事责任。原告以违约之诉起诉，法院应以违约为请求权基础进行审理，重点围绕双方签订的平台服务协议内容来判断违约行为及应承担的民事责任。被告售假行为违反了协议约定，降低了消费者对原告的信赖和社会公众对原告的良好评价，损害了原告的商誉，被告应当就此予以赔偿。但双方合同并未约定被告对原告造成商誉损害需要承担消除影响的责任，因此，原告要求被告在媒体上发表声明、消除影响，无合同和法律依据，未被法院所认可。

原告作为电子商务平台经营者，基于双方签订的服务协议，以违背协议内容为由，起诉售假的平台内经营者，要求售假的平台内经营者承担相应的违约责任，此举旨在打击平台零售商家售假现象，为电商平台打假提供了一个新的思路。此外，原告的维权行动，将第三方平台的权益保护带入公众视野，电商平台发起违约之诉，既是电子商务平台经营者维护自身权益的应有之举，也会对售假商家起到威慑作用。

◉ 法条点击

《中华人民共和国民法典》

第一百一十九条　依法成立的合同，对当事人具有法律约束力。

第五百零九条　当事人应当按照约定全面履行自己的义务。

当事人应当遵循诚信原则，根据合同的性质、目的和交易习惯履行通知、协助、保密等义务。

当事人在履行合同过程中，应当避免浪费资源、污染环境和破坏生态。

---

① 刘力，何建. 电商平台打假的裁判规范及其法理逻辑——浙江淘宝网络有限公司诉许文强等网络服务合同纠纷案［J］. 法律适用，2019（06）：15－21.

② 邓鑫. 第三方电商平台自律管理规则的效力［J］. 人民司法（案例），2018（32）：63.

第五百七十七条 当事人一方不履行合同义务或者履行合同义务不符合约定的，应当承担继续履行、采取补救措施或者赔偿损失等违约责任。

《中华人民共和国民事诉讼法》

第六十七条 当事人对自己提出的主张，有责任提供证据。

当事人及其诉讼代理人因客观原因不能自行收集的证据，或者人民法院认为审理案件需要的证据，人民法院应当调查收集。

人民法院应当按照法定程序，全面地、客观地审查核实证据。

第二百六十条 被执行人未按判决、裁定和其他法律文书指定的期间履行给付金钱义务的，应当加倍支付迟延履行期间的债务利息。被执行人未按判决、裁定和其他法律文书指定的期间履行其他义务的，应当支付迟延履行金。

7. 平台如何治理网上售假的商家?

——厦门某贸易有限公司与北京某电子商务有限公司、北京某贸易有限公司服务合同纠纷案[①]

◉ 案情简介

原告：厦门某贸易有限公司

被告：北京某电子商务有限公司

被告：北京某贸易有限公司

原告诉称，原告与二被告签署了开放平台在线服务协议，并在北京某电子商务有限公司经营的网络平台设立店铺进行经营。2018 年 9 月 28 日，二被告以原告两家店铺销售的商品为假冒商品为由，对原告公司采取了下架两家店铺全部商品、扣除积分 100 分、冻结货款 100 199.81 元等非法处理措施。原告遂请求法院判令二被告给付原告货款 100 199.81 元并支付相应利息，退还原告平台使用费 12 196.8 元，退还店铺质保金 200 000 元；二被告承担诉讼费。

被告北京某电子商务有限公司、北京某贸易有限公司答辩称，双方签订的在线服务协议系真实意思表示，应为合法有效。原告销售假冒商品，根据协议的约定，被告采取了关闭原告的商家后台管理账户，冻结未结算款项，终止合作等措施。原告支付的保证金等并不足以抵扣应由其支付的违约金等款项，被告有权不予退还保证金及其他款项。因原告存在重大违约行为，但未依据约定向二被告支付违约金的事实，被告北京某电子商

① 案例摘自北京市大兴区人民法院（2019）京 0115 民初 3823 号判决书，北京市第二中级人民法院（2020）京 02 民终 4491 号判决书。

务有限公司、北京某贸易有限公司有权暂缓支付未结算款项至原告支付完毕全部违约金，且无须承担延迟支付的利息。

二被告认为原告存在售假行为，主观故意明显，严重违反了在线服务协议，于是提出反诉请求判令原告向两被告支付违约金 200 万元，从未结货款、保证金及未到期的平台使用费中优先抵扣；本案诉讼费用由原告承担。

针对二被告的反诉，原告答辩称，原告未有售假行为，二被告擅自终止服务协议，属于违约；且认为制定的违约金条款明显单方加重了原告的违约责任，不符合法律规定，请求法院予以驳回。

一审法院北京市大兴区人民法院经审理认为，双方在履行合同的过程中，二被告按约定方式对原告销售的商品进行了抽检，并按照相应程序进行鉴定，经鉴定涉案商品为假冒注册商标产品。同时，二被告提交了注册证明、鉴定证明、公证书、司法鉴定意见书等证据，能够形成完整的证据链。原告虽提交了经销权证明、发票、货物清单及付款凭据，但不足以证明其销售的涉案商品为正品，亦不足以推翻上述鉴定结论。原告销售的涉案商品为假冒商品，双方在合同中约定的违约金条款应为有效，原告应向二被告支付违约金。

◉ 审理结果

二审法院北京市第二中级人民法院经审理认为，一审判决按照一个店铺 1 000 000 元标准确定违约金并认定违约金金额过高欠妥，但裁判结果并无不当，遂判决驳回上诉，维持原判。

◉ 法理评析

本案的焦点之一在于北京某电子商务有限公司、北京某贸易有限公司主张的违约金能否得到支持。电子商务交易的形式多种多样，一般可分为三类：企业之间通过数据电文的形式从事货物贸易或服务贸易（business to business，简称 B to B）；企业通过自己建立的或服务商提供的网络平台向消费者销售货物或提供服务（business to consumer，简称 B to C）以及个人通过第三方搭建的网络平台进行货物和服务的交换（consumer to consumer，简称 C to C）。其中，B to C 和 C to C，特别是 C to C 交易模式，网络交易平台起着核心作用，销售者需要在虚拟空间中展示其商品或服务，以便最大程度地吸引购买者；同时消费者也希望通过最快捷、直观的方式在网络上了解到尽可能多的商品、服务信息。

C to C 交易模式下，电子商务平台起到了联系销售者和消费者的桥梁作用，并不参与商品或服务的实际交易，只是按照其与买卖双方的协议向他们提供服务。通过电子商务平台出售的商品或服务，买方无法直接了解货物的具体情况，仅凭卖方对货物的描述，这些描述的形式包括文字的、图片的甚至是多媒体的。尽管手段多样，我们或许仍然无法准确了解这些描述的可信赖程度，一些不法商家借机销售假冒伪劣商品，影响电子商务的健康发展。《电子商务法》要求电商平台经营者对相关信息负有一定的审查义务。电商平台经营者要求入驻商家提供所卖商品的证明文件，同时也会主动出击，对于疑似假货进行实物购买，然后交由权利人进行鉴定，根据鉴定结果，根据平台规则对销售假货的商家进行相应的处罚。此外，电商平台为了维护交易环境，需要制定一系列的规则来确保电商平台的顺利运行。其中，在平台规则中添加违约金条款，一方面威慑入驻商家，减少商家售假行为的发生，净化电商平台的环境；另一方面，弥补售假行为发生时对消费者的投诉、举报、诉讼予以处理甚至先行高额赔付造成的损失，以发挥保护消费者合法权益及保护平台商誉的作用。

根据《民法典》的意思自治原则，双方意思达成一致的合同是有效的。电子商务平台经营者通过协议来分配各自的权利义务和责任，通过协议的约定来解决其之间可能出现的纠纷。[①]本案中，原告厦门某贸易有限公司与被告北京某电子商务有限公司、北京某贸易有限公司签订的在线服务协议及附件系双方当事人真实意思表示，涉及的违约金条款，关涉平台、商家和消费者三方之间的关系，系平台履行自律管理权利的体现，且不违反法律、行政法规的强制性规定，应属合法有效，双方均应积极履行。原告的售假行为，明显属于极为严重、违反双方合同约定、平台规则、法律法规和基本商业伦理的恶意行为，具有明显的主观过错，应承担违约责任，根据协议规定支付相应的违约金。

◉ 法条点击

《中华人民共和国消费者权益保护法》

第五十五条 经营者提供商品或者服务有欺诈行为的，应当按照消费者的要求增加赔偿其受到的损失，增加赔偿的金额为消费者购买商品的价款或者接受服务的费用的三倍；增加赔偿的金额不足五百元的，为五百元。法律另有规定的，依照其规定。

经营者明知商品或者服务存在缺陷，仍然向消费者提供，造成消费者或者其他受害人死亡或者健康严重损害的，受害人有权要求经营者依照本法第四十九条、第五十一条等法律规定赔偿损失，并有权要求所受损失二倍以下的惩罚性赔偿。

《中华人民共和国民法典》

第一百一十九条 依法成立的合同，对当事人具有法律约束力。

第五百七十七条 当事人一方不履行合同义务或者履行合同义务不符合约定的，应当承担继续履行、采取补救措施或者赔偿损失等违约责任。

第五百八十四条 当事人一方不履行合同义务或者履行合同义务不符合约定，造成对方损失的，损失赔偿额应当相当于因违约所造成的损失，包括合同履行后可以获得的利益；但是，不得超过违约一方订立合同时预见到或者应当预见到的因违约可能造成的损失。

《中华人民共和国民事诉讼法》

第二百六十条 被执行人未按判决、裁定和其他法律文书指定的期间履行给付金钱义务的，应当加倍支付迟延履行期间的债务利息。被执行人未按判决、裁定和其他法律文书指定的期间履行其他义务的，应当支付迟延履行金。

---

① 曹阳. 互联网平台提供商的民事侵权责任分析［J］. 东方法学，2017（3）：73－82.

8. 同业竞争，相煎何急？

——天津市某金属制品有限公司与徐某某、邓某某等不正当竞争纠纷案[①]

◉ 案情简介

原告：天津市某金属制品有限公司
被告：徐某某
被告：邓某某
被告：赵某某
被告：天津某地毯有限公司
被告：天津某某地毯有限公司
第三人：浙江某网络有限公司

原告诉称，原告在浙江某网络有限公司经营的网络平台上开设有店铺，主要进行地毯地垫的销售。自2019年6月起，被告邓某某作为知识产权代理人，就登记为被告徐某某名下的涉案三幅美术作品，以著作权侵权为由在阿里巴巴知识产权保护平台对原告店铺先后发起5次投诉，导致原告店铺所售两种商品的三个链接被删。赵某某、天津某地毯有限公司、天津某某地毯有限公司也分别在淘宝某某平台开设店铺，以上四个店铺均从事地毯销售，且线下经营地点位于同一地区。赵某某、天津某地毯有限公司、天津某某地毯有限公司为打击竞争对手，故意出具《声明函》，并为徐某某、邓某某提供销售订单作为涉案作品的公开发表材料，误导第三人错误删除案涉商品链接，致使原告店铺商品销量大幅下滑，给原告造成重大经济损失和商誉损害。于是原告向天津市滨海新区人民法院提起诉讼，并请求法院判令五被告赔偿原告因商品链接被删除造成的经济损失计人民币200 万元及合理费用人民币5万元；第三人不再受理被告针对原告的任何知识产权投诉；五被告承担本案全部诉讼费用。

被告邓某某答辩称，其受权利人徐某某委托发起合理合规知识产权投诉行为，对投诉材料作了合理的审查和判断，权利人徐某某提交的知识产权证书是真实合法登记，且是根据阿里巴巴知识产权保护平台要求提交的真实有效的登记材料，同时徐某某与原告为非同业竞争者，不构成对原告的不正当竞争，不应承担赔偿以及其他责任。

被告徐某某未到庭参加诉讼，也没有提交书面答辩意见。

被告赵某某、天津某地毯有限公司、天津某某地毯有限公司均答辩称，其未对原告进行投诉，主观不存在过错，不应当承担赔偿责任。

---

① 案例摘自天津市滨海新区人民法院（2019）津0116民初5880号判决书。

第三人浙江某网络有限公司答辩称，其是信息发布平台的网络服务提供商，作为网络交易平台，设置了投诉维权渠道，为用户维权提供了便利，尽到了相应的注意义务，主观上不存在过错。对于原告诉请的最后一项要求，浙江某网络有限公司认可法院在查明事实的基础上对相关投诉进行处理。

◉ 审理结果

天津市滨海新区人民法院经审理认为，被告赵某某、天津某地毯有限公司恶意利用阿里巴巴知识产权保护平台规则进行投诉致原告商品链接被删除，以谋取不当利益的行为，直接损害了原告的经营利益和竞争优势，也破坏了网络交易平台的良好秩序和竞争生态，有违诚实信用原则和公认的商业道德，具有明显的不当性，构成对原告的不正当竞争。被告天津某某地毯有限公司参与的对原告大红色欧式图形地毯的投诉行为，亦构成不正当竞争。邓某某虽提供了显示有徐某某签名的《知识产权投诉授权委托书》，但其并没有对徐某某作为涉案作品权利人、知识产权投诉委托人的身份及该授权委托书的真实性进行核实，未尽合理审查义务，主观上存在一定过错。同时，邓某某明知赵某某为淘宝店铺的地毯商品经营者，也知晓被投诉的原告与赵某某是淘宝平台的同业竞争者，理应预见其存在恶意投诉之嫌，此种情况下仍接受徐某某的有偿委托，为投诉目的办理了涉案作品的版权登记，并以徐某某的名义在阿里巴巴知识产权保护平台实施了对原告的投诉，以致原告商品下架、利益受损，客观上对被告赵某某、天津某地毯有限公司及天津某某地毯有限公司的不正当竞争行为提供了帮助，构成共同侵权。因此，五被告应当承担赔偿损失的民事责任。

◉ 法理评析

本案的焦点在于被告在某知识产权保护平台对原告实施的投诉行为是否构成不正当竞争。

近年来，我国电子商务交易发展迅速，伴随而来的知识产权侵权现象日益增多。电子商务平台经营者面对的是网络交易的海量信息，其中的侵权信息驳杂难辨。为规范网络交易行为，加强知识产权保护，《电子商务法》第 41 条至第 45 条规定了电子商务平台的知识产权保护制度，要求电商平台在建立知识产权保护规则、处理通知时及时采取必要措施的义务和反通知时及时公示，在知道或者应当知道平台内存在知识产权侵权时采取必要措施。①其中，“通知—删除”规则是指在出现知识产权侵权纠纷时，权利人有权通知电子商务平台经营者，电商平台经营者收到权利人通知后，采取删除、屏蔽、断开链接、终止交易和服务等必要措施，且平台内经营者只有提交反通知的权利而没有改变强制措施的选择。“通知—删除”规则源于 1998 年美国颁布的《千禧年数字版权法》，相继被各国采用，我国的“通知—删除”规则目前已覆盖整个知识产权领域。然而，也有市场主体频繁以保护知识产权为理由，恶意利用“通知—删除”规则打压竞争对手、谋取不当利益，扰乱了正常的经济秩序，“通知—删除”规则日渐异化为权利人谋取“垄断租金”的捷径。②如前文所述，针对明显的侵权信息，电商平台应当主动采取合理且必要的

① 兰昊．电商领域知识产权“通知—删除”规则的困境与出路［J］．知识产权，2020（04）：54.

② 魏宁．电子商务中“通知—删除”规则滥用的规制——以平台自治与法律实施为视角［J］．南大法学，2022（5）：93.

措施。针对不明显的侵权信息，电子商务平台以被有效通知为其采取合理且必要措施的先决条件。行为人恶意启动通知删除程序后，电商平台须采取必要措施，而平台内经营者的反通知并不能立刻产生恢复链接的效果，而是需要 15 天的等待期。申言之，恶意投诉人只要单方面通知平台采取必要措施，那么至少在 15 天的等待期内，平台内经营者就无法进行交易，从而遭受一定的损失。“通知—删除”规则的滥用，不仅没有达到保护知识产权的目的，反而会使“通知—删除”规则成为恶意打击竞争对手的工具。[①]利用“通知—删除”规则进行恶意竞争，将严重危害公平的营商环境，扰乱正常的市场秩序。

本案中，被告赵某某、天津某地毯有限公司在明知其不具有投诉资格且不能证明被投诉商品存在侵权的情形下，利用虚构事实骗取作品登记，向网络服务平台发出恶意通知，致使同业竞争者的原告利益被损害，破坏了健康有序的平台生态和公平竞争的市场秩序，属于典型的“恶意”投诉，构成对原告的不正当竞争。就赔偿数额而言，《反不正当竞争法》规定按照实际损失、侵权获利的适用顺序，当两者都无法适用时，法院可采用法定赔偿确定赔偿数额。[②]法院认为原告并未充分举证证明其因侵权所致的实际损失，亦未举证证明被告因侵权所获的利益，最终适用了法定赔偿。

◉ 法条点击

《中华人民共和国反不正当竞争法》

第二条 经营者在生产经营活动中，应当遵循自愿、平等、公平、诚信的原则，遵守法律和商业道德。

本法所称的不正当竞争行为，是指经营者在生产经营活动中，违反本法规定，扰乱市场竞争秩序，损害其他经营者或者消费者的合法权益的行为。

本法所称的经营者，是指从事商品生产、经营或者提供服务（以下所称商品包括服务）的自然人、法人和非法人组织。

第十七条 经营者违反本法规定，给他人造成损害的，应当依法承担民事责任。

经营者的合法权益受到不正当竞争行为损害的，可以向人民法院提起诉讼。

因不正当竞争行为受到损害的经营者的赔偿数额，按照其因被侵权所受到的实际损失确定；实际损失难以计算的，按照侵权人因侵权所获得的利益确定。经营者恶意实施侵犯商业秘密行为，情节严重的，可以在按照上述方法确定数额的一倍以上五倍以下确定赔偿数额。赔偿数额还应当包括经营者为制止侵权行为所支付的合理开支。

经营者违反本法第六条、第九条规定，权利人因被侵权所受到的实际损失、侵权人因侵权所获得的利益难以确定的，由人民法院根据侵权行为的情节判决给予权利人五百万元以下的赔偿。

---

① 马更新.“通知—删除”规则的检视与完善［J］. 政治与法律，2022（10）：154.

②《中华人民共和国反不正当竞争法》第 17 条：因不正当竞争行为受到损害的经营者的赔偿数额，按照其因被侵权所受到的实际损失确定；实际损失难以计算的，按照侵权人因侵权所获得的利益确定。经营者恶意实施侵犯商业秘密行为，情节严重的，可以在按照上述方法确定数额的一倍以上五倍以下确定赔偿数额。赔偿数额还应当包括经营者为制止侵权行为所支付的合理开支。

《中华人民共和国民法典》

第一百七十七条 二人以上依法承担按份责任，能够确定责任大小的，各自承担相应的责任；难以确定责任大小的，平均承担责任。

第一千一百六十八条 二人以上共同实施侵权行为，造成他人损害的，应当承担连带责任。

第一千一百六十九条 教唆、帮助他人实施侵权行为的，应当与行为人承担连带责任。

教唆、帮助无民事行为能力人、限制民事行为能力人实施侵权行为的，应当承担侵权责任；该无民事行为能力人、限制民事行为能力人的监护人未尽到监护职责的，应当承担相应的责任。

《中华人民共和国电子商务法》

第四十二条 知识产权权利人认为其知识产权受到侵害的，有权通知电子商务平台经营者采取删除、屏蔽、断开链接、终止交易和服务等必要措施。通知应当包括构成侵权的初步证据。

电子商务平台经营者接到通知后，应当及时采取必要措施，并将该通知转送平台内经营者；未及时采取必要措施的，对损害的扩大部分与平台内经营者承担连带责任。

因通知错误造成平台内经营者损害的，依法承担民事责任。恶意发出错误通知，造成平台内经营者损失的，加倍承担赔偿责任。

《中华人民共和国民事诉讼法》

第六十七条 当事人对自己提出的主张，有责任提供证据。

当事人及其诉讼代理人因客观原因不能自行收集的证据，或者人民法院认为审理案件需要的证据，人民法院应当调查收集。

人民法院应当按照法定程序，全面地、客观地审查核实证据。

9. 如何整治破坏电商生态的虚假网络刷单行为？

——广东省深圳市某计算机系统有限公司、某某科技（深圳）有限公司与某推（重庆）网络科技有限公司、谭某不正当竞争纠纷案[①]

◉ 案情简介

原告： 广东省深圳市某计算机系统有限公司

原告： 某某科技（深圳）有限公司

① 案例摘自重庆市第五中级人民法院（2019）渝05民初3618号判决书。

被告：某推（重庆）网络科技有限公司

被告：谭某

原告广东省深圳市某计算机系统有限公司、某某科技（深圳）有限公司诉称，两被告针对原告及原告同业竞争者的网络产品实施了有偿刷单、刷量行为。被告某推（重庆）网络科技有限公司登记运营的企鹅代商网和被告谭某登记运营的金招代刷网、全媒体代刷网等都在从事界面、功能一致的刷量、刷单有偿服务。另外，被告谭某登记运营的赚客营销网还专门设有针对上述代刷网站的刷量、刷单服务进行推广宣传的功能。刷量、刷单的对象不仅包括原告旗下的腾讯视频、微视、天天快报、微信文章、QQ 空间，还有与两原告相竞争的其他互联网公司旗下产品，诸如今日头条、抖音等。两被告实施有偿刷单、刷量的行为，构成了对原告的不正当竞争行为。两原告向重庆市第五中级人民法院起诉，请求判令两被告立即停止不正当竞争行为，立即停止对原告旗下天天快报、微信、腾讯微视内容的刷量、刷单行为，以及对其他与原告产品或服务相同或类似产品的刷量、刷单行为；判令两被告连带赔偿经济损失 500 万元，承担本案的诉讼费用及为维权产生的合理开支，并在《法制日报》中缝以外版面刊登声明，消除影响。

被告某推（重庆）网络科技有限公司和被告谭某共同答辩称：第一，被告谭某并非适格被告。第二，被告某推（重庆）网络科技有限公司与原告经营范围、经营模式、盈利模式完全不同，不具有竞争关系。两原告主张的所谓“刷量”行为不属于《反不正当竞争法》中明确列举的不正当竞争行为。因此，被告某推（重庆）网络科技有限公司的经营行为不构成对原告的不正当竞争行为。被告某推（重庆）网络科技有限公司在得知自己的经营可能存在不正当竞争侵权行为后，于第一时间关停了案涉网站，两原告未证明其因被告某推（重庆）网络科技有限公司行为受到的损失及与被告某推（重庆）网络科技有限公司获益的因果关系。被告某推（重庆）网络科技有限公司并未从“刷量”行为获益，只从代理销售行为中微量获利。两原告要求 500 万元的赔偿没有任何依据，被告某推（重庆）网络科技有限公司不应承担赔偿责任。被告某推（重庆）网络科技有限公司销售的“网络推广”业务，其最终的服务并非公开进行，一般不会被第三方知悉。被告某推（重庆）网络科技有限公司不应承担消除影响的民事责任。

◉ 审理结果

重庆市第五中级人民法院经审理认为，被告某推（重庆）网络科技有限公司针对原告互联网产品或服务及其内容信息，以及其他互联网经营者的互联网产品或服务，有偿提供虚假刷量服务的行为，应当纳入反不正当竞争法予以规制，适用《中华人民共和国反不正当竞争法》第 12 条第 2 款第 4 项关于“其他妨碍、破坏其他经营者合法提供的网络产品或者服务正常运行的行为”的规定，认定其为不正当竞争行为。被告谭某实施提供有偿刷量服务行为时，其身份在公司人格和自然人之间已然发生混同，根据被告某推（重庆）网络科技有限公司成立之前，被告谭某已经存在有偿刷量行为的事实，并结合被告所有网站有偿刷量服务价款均通过被告谭某个人账户收取的情况，认定二被告主观上存在共同实施不正当竞争行为的意思联络，客观上分工合作，构成共同侵权，应承担停止侵权、赔偿损失、消除影响的民事责任。

◉ 法理评析

本案的焦点在于被告提供虚假刷量服务行为是否构成不正当竞争。在网络时代，“流量”已经成为一种“财富”，“流量为王”已成为互联网经营者不断追求的经营目标。互联网经营者通过获取流量进行变现，从而获得更大的经济利益。为了吸引网络用户、争夺网络流量、提高网站的访问数量，互联网经营者之间的竞争非常激烈。有的互联网经营者想方设法吸引和获取优质内容，并将优质内容进行重点推送或推荐，也有电子商务经营者利用虚拟软件等技术手段或人工方式进行刷量、刷单行为，以期实现短期内提高数据流量的目的。刷量行为是指经营者采取互联网领域现有的插入、搭载、链接或者劫持等技术手段以妨碍、破坏其他经营者合法提供的网络产品或者服务的行为。[①]网络刷单行为是指网络经营者为了更好的客户评价或店铺较好的搜索排名，而与人串通为其店铺或某个商品人为地增加销售量或好评数量的行为。[②]刷量行为和刷单行为都是具有人为干扰性、隐秘性和误导性等特点。

《反不正当竞争法》第 2 条规定了经营者应当遵循自愿、平等、公平、诚信的原则，遵守法律和商业道德；第 12 条第 2 款规定了经营者不得利用技术手段，通过影响用户选择或者其他方式，实施妨碍、破坏其他经营者合法提供的网络产品或者服务正常运行的行为。这对网络经营者提出了经营要求，既要遵守诚实信用的原则，又不能妨碍、破坏其他经营者合法提供的网络产品或者服务正常运行。网络经营者竞争的终极目的也是维护消费者权益和整体福利，其竞争行为既应尊重其他企业对自己产品和经营的自主权，又要保障他人合法权利不受侵犯。虚假刷量行为通过对互联网产品或服务进行虚假刷量，提供无效访问数据，影响互联网经营者的经营决策；以虚高或虚假数据欺骗和误导用户和消费者，侵害用户和消费者的知情权和选择权；损害互联网经营者、用户和消费者合法权益。此外，虚假刷量行为还助推了不良竞争甚至恶性竞争，违背了诚实信用原则和商业道德，扰乱了正常、公平的市场竞争秩序。

本案中，被告接受客户委托，并委托他人实施对原告产品、服务或者与其相竞争的产品、服务代为实施有偿刷量，赚取客户缴费与网络营销平台服务商收费之间的差价。其行为是对包括原告在内的互联网经营者赖以生存和发展的商业模式的非法干预，对行之有效的管理制度和规则予以非法破坏。虽然被告并未直接与原告发生市场竞争关系，但间接地参与到包括原告在内的互联网经营者之间的竞争关系之中，不正当地利用他人已经取得的市场地位和商誉，为自己谋取商业机会和利益，属于不正当竞争行为。

◉ 法条点击

《中华人民共和国反不正当竞争法》

第二条 经营者在生产经营活动中，应当遵循自愿、平等、公平、诚信的原则，遵守法律和商业道德。

---

① 王琴. 提供虚假刷量服务构成不正当竞争［J］. 人民司法，2021（11）：92－95.

② 蓝寿荣，郭纯. 论网络刷单行为的危害及法律责任［J］. 南昌大学学报（人文社会科学版），2018，49（03）：105－111.

本法所称的不正当竞争行为，是指经营者在生产经营活动中，违反本法规定，扰乱市场竞争秩序，损害其他经营者或者消费者的合法权益的行为。

本法所称的经营者，是指从事商品生产、经营或者提供服务（以下所称商品包括服务）的自然人、法人和非法人组织。

第十二条 经营者利用网络从事生产经营活动，应当遵守本法的各项规定。

经营者不得利用技术手段，通过影响用户选择或者其他方式，实施下列妨碍、破坏其他经营者合法提供的网络产品或者服务正常运行的行为：

（一）未经其他经营者同意，在其合法提供的网络产品或者服务中，插入链接、强制进行目标跳转；

（二）误导、欺骗、强迫用户修改、关闭、卸载其他经营者合法提供的网络产品或者服务；

（三）恶意对其他经营者合法提供的网络产品或者服务实施不兼容；

（四）其他妨碍、破坏其他经营者合法提供的网络产品或者服务正常运行的行为。

第十七条 经营者违反本法规定，给他人造成损害的，应当依法承担民事责任。

经营者的合法权益受到不正当竞争行为损害的，可以向人民法院提起诉讼。

因不正当竞争行为受到损害的经营者的赔偿数额，按照其因被侵权所受到的实际损失确定；实际损失难以计算的，按照侵权人因侵权所获得的利益确定。经营者恶意实施侵犯商业秘密行为，情节严重的，可以在按照上述方法确定数额的一倍以上五倍以下确定赔偿数额。赔偿数额还应当包括经营者为制止侵权行为所支付的合理开支。

经营者违反本法第六条、第九条规定，权利人因被侵权所受到的实际损失、侵权人因侵权所获得的利益难以确定的，由人民法院根据侵权行为的情节判决给予权利人五百万元以下的赔偿。

《中华人民共和国民法典》

第一百七十九条 承担民事责任的方式主要有：

（一）停止侵害；

（二）排除妨碍；

（三）消除危险；

（四）返还财产；

（五）恢复原状；

（六）修理、重作、更换；

（七）继续履行；

（八）赔偿损失；

（九）支付违约金；

（十）消除影响、恢复名誉；

（十一）赔礼道歉。

法律规定惩罚性赔偿的，依照其规定。

本条规定的承担民事责任的方式，可以单独适用，也可以合并适用。

第一千一百六十八条 二人以上共同实施侵权行为，造成他人损害的，应当承担连带责任。

10. 女孩网购毒蛇被咬致死，平台/卖方/快递/三方是否担责？行政处罚能否替代民事赔偿？

——杨某、齐某与邵某、杨某某、王某某、北京某精神科技有限责任公司、杭州某网络技术有限公司、申某快递有限公司等相关生命权、健康权、身体权纠纷案①

◉ 案情简介

原告： 齐某

原告： 杨某、齐某

被告： 邵某

被告： 杨某某

被告： 王某某

被告： 北京某精神科技有限责任公司

被告： 杭州某网络技术有限公司

被告： 申某快递有限公司

原告诉称，原告杨某、齐某之女分别于 2018 年 6 月 20 日及 7 月 1 日在北京某精神科技有限责任公司运营的二手交易平台上，自邵某处两次购买银环蛇，邵某与两原告之女联系发货。第一条银环蛇由申某快递有限公司运输，第二条银环蛇由王某某发货，杭州某网络技术有限公司负责运输。两原告之女左手食指被银环蛇咬伤，去医院就诊未愈，随后去世。二原告认为，六被告的行为相结合共同侵犯了其女儿的生命权，应当对其女儿的死亡承担连带责任。于是，向北京市海淀区人民法院提起诉讼，请求判决六被告连带赔偿医疗费、护理费、交通费、住宿费、住院伙食补助费、丧葬费、亲属办理丧事事宜必要支出，以及死亡赔偿金、精神损害抚慰金等。

被告邵某答辩称，两原告之女身亡是被其饲养的银环蛇咬伤，没有及时就医，以及就医后向医生隐瞒事实，进而贻误治疗时机等因素叠加导致的，两原告之女的身亡和其没有关系，且其尽到了告知义务，不存在过错。二原告要求按照城镇标准赔偿死亡赔偿金、丧葬费等款项，无事实和法律依据。

被告杨某某答辩称，涉案的两条蛇是邵某主动购买的，其不应承担赔偿责任。

被告王某某答辩称，和两原告之女没有直接关系，是帮忙发货，并没有收过买家和卖家的钱，事后已经被工商部门罚款，承担了责任。况且，现不清楚是被哪条银环蛇咬伤，

---

① 案例摘自北京市海淀区人民法院（2018）京 0108 民初 61705 号判决书。

不同意二原告的诉讼请求。

被告北京某精神科技有限责任公司答辩称，其并非银环蛇买卖的一方，不是侵权人，没有侵权主体地位。在两原告之女和邵某的交易过程中，公司没有任何获利行为，且已经尽到了注意和管理义务，不应承担任何赔偿责任。

被告申某快递有限公司答辩称，邮寄行为只是快递流通环节，不会导致两原告之女被蛇咬到，邮寄行为与两原告之女被咬不存在因果关系，二原告主张我公司承担连带赔偿责任没有法律依据。

被告杭州某网络技术有限公司答辩称，其没有参与两原告之女购买银环蛇的环节，两原告之女的死亡是由于其在饲养过程中的疏忽造成的，邮寄行为与其死亡无因果关系。其虽然违反了相关行政规定，邮寄了活的动物，但已得到了相应处罚。二原告要求承担连带责任，无任何法律依据。

◉ 审理结果

北京市海淀区人民法院经审理认为，邵某、杨某某、王某某作为银环蛇出售方，实施了出售、交邮银环蛇的行为，是危险源的提供者；北京某精神科技有限责任公司作为网络服务平台，为银环蛇交易提供了线上交易场所和服务；申某快递有限公司和杭州某网络技术有限公司作为物流服务提供者，接受了装有银环蛇的包裹并运输；六被告若不实施各自行为，则不会产生银环蛇交付给原告之女的后果，故六被告行为均与两原告之女损害之间存在因果关系。邵某、杨某某、王某某三人抱着轻信可以避免的心态直接、间接向两原告之女出售、交寄银环蛇，其行为均具有过失。北京某精神科技有限责任公司未尽到合理的注意义务，违反了法律规定，其行为具有过失。申某快递有限公司和杭州某网络技术有限公司未对装有银环蛇的快递包裹进行开箱验视、安检，并成功完成收件、运输、投递银环蛇的行为，违反了相关法律规定，未达勤勉标准，均构成过失。因此，六被告在两组交易中分别实施的提供银环蛇网络交易服务与出售、交邮、运输、投递银环蛇的不法行为均具有过失，且与两原告之女损害之间存在因果关系，具有可归责性，均应承担赔偿损失的民事责任。

◉ 法理评析

网络购物是一种便捷的购物方式，人们可以通过互联网随时随地浏览商品信息、进行交易支付，而快递公司则承担着将这些商品从商家送到消费者手中的重任。2022 年，我国邮政行业寄递业务量完成 1 390.9 亿件，人均快递使用量 78.3 件。[①]快递为人们带来便捷的同时，也带来了一些问题。比如，有的快递公司邮寄法律法规明文禁止的物品。快递行业既受行政法的规范，也受民事领域有关法律法规的约束。甚至，民事主体的行为既违反了行政法也违反了民法，同时产生行政责任和民事责任。那么，同一违法行为可否以行政处罚替代民事责任呢？实际上，行政处罚和民事赔偿是两种不同的法律救济方式，其目的和性质也有所不同。行政处罚是指行政机关依法对违反行政管理秩序的公民、

---

① 数据来源于 https://m.gmw.cn/2023－05/28/content_1303387023.htm，最后访问日期：2023－05－29。

法人或者其他组织，以减损权益或者增加义务的方式予以惩戒的行为，其目的是惩罚违法行为，维护公共利益和社会秩序。而民事赔偿是指当公民、法人或者其他组织在民事活动中侵犯了他人的合法权益时，应当承担相应的法律责任，向受害人支付赔偿金等。《民法典》第 187 条规定民事主体因同一行为应当承担民事责任、行政责任和刑事责任的，承担行政责任或者刑事责任不影响承担民事责任；民事主体的财产不足以支付的，优先用于承担民事责任。同时，《行政处罚法》第 8 条规定公民、法人或者其他组织因违法行为受到行政处罚，其违法行为对他人造成损害的，应当依法承担民事责任；违法行为构成犯罪，应当依法追究刑事责任的，不得以行政处罚代替刑事处罚。可见，受到行政处罚的违法行为并不影响民事责任的承担，也不影响刑事责任的承担。

本案中，邵某、杨某某、王某某、北京某精神科技有限责任公司、申某快递有限公司和杭州某网络技术有限公司六位被告出售、提供并邮寄银环蛇的行为致使原告之女因中蛇毒不治身亡，损害了其生命权。《民法典》第 1002 条规定："自然人享有生命权。自然人的生命安全和生命尊严受法律保护。任何组织或者个人不得侵害他人的生命权。"生命权是自然人最高的人格利益，是法律与道德共同维护的核心价值。其中，邵某、杨某某、王某某三位被告的行为触犯了《野生动物保护法》等法律法规对野生动物保护的相关规定，涉及行政法律法规规制范畴，应受到行政处罚；其行为同时触犯了《民法典》《邮政法》《快递暂行条例》等法律法规对自然人健康权、生命权以及快递运输安全的相关规定，属于民法调整的民事范畴，应承担民事责任。银环蛇运输者申某快递有限公司和杭州某网络技术有限公司邮寄活动物的行为，邮政管理部门给予了行政处罚，但不影响其民事责任的承担。

◉ 法条点击

《中华人民共和国民法典》

第一百七十九条　承担民事责任的方式主要有：

（一）停止侵害；

（二）排除妨碍；

（三）消除危险；

（四）返还财产；

（五）恢复原状；

（六）修理、重作、更换；

（七）继续履行；

（八）赔偿损失；

（九）支付违约金；

（十）消除影响、恢复名誉；

（十一）赔礼道歉。

法律规定惩罚性赔偿的，依照其规定。

本条规定的承担民事责任的方式，可以单独适用，也可以合并适用。

第一百八十七条 民事主体因同一行为应当承担民事责任、行政责任和刑事责任的，承担行政责任或者刑事责任不影响承担民事责任；民事主体的财产不足以支付的，优先用于承担民事责任。

第一千一百六十八条 二人以上共同实施侵权行为，造成他人损害的，应当承担连带责任。

第一千一百七十条 二人以上实施危及他人人身、财产安全的行为，其中一人或者数人的行为造成他人损害，能够确定具体侵权人的，由侵权人承担责任；不能确定具体侵权人的，行为人承担连带责任。

第一千一百七十一条 二人以上分别实施侵权行为造成同一损害，每个人的侵权行为都足以造成全部损害的，行为人承担连带责任。

第一千一百七十二条 二人以上分别实施侵权行为造成同一损害，能够确定责任大小的，各自承担相应的责任；难以确定责任大小的，平均承担责任。

《中华人民共和国野生动物保护法》

第二十七条 人工繁育野生动物应当采取安全措施，防止野生动物伤人和逃逸。人工繁育的野生动物造成他人损害、危害公共安全或者破坏生态的，饲养人、管理人等应当依法承担法律责任。

第三十二条 禁止为出售、购买、利用野生动物或者禁止使用的猎捕工具发布广告。禁止为违法出售、购买、利用野生动物制品发布广告。

《中华人民共和国邮政法》

第二十四条 邮政企业收寄邮件和用户交寄邮件，应当遵守法律、行政法规以及国务院和国务院有关部门关于禁止寄递或者限制寄递物品的规定。

第二十五条 邮政企业应当依法建立并执行邮件收寄验视制度。

对用户交寄的信件，必要时邮政企业可以要求用户开拆，进行验视，但不得检查信件内容。用户拒绝开拆的，邮政企业不予收寄。

对信件以外的邮件，邮政企业收寄时应当当场验视内件。用户拒绝验视的，邮政企业不予收寄。

第七十五条 邮政企业、快递企业不建立或者不执行收件验视制度，或者违反法律、行政法规以及国务院和国务院有关部门关于禁止寄递或者限制寄递物品的规定收寄邮件、快件的，对邮政企业直接负责的主管人员和其他直接责任人员给予处分；对快递企业，邮政管理部门可以责令停业整顿直至吊销其快递业务经营许可证。

用户在邮件、快件中夹带禁止寄递或者限制寄递的物品，尚不构成犯罪的，依法给予治安管理处罚。

有前两款规定的违法行为，造成人身伤害或者财产损失的，依法承担赔偿责任。

邮政企业、快递企业经营国际寄递业务，以及用户交寄国际邮递物品，违反《中华人民共和国海关法》及其他有关法律、行政法规的规定的，依照有关法律、行政法规的规定处罚。

《中华人民共和国电子商务法》

第十三条 电子商务经营者销售的商品或者提供的服务应当符合保障人身、财产安全的要求和环境保护要求，不得销售或者提供法律、行政法规禁止交易的商品或者服务。

第二章

电子商务经营者

20世纪90年代以来，计算机技术飞速发展，不仅实现了网络全球化、普遍化，而且实现了其应用范围从传统文字处理和信息传递领域向商业领域的根本性转变，带来了商业运行模式的变革，开辟出区别于传统的商务模式，这便是电子商务。根据中国互联网络信息中心（CNNIC）2023年8月28日发布的第52次《中国互联网络发展状况统计报告》（以下简称《互联网络报告》），截至2023年6月，我国网民规模达10.79亿人，较2022年12月增长1 109万人，互联网普及率达76.4%。其中，网络购物用户规模达到8.84亿，网民使用网络购物的比例较2022年12月增长3 880万人，占网民整体的82.0%。可见，电子商务经济已经成为中国数字经济的最大增长点。

电子商务经营者是随着电子商务的发展而出现的一个崭新概念。根据我国《电子商务法》第9条规定，电子商务经营者是指通过互联网等信息网络从事销售商品或者提供服务的经营活动的自然人、法人和非法人组织，包括电子商务平台经营者、平台内经营者以及通过自建网站、其他网络服务销售商品或者提供服务的电子商务经营者。可见，电子商务经营者具有主体线上的聚合性、主体对平台的依赖性、主体地域的广泛性、主体表现的虚拟性等特性。与传统的经营者相比，电子商务经营者最主要的特点就在于以网络技术应用作为前提。质言之，该类主体须利用互联网、移动互联网、电信网、物联网等网络技术，比如利用App、微信、微博、论坛、小程序、小视频、直播等方式形成自己的商业模式。我国的《电子商务法》，其基本逻辑是围绕“电子商务经营者”而展开的。因此，这部法律也尽可能力图明确“电子商务经营者”的法律责任和法定义务，从而为电子商务的未来发展奠定基石。

本章精选了13个典型案例，主要就电子商务经营者的种类及其法律义务和法律责任等几个方面进行分析，以帮助读者把握《电子商务法》中的“电子商务经营者”的内涵、种类、权利、义务以及责任，进一步深刻理解单独规定“电子商务经营者”的重要性和特殊性。

11. 网页的创新对于网站而言有多重要?

——某科技股份有限公司、某科技股份有限公司潍坊分公司诉潍坊某信息科技有限公司侵害著作权及不正当竞争纠纷案①

◉ 案情简介

原告： 某科技股份有限公司

原告： 某科技股份有限公司潍坊分公司

被告： 潍坊某信息科技有限公司

原告诉称，原告是一家致力于中小企业“信息化运营”、提供域名服务及网站制作的高新企业，自2011年3月以来，原告发现被告公司网站上擅自将原告制作的相关精品网站案例作为被告自己的案例进行宣传，使人误以为这些网站案例是被告设计制作的，借以宣传被告自己。由于被告所从事的主要业务与原告的业务基本相同，且经营地点同在潍坊，被告的行为侵害了原告的著作权，并涉嫌不正当竞争，给原告造成了经济损失，给原告的名誉造成了不良影响。为此，原告将被告诉至潍坊市中级人民法院，请求判令被告停止侵权并赔偿损失。

被告答辩称：第一，原告主体不适格，原告诉被告侵权应当提供三个网站的权属证明，上述三个网站并未标明为原告所有，一般用户并不能判断网站由哪个公司制作，而且网站的版权归网站企业所有，原告无权主张；第二，被告在公司网页中明确表示精品案例、成功故事均来源于搜索引擎和相关新闻网站，并未表明是被告制作，而且，被告在明显位置区分了被告自己制作的网站与来源于搜索引擎的网站。被告自成立以来，一直亏损经营。请求法院查明事实，依法驳回二原告的诉讼请求。

◉ 审理结果

法院认为，具有独创性和可复制性的网页是可以作为作品受著作权法保护的。首先，网页是网站的基本元素，网页制作贯穿于整个网站的建设过程中，其制作流程包括网站策划、美工制作、网页的界面框架制作、后台程序制作、网站测试与发布等。因此，一个制作精美的网页，需要凭借软件设计出网页的界面框架，通过编写源程序才能够完成。技术含量高的网页制作工作需要消耗制作者相当多的精力，为了吸引更多的网民浏览，设计制作者在网页的设计、排版、布局、色彩搭配等方面付出了大量智力劳动，而这一系列的创造性的智力活动恰恰是作品独创性的体现。其次，网页可以通过多种途径予以保存，亦可以打印在纸张上，网页具备有形复制的属性。因此，具有独创性和被他人所

① 案例摘自山东潍坊市中级人民法院（2011）潍知初字第343号判决书。

客观感知和复制的网页可以构成著作权法上所称的作品，应当受到著作权法的保护。

本案中，由原告提供技术服务所设计制作的网站中的相关网页体现了原告公司的经营特点，结合了数字形式的文字、图形及独特的色彩选择和版面设计，具有独创性和可复制性，依法构成作品，应当受到著作权法和相关法律的保护。经公证，被告网站的网页与原告制作的网站的首页内容及设计、排版均相同。有所不同的是，被告在网页的下方标注有“关于我们”“解决方案”“案例中心”“在线招聘”“服务与支持”“客户留言”“联系我们”以及“潍坊万企”及其ICP备案号等字样。虽然涉案被告网站的内容并不虚假，但是该做法容易使相关市场经营主体，尤其是欲寻求制作网站合作者的相关主体在浏览了被告网站后产生错误认识，误认为涉案网站是由被告设计制作的，从而对被告公司的业绩、知名度和美誉度产生夸大性认识，也有可能对选择网站设计者作出错误的判断和选择，被告依靠上述方法有可能取得经营上的利益，应当认定为引人误解的虚假宣传，构成对原告的不正当竞争行为。

◉ 法理评析

本案争议的焦点是网站的网页是否享有著作权法的保护。从另一个角度来看，本案涉及网页对于网站的重要性。Internet网页，就是指www网页（web page）；网站（web site），就是在特定的人或组织的控制下的网页页面的集合。因此可以说，网页是发布和传播网络信息的主要载体，也是网站提供服务和吸引网民的主要手段。网页一般包括四个部分：版式，指网页内容的布局安排；信息，指网页上的具体内容；设计，指具体的美术设计，如栏目名称前的小图标，分割各部分内容的几何图案等；更新，指网页更新的方法和更新速度。很显然，网页的设计、制作要花费公司大量的人力、物力，实际上，很多网络服务公司都有专门的部门，配备美工人员专门进行网页的设计、制作。

当前，网络产业的迅猛发展已经催生了互联网零售行业、互联网金融行业、互联网游戏行业、互联网教育行业、互联网娱乐行业以及新兴的互联网广告等庞大市场。其中网页的作用显然“功不可没”。网页是上网浏览时的屏幕显示，美观大方、有创意、界面友好的网页才会吸引人，从而提高网站的访问量。换句话说，网页可以为网站带来巨大的经济利益和精神利益。因此，人们有理由相信，在网络环境中，因网页而产生的纠纷一定会大量出现。在网页中，有一种特殊类型的主页（home page），主页又称首页，是指网站内容的第一页，也是该网站设置的默认页。“主页是一个网站的精华所在，是其内容和形式的缩影，代表着该网站最鲜明的特点。”[①]可以想象，在因网页而产生的纠纷中最典型、最集中的必然是因主页而产生的纠纷，比如网页抄袭。在考虑网页的法律保护问题时，人们首先想到的是知识产权保护中的著作权法保护。这是因为，网页往往包括文字、图像、音乐、动画等内容，而这些内容都是受著作权法保护的作品形式。但问题在于，由这些内容综合形成的网页，属于哪种作品形式呢？根据我国《著作权法》第3条规定的概括性条款——“符合作品特征的其他智力成果”，可以认定具有独创性的网页（特别是主页）作为著作权法保护的对象。在本案中，山东潍坊中级人民法院经过审查，判定原

① 张平. 网络知识产权及相关法律问题透析［M］. 北京：知识产权出版社，2002：50.

告技术支持的网页体现了原告公司的经营特点，结合了数字形式的文字、图形及独特的色彩选择和版面设计，具有独创性和可复制性，依法构成作品，应当受到著作权法和相关法律的保护。而被告网站的网页与原告制作的网站的首页内容及设计、排版均相同。这将影响网民选择，造成网民误认，从而有可能损害原告的利益。这种搭便车的行为应受到法律的制裁，因为这不利于电子商务环境的健康发展，也不利于对电子商务消费者利益的维护。

◉ 法条点击

《中华人民共和国著作权法》

第三条 本法所称的作品，是指文学、艺术和科学领域内具有独创性并能以一定形式表现的智力成果，包括：

……

（九）符合作品特征的其他智力成果。

第十五条 汇编若干作品、作品的片段或者不构成作品的数据或者其他材料，对其内容的选择或者编排体现独创性的作品，为汇编作品，其著作权由汇编人享有，但行使著作权时，不得侵犯原作品的著作权。

12. 电子商务交易平台是否负有事先审查义务？

——深圳市某科技股份有限公司与广州市天河区某电子经营部、杭州某广告有限公司侵害外观设计专利权纠纷案[①]

◉ 案情简介

原告： 深圳市某科技股份有限公司

被告： 广州市天河区某电子经营部

被告： 杭州某广告有限公司

原告公司法定代表人廖某某于2012年8月7日向国家知识产权局申请名称为“摄像头（YL018）”的外观设计专利，2013年2月6日获得授权，专利号为“ZL201230369004.9”。该摄像头造型独特新颖，一上市便受到广大用户的喜爱，销售良好。之后，原告发现市场上有相同产品在销售，导致原告销售量下降并产生经济损失。经调查发现，被告广州市天河区某电子经营部（以下简称某经营部）在阿里巴巴上的网店销售的“高清电脑摄像头”与原告专利相同，该商品由其生产、销售，数量巨大，其行为严重损害了原告专

① 案例摘自广州知识产权法院（2015）粤知法专民初字第243号民事判决书。

利权，被告杭州某广告有限公司（以下简称某广告公司）为某经营部的侵权行为提供了帮助并从中获取直接经济利益。据此，原告请求判令：（1）被告某经营部立即停止生产、销售、许诺销售侵犯原告外观设计专利权的摄像头；（2）被告某经营部、阿里巴巴公司赔偿原告经济损失及因调查、制止侵权所支付的合理费用。

被告某经营部辩称：（1）原告不具有诉讼主体资格。涉案专利权人并非本案原告，而是案外人廖某某，涉案专利实施许可合同未办理备案登记，该合同不能对抗第三人，故原告并非涉案专利合法有效的独占实施被许可人，其不能单独提起本案诉讼，请求驳回起诉。（2）被诉侵权产品与涉案专利设计特征存在六处不同，故被诉侵权产品不落入涉案专利保护范围。（3）被诉侵权产品的设计是采用了公知技术，被诉侵权产品在涉案专利申请日之前已经设计并生产、销售，根据专利法有关规定，我方的行为不属于侵权行为。（4）原告主张赔偿费没有依据，根据公证书显示，被诉侵权产品的销售量为0，而原告为维权仅支出960元，原告应就其实际损失进行举证。据此，被告某经营部请求驳回原告的起诉或诉讼请求。

被告某广告公司辩称：（1）我公司是某平台的网络服务提供者，为平台内用户物色交易对象，并就货物或交易提供协商的场所。被诉侵权产品的信息均系被告某经营部上传、发布，我公司与某经营部不存在经营关系，也未实施涉案专利，并非本案侵权人，故我公司并非适格被告。（2）我公司制定了详尽的规则保障平台用户、消费者的合法权益，对本案侵权行为没有过错。用户申请入驻平台必须接受我公司制定的《阿里巴巴服务条款》，明确要求用户不得发布侵犯他人合法权益的商品信息，明确要求用户承诺不得发布、销售侵犯他人知识产权的商品，且用户必须如实填写其身份、联系地址、电话等经营信息，制定了争议调解及商品退出规则以保障发生纠纷时相关权利人等得到及时的救济。我公司对某经营部所实施的侵权行为没有任何过错，无须承担赔偿责任。（3）我公司知悉本案侵权行为后立即对被诉侵权产品采取了下架措施，没有扩大损害，依法无须承担赔偿责任。由于平台拥有海量的店铺及商品，网络信息量过于庞大，加之信息更新的即时性，目前的技术手段无法对所有商品信息进行一一审核，在未收到权利人投诉或诉讼材料前，我公司难以知悉平台内的侵权行为。但依据我公司制定的平台规则，任何人发现平台用户的商品侵犯其合法权益的行为，均可向我公司进行投诉，我公司核实后会依法处理。因此，我公司收到本案诉状后立即采取了将被诉侵权产品全部下架的补救措施，防止侵权后果进一步扩大，故我公司无须承担赔偿责任。（4）原告未提供证据证明其遭受损失的情况，依法应承担举证不能的不利后果。据此，我公司请求驳回原告的诉讼请求。

◉ 审理结果

法院经由原告和被告的举证质证，认定原告是涉案专利的独占许可使用权人，且本案侵权行为发生时，涉案专利实施许可合同仍在有效期内，故原告是本案适格原告。法院还认定被告某经营部实施了侵犯原告专利权行为。

就被告某广告公司是否构成共同侵权问题，法院认为被告某广告公司提交的证据足以证实其为涉案网络交易平台的经营者，涉案网站上的被诉侵权产品的图片等信息由被告某经营部自行发布，且本案公证书证实，被诉侵权产品亦由被告某经营部销售，某广告公司并未直接实施被控侵权行为。根据《中华人民共和国侵权责任法》（已废止）第9条第1款，关于“教唆、帮助他人实施侵权行为的，应当与行为人承担连带责任”的规定，原告主张被告某广告公司与某经营部构成共同侵权，应当证明某广告公司具有过错，即其知道或者应当知道其行为是在帮助侵权人实施侵权行为。就本案而言，首先，被告某经营部在阿里巴巴网站上发布销售被诉侵权产品的信息并不属于内容明显侵权的情形，其是否构成专利侵权涉及专业技术判断，某广告公司对此不具有事前审查的义务；其次，某广告公司于2015年2月7日收到本案诉讼材料后发现被诉侵权产品涉嫌侵权，于同年2月13日即对该产品采取了全网下架的措施，而本案尚无证据证实某广告公司存在明知某经营部构成专利侵权后仍故意为其销售提供便利。故原告主张某广告公司构成共同侵权，依据不足，本院不予支持。

◉ 法理评析

本案争议的焦点之一是被告某广告公司是否构成共同侵权问题，核心在于某广告公司是否具有过错。近年来，电子商务的飞速发展，在为人们生活带来方便和促进经济发展的同时，也引发了许多侵权问题。电子商务交易平台作为联结网络商家和消费者的纽带，作为“网络虚拟大超市”，一方面为交易双方提供了平台，另一方面也为不法商家的侵权行为提供了便利条件。通常情况下，权利人会将实施直接侵权的商家和电子商务交易平台一起作为被告要求承担共同侵权责任。认定电子商务交易平台承担共同侵权责任与否，实质上需要判断电子商务交易平台是否实施了帮助侵权行为。帮助侵权行为的构成要件通常包括：（1）有直接侵权行为的存在；（2）客观上为直接侵犯专利权的行为提供了实质性的帮助；（3）行为人主观上有过错。电子商务交易平台经营者为侵权商品的许诺销售及销售提供了渠道和便利，使平台上的商家得以顺利销售侵权的商品，在客观上参与帮助了平台上的商家实施侵权行为。从行为上看，其并不是真正意义上侵权行为的实施者。但由于其身份的特殊性，为侵权行为的实施提供了交易场所并为交易的完成提供了相关技术服务。至于是否实施了帮助侵权行为，还须考虑电子商务交易平台经营者在提供技术服务时，是否存在过错。因此，是否具有主观过错是判定电子商务交易平台是否承担侵权责任的重要条件。

对于过错的认定，学理上主要有三种学说：主观说、客观说和主客观相统一说。主观说认为，过错本质上是一种应受非难的个人主观心理状态。这种学说坚持个人主义原则，以保护人格尊严为目的，在民事归责上，应从行为人主观的意思或能力上寻求根据，不能从客观事实现象中寻求归责根据。客观说认为，过错和违法是不可分割的，过错是行为人违反社会行为准则的意志状态。主客观相统一说认为，过错应当从主客观相统一的认识论出发，过错实际上是行为人未尽自己应尽和能尽的注意而为法律所不能容忍的行为意志状态。一般认为，判断行为人有无过错应当采用客观标准。人内心的真实意思表示是通过外化于人心理外部的行为来表达的，分析行为人的主观心理状态可以通过外在的客观事实来分析。所谓的客观标准就是以一个合理人应有的注意程度作为判断标准，判断一个人是否违反了其应尽的注意义务。正如吴汉东教授所言：“间接侵权责任的承担是因为网络服务商主观上存在可以归责的事由。在过失侵权的状况下，网络服务商违反的是对他人合法权益应尽的注意义务。”[①]简言之，注意义务是否违反是判定过失的客观标准。《电子商务法》第42—45条、《民法典》第1195—1197条为电商交易平台等网络服务提供者规定了其对服务对象实施的行为负有一定的注意义务，是为保护他人的合法权益，以此来应对日益恶化的网络侵权环境。

电子商务交易平台经营者所负有的注意义务主要围绕事前审查义务和事后审查义务展开。义务设定的不同将直接影响对电子商务交易平台经营者过错的认定，进而影响侵权责任的承担。审查义务实际上是对平台内经营者的经营行为是否侵犯他人合法权利的审查，蕴含了真实性、违法性、危险性判断。但对于审查的程度，以及具体的审查标准还缺乏一些规定，也没有进行区分，不同类型的电商平台或不同类型的审查义务没有细化区分。就事前审查义务而言，大多数国家包括美国、日本、新加坡等国的立法及司法，没有给电子商务交易平台设定事前审查义务，但规定了技术范围能力发现了“应知”的侵权信息时的审查义务。我国关于电子商务交易平台等网络服务者事前审查义务的法律规定，明确了电子商务交易平台在“应知”的情形下有一定程度的审查义务，特别是事前对商品信息发布者身份审核的义务，这是一种普遍审查义务，也是公法意义上的一种审查义务。就事后的审查义务而言，包括对通知和反通知的审查。理论界和产业界关注的问题是，事后的审查是形式审查还是实质审查？审查的标准是什么样的？审查义务要考虑哪些因素？一般认为，监管的可能性和获益模式也决定了不同的审查义务。面对不同的侵权对象时，应该适用不同的审查规则。

在本案中，法院认定被告某经营部在阿里巴巴网站上发布销售被诉侵权产品的信息并不属于内容明显侵权的情形，其是否构成专利侵权涉及专业技术判断，某广告公司对此不具有事前审查的义务。这表明被诉侵权产品的信息并未让被告某经营部具有“应知”或者“明知”情形，加之专利侵权涉及专业技术判断，具有复杂性，因此某广告公司并不具有事前审查侵权信息的义务。与此同时，法院还认定某广告公司于2015年2月7日收到本案诉讼材料后发现被诉侵权产品涉嫌侵权，于同年2月13日即对该产品采取了全网下架的措施，而本案尚无证据证实某广告公司存在明知某经营部构成专利侵权后仍故意为其销售提供便利。其中，当被告某广告公司收到诉讼材料并“发现”被诉侵权产品涉嫌侵权，实际上是指某广告公司收到诉讼材料后即收到权利人通知后，某广告公司应履行“事后审查义务”。经由事后审查，某广告公司发现被诉侵权产品涉嫌侵权，随后采用了必要措施，以阻止侵权损害的扩大。但如何审查、审查规则为何、审查程度并未在裁判说理中得以体现。这也表明合理配置审查义务，有利于电子商务交易平台、平台内经营者、消费者的合法权益保护，有利于电子商务环境的健康发展。

◉ 法条点击

《中华人民共和国电子商务法》

第四十一条 电子商务平台经营者应当建立知识产权保护规则，与知识产权权利人加

① 吴汉东.侵权责任法视野下的网络侵权责任解析［J］. 法商研究，2010（06）：58.

强合作，依法保护知识产权。

第四十二条 知识产权权利人认为其知识产权受到侵害的，有权通知电子商务平台经营者采取删除、屏蔽、断开链接、终止交易和服务等必要措施。通知应当包括构成侵权的初步证据。

电子商务平台经营者接到通知后，应当及时采取必要措施，并将该通知转送平台内经营者；未及时采取必要措施的，对损害的扩大部分与平台内经营者承担连带责任。

因通知错误造成平台内经营者损害的，依法承担民事责任。恶意发出错误通知，造成平台内经营者损失的，加倍承担赔偿责任。

第四十三条 平台内经营者接到转送的通知后，可以向电子商务平台经营者提交不存在侵权行为的声明。声明应当包括不存在侵权行为的初步证据。

电子商务平台经营者接到声明后，应当将该声明转送发出通知的知识产权权利人，并告知其可以向有关主管部门投诉或者向人民法院起诉。电子商务平台经营者在转送声明到达知识产权权利人后十五日内，未收到权利人已经投诉或者起诉通知的，应当及时终止所采取的措施。

第四十四条 电子商务平台经营者应当及时公示收到的本法第四十二条、第四十三条规定的通知、声明及处理结果。

第四十五条 电子商务平台经营者知道或者应当知道平台内经营者侵犯知识产权的，应当采取删除、屏蔽、断开链接、终止交易和服务等必要措施；未采取必要措施的，与侵权人承担连带责任。

《中华人民共和国民法典》

第一千一百九十五条 网络用户利用网络服务实施侵权行为的，权利人有权通知网络服务提供者采取删除、屏蔽、断开链接等必要措施。通知应当包括构成侵权的初步证据及权利人的真实身份信息。

网络服务提供者接到通知后，应当及时将该通知转送相关网络用户，并根据构成侵权的初步证据和服务类型采取必要措施；未及时采取必要措施的，对损害的扩大部分与该网络用户承担连带责任。

权利人因错误通知造成网络用户或者网络服务提供者损害的，应当承担侵权责任。法律另有规定的，依照其规定。

第一千一百九十六条 网络用户接到转送的通知后，可以向网络服务提供者提交不存在侵权行为的声明。声明应当包括不存在侵权行为的初步证据及网络用户的真实身份信息。

网络服务提供者接到声明后，应当将该声明转送发出通知的权利人，并告知其可以向有关部门投诉或者向人民法院提起诉讼。网络服务提供者在转送声明到达权利人后的合理期限内，未收到权利人已经投诉或者提起诉讼通知的，应当及时终止所采取的措施。

第一千一百九十七条 网络服务提供者知道或者应当知道网络用户利用其网络服务侵害他人民事权益，未采取必要措施的，与该网络用户承担连带责任。

13. 电子商务平台采取的措施何以“必要”？

——威海某某烤生活家电有限公司诉永康市某某工贸有限公司、浙江某某网络有限公司侵害发明专利权纠纷案[①]

◉ 案情简介

原告：威海某某烤生活家电有限公司

被告：永康市某某工贸有限公司

被告：浙江某某网络有限公司

原告威海某某烤生活家电有限公司（以下简称某某烤公司）诉称：永康市某某工贸有限公司（以下简称永康某某公司）未经其许可，在某某商城等网络平台上宣传并销售侵害其 ZL200980000002.8 号专利权的产品，构成专利侵权；浙江某某网络有限公司（以下简称浙江某某公司）在某某烤公司投诉永康某某公司侵权行为的情况下，未采取有效措施，应与永康某某公司共同承担侵权责任。请求判令：（1）永康某某公司立即停止销售被诉侵权产品；（2）永康某某公司立即销毁库存的被诉侵权产品；（3）浙江某某公司撤销永康某某公司在某某商城等网络平台上所有的侵权产品链接；（4）浙江某某公司、永康某某公司连带赔偿某某烤公司 50 万元；（5）本案诉讼费用由浙江某某公司、永康某某公司承担。

永康某某公司答辩称：其只是卖家，并不是生产厂家，某某烤公司索赔数额过高。

浙江某某公司答辩称：（1）其作为交易平台，并不是生产销售侵权产品的主要经营方或者销售方；（2）涉案产品是否侵权不能确定；（3）涉案产品是否使用在先也不能确定；（4）在不能证明其为侵权方的情况下，由其连带赔偿 50 万元缺乏事实和法律依据，且其公司业已删除了涉案产品的链接，某某烤公司关于撤销永康某某公司在某某商城等网络平台上所有侵权产品链接的诉讼请求亦不能成立。

◉ 审理结果

法院认为，永康某某公司销售的被诉侵权产品落入某某烤公司涉案专利权利要求的保护范围，永康某某公司涉案行为构成专利侵权。关于浙江某某公司在本案中是否构成共同侵权，根据《侵权责任法》（已废止）第 36 条第 2 款的规定，网络用户利用网络服务实施侵权行为的，被侵权人有权通知网络服务提供者采取删除、屏蔽、断开链接等必要措施。网络服务提供者接到通知后未及时采取必要措施的，对损害的扩大部分与该网络用户承担连带责任。上述规定系针对权利人发现网络用户利用网络服务

---

① 最高人民法院指导案例 83 号。

提供者的服务实施侵权行为后“通知”网络服务提供者采取必要措施，以防止侵权后果不当扩大的情形，同时还明确界定了此种情形下网络服务提供者所应承担的义务范围及责任构成。本案中，永康某某公司涉案被诉侵权行为是否构成侵权应结合对永康某某公司的主体性质、某某烤公司“通知”的有效性以及浙江某某公司在接到某某烤公司的“通知”后是否应当采取措施及所采取的措施的必要性和及时性等因素加以综合考量。

法院进一步认为,“必要措施”应根据所侵害权利的性质、侵权的具体情形和技术条件等因素来加以综合确定。本案中，在确定某某烤公司的投诉行为合法有效之后，需要判断浙江某某公司在接受投诉材料之后的处理是否审慎、合理。该院认为，本案系侵害发明专利权纠纷。浙江某某公司作为电子商务网络服务平台的提供者，基于其公司对于发明专利侵权判断的主观能力、侵权投诉胜诉概率以及利益平衡等因素的考量，并不必然要求浙江某某公司在接受投诉后对被投诉商品立即采取删除和屏蔽措施，对被投诉商品采取的必要措施应当秉承审慎、合理原则，以免损害被投诉人的合法权益。但是将有效的投诉通知材料转达被投诉人并通知被投诉人申辩当属浙江某某公司应当采取的必要措施之一，否则权利人投诉行为将失去意义，权利人的维权行为也将难以实现。网络服务平台提供者应该保证有效投诉信息传递的顺畅，而不应成为投诉信息的黑洞。被投诉人对于其或生产、或销售的商品是否侵权，以及是否应主动自行停止被投诉行为，自会作出相应的判断及应对。而浙江某某公司未履行上述基本义务，导致被投诉人未收到任何警示从而造成损害后果的扩大。至于浙江某某公司在某某烤公司起诉后即对被诉商品采取删除和屏蔽措施，当属审慎、合理。综上，浙江某某公司在接到某某烤公司的通知后未及时采取必要措施，对损害的扩大部分应与永康某某公司承担连带责任。浙江某某公司就此提出的上诉理由不能成立。关于浙江某某公司所应承担责任的份额，一审法院综合考虑侵权持续的时间及浙江某某公司应当知道侵权事实的时间，确定浙江某某公司对永康某某公司赔偿数额的 50 000 元承担连带赔偿责任，并无不当。

◉ 法理评析

本案争议的焦点之一是永康某某公司涉案被诉侵权行为是否构成侵权，综合考量因素之一在于浙江某某公司在接到某某烤公司的“通知”后是否应当采取措施及所采取的措施的必要性和及时性。必要措施来自“通知—必要措施”规则，并非法律用语，实践中关于必要措施也未形成统一的认识。一般认为，从立法目的来解释，必要措施是指足以防止侵权行为的发生、继续和侵害后果的扩大，并且不会给网络服务提供者造成不成比例的损害的措施，具体包括删除、屏蔽、断开链接、暂时终止对该网络用户提供服务等。“通知—必要措施”规则作为避风港原则免责核心，经历了一个演变、完善的过程。众所周知，作为一种法律责任豁免规则而存在的避风港原则，最初源自美国的《千禧年数字版权法》，该条款的初衷在于解决互联网领域的盗版与原创作品保护问题，旨在通过明确在线服务提供商的侵权责任承担与免责构成要件，实现版权人与网络服务提供商之间的利益平衡。我国在借鉴其合理内核的基础上，将避风港原则首先引入了著作权法领域，后来，为了回应互联网经济多元化发展的现实需求以及侵权类型的多样性，避风港原则在我国的适用范围也不断扩大。起初源于 2006 年出台的《最高人民法院关于审理涉及计算机网络著作权纠纷案件适用法律若干问题的解释》关于必要措施的表述为“移除侵权内容等措施以消除侵权后果”，其后的典型立法体现是我国原《侵权责任法》对“通知—删除”规则所作的适当调整。该法规定，网络服务提供商在收到权利人发出的通知后，除删除涉嫌侵权的内容外，还可以采取删除、屏蔽、断开链接等必要措施，开启了将“通知—删除”规则转变为“通知—必要措施”规则的立法尝试，并将“移除侵权内容”细化为“删除、屏蔽、断开链接等必要措施”。后来，《电子商务法》在互联网发展和电商平台发展规模不断扩大的背景下出台，结合电商领域知识产权侵权与救济的实际情况，将“终止交易和服务”也纳入了必要措施的范围，还规定了及时终止所采取的措施的等待期为 15 日。其后，我国《民法典》在承继以往立法经验的基础上，进一步明确了“通知—必要措施”规则适用的总体精神，即网络服务提供者可以基于构成侵权的初步证据和服务类型采取必要措施。

从上述立法可知，电子商务平台经营者要想适用避风港原则而免责，须在以下两种情形下承担相关法定义务：其一，在收到权利人的“通知”后，应当及时将该通知转送相关网络用户（即转通知），并根据构成侵权的初步证据和服务类型采取必要措施；其二，在知道或者应当知道侵权行为存在时，负有采取必要措施的义务。在履行“采取必要措施”的法律义务时，手段是多元且开放的，应做到“合理、审慎”。因此，在判断电商平台采取的必要措施是否“必要”或者“合理”，抑或“得当”时，应结合必要措施的手段的强度和要达到的目的以及网络基于构成侵权的初步证据和服务类型进行综合认定。具体说来，必要措施的“必要”主要从时间上的及时性、方式上的有效性两方面来判断。就时间上的及时性而言，是在接到通知或者知道以及应当知道侵权事实以后的合理期限内对于电子商务平台经营者的行为要求。但问题在于，“合理期限”应如何判断呢？首先，从立法规定来看，电子商务平台经营者接到合格通知后，或者明知侵权事实存在时，应立即采取相关删除、屏蔽等措施才符合注意义务的要求。因为在通知合格的情形下，电子商务平台经营者对于是否存在侵权事实具有较高程度的认识，无须花费额外的时间和技术成本来判断侵权信息。为了防止侵权行为给权利人造成进一步的损害，电商平台需要在第一时间内采取相关制止侵权行为的措施，否则便不满足及时性的要求。其次，具体合理期限的判定可以参照最高人民法院《关于审理利用信息网络侵害人身权益民事纠纷案件适用法律若干问题的规定》第 6 条的要求：人民法院认定网络服务提供者采取的删除、屏蔽、断开链接等必要措施是否及时，应当根据网络服务的性质、有效通知的形式和准确程度，网络信息侵害权益的类型和程度等因素综合判断。

就方式的有效性分析，互联网的本质是连接，而制止侵权措施的本质是取消连接，所以必要措施的本质效果都是取消连接，各种措施的不同仅在于取消连接的方式不同。实践中面对侵权行为，电商平台可能会对侵权商品采取屏蔽、删除抑或针对反复或肆意侵权人作出禁止商品交易的决定等规定。不可否认，上述措施中电商平台针对侵权商品最为直接的办法就是删除侵权商品信息，直击侵权行为，且采取该办法的费用也较低。在制止侵权行为中，采取删除的方法的确可以取得成效，但删除后是否就可以免责，尚需分析。这是因为，采取必要措施的最终目的是为了防止侵权行为的继续和侵害后果扩大，而不是仅仅停留在采取措施的层面。如果删除并不能实现此目的，不具有彻底性，权利方的利益将无法得到应有的保障，那么该措施注定不符合必要性，因此不能免除法律责任。反之，在另一些侵权行为中，平台即使不采取删除措施，也可能很好地阻止侵权行为。可见在当今网络侵权层出不穷且多样化发展的背景下，过于刚性的类型化限定了电子商务平台同必要措施之间的关系，也不符合法律调整的实际需求。

因此，电子商务平台在判断措施是否必要时，应从多方位的角度进行衡量。

在本案中，法院认为浙江某某公司作为电子商务网络服务平台的提供者，基于其公司对于发明专利侵权判断的主观能力、侵权投诉胜诉概率以及利益平衡等因素的考量，并不必然要求浙江某某公司在接受投诉后对被投诉商品立即采取删除和屏蔽措施，对被投诉商品采取的必要措施应当秉承审慎、合理原则，以免损害被投诉人的合法权益。该指导案例在确立的裁判要点之二中指出，“必要措施”应遵循审慎、合理的原则，根据所侵害权利的性质、侵权的具体情形和技术条件等来加以综合确定。这为必要措施的“必要性”考量提供了因素，为“时间的必要”“方式或者手段的必要”确立了司法指引。

◉ 法条点击

《中华人民共和国电子商务法》

第四十二条 知识产权权利人认为其知识产权受到侵害的，有权通知电子商务平台经营者采取删除、屏蔽、断开链接、终止交易和服务等必要措施。通知应当包括构成侵权的初步证据。

电子商务平台经营者接到通知后，应当及时采取必要措施，并将该通知转送平台内经营者；未及时采取必要措施的，对损害的扩大部分与平台内经营者承担连带责任。

第四十五条 电子商务平台经营者知道或者应当知道平台内经营者侵犯知识产权的，应当采取删除、屏蔽、断开链接、终止交易和服务等必要措施；未采取必要措施的，与侵权人承担连带责任。

《中华人民共和国民法典》

第一千一百九十五条 网络用户利用网络服务实施侵权行为的，权利人有权通知网络服务提供者采取删除、屏蔽、断开链接等必要措施。通知应当包括构成侵权的初步证据及权利人的真实身份信息。

网络服务提供者接到通知后，应当及时将该通知转送相关网络用户，并根据构成侵权的初步证据和服务类型采取必要措施；未及时采取必要措施的，对损害的扩大部分与该网络用户承担连带责任。

……

第一千一百九十七条 网络服务提供者知道或者应当知道网络用户利用其网络服务侵害他人民事权益，未采取必要措施的，与该网络用户承担连带责任。

14. 电子商务平台的注意义务边界在哪里？

——李某、李某某、廖某某与浙江某宝网络有限公司侵权责任纠纷案[①]

◉ 案情简介

原告： 李某
原告： 李某某
被告： 廖某某
被告： 浙江某宝网络有限公司

两原告系夫妻关系，其子名为李某涛。2014年11月25日，李某涛与其女友阮某某通过某宝网向ID为“anitadawsun”的卖家（即被告）廖某某购买了四份旅游产品。2015年1月10日，李某涛等一行四人根据泰国当地旅行社SEASTAR的安排前往海岛游玩。但李某涛在浮潜时不幸溺水身亡，事发时救生员、导游及其他游客均不在场，无人目睹溺亡过程。两原告认为，李某涛作为游客体验浮潜本身并无过错，事故发生的原因系上述旅游产品的销售方及旅游服务的提供方均未尽到适当的安全提醒、管理和注意义务所致。事故发生后，两原告多次与泰国方面联系赔偿事宜，至今未果，故只能要求旅游产品的销售方即被告廖某某承担相应的民事赔偿责任，同时要求被告浙江某宝网络有限公司与被告廖某某承担连带赔偿责任。

被告廖某某辩称，本案事故的发生是由李某涛自身原因导致的死亡。被告廖某某只是售票的，并没有违反法律规定，李某涛的死亡与被告廖某某无关。

被告浙江某宝网络有限公司（以下简称某宝公司）辩称：原告提起该诉讼系侵权之诉，某宝网没有参与原告旅游相应事项，对李某涛溺水身亡事件一无所知，甚至未介入原告选择卖家的过程，更没有实施任何侵权行为，原告要求网络交易平台承担赔偿并无事实依据。原告主张被告承担赔偿责任的要求不符合网络交易平台应承担责任的任何情形，原告的诉讼请求没有法律基础。某宝网作为第三方网络服务提供者，法律明确规定了网络服务提供者应当承担连带责任的情形。根据法律规定可知，网络服务平台提供者仅在“不能提供销售者或者服务者的真实名称、地址和有效联系方式”“明知或者应知销售者或者服务者利用其平台侵害消费者合法权益，未采取必要措施”“接到通知后未及时采取必要措施的”三种情况下才可能承担一定程度的连带责任。

在本案中，案外人阮某某购买商品后未曾申请某宝平台客服介入处理售后，卖家自主处理售后，将货款悉数退还给案外人，在收到起诉状前，被告某宝公司对该事件一无所知，被告某宝公司不存在任何明知应知而未采取必要措施的情形。相反，被告某宝公司

---

① 北海市海城区人民法院（2016）桂0502民初1853号判决书。

已经将案涉商品作删除处理，迁移到历史库，案涉商品无法再进行销售。在案外人阮某某申请披露卖家信息后，被告某宝公司通过旺旺、站内信、邮件多种方式向其披露了卖家的真实姓名、身份证号、联系电话、联系地址，履行了法律规定的平台义务，且原告已经通过被告某宝公司披露的卖家信息实现了向被告卖家起诉维护其权益的目的。本案系在旅游过程中发生的死亡事件，早已超出了网络交易平台能够预见和控制的范围。而且，卖家所售商品从商品信息来看属于旅游代订服务，卖家并非属于法律意义上的旅行社。原告之子李某涛的死亡结果与旅游商品没有任何因果关系。案涉商品并非《侵权责任法》和《产品质量法》中规定的一般意义上的有形物品，故而本案即便按照侵权责任纠纷审理也并不能构成产品责任纠纷。原告并未提供任何证据证明李某涛的死亡与本案所涉的旅游商品有任何因果关系。

◉ 审理结果

法院经由原告和被告的举证质证，认为被告廖某某在某宝网上注册卖家信息并以自己的名义销售案涉的旅游产品，应认定其为旅游产品的经营者。作为旅游经营者，应保证其提供的服务符合保证旅客人身安全的要求，对可能危及旅游者人身的旅游服务项目，应作出真实的说明和明确的警示，并采取防止危害发生的措施。然而被告廖某某在某宝网上销售的案涉旅游产品并没有对旅游项目中可能产生的危及人身安全的事项作出明确的警示说明，且根据《中华人民共和国旅游法》第 48 条第 1 款的规定，通过网络经营旅行社业务的，应当依法取得旅行社业务经营许可，并在其网站主页的显著位置标明其业务经营许可证信息。但被告廖某某在某宝网经营旅游业务，并没有取得相关部门的经营许可，属于非法经营旅游业务。根据《最高人民法院关于审理旅游纠纷案件适用法律若干问题的规定》第 7 条第 1 款的规定，旅游经营者、旅游辅助服务者未尽到安全保障义务，造成旅游者人身损害、财产损失，旅游者请求旅游经营者、旅游辅助服务者承担责任的，人民法院应予支持。法院认为被告廖某某对受害人李某涛的损害应承担主要的赔偿责任。

法院还认为，被告浙江某宝网络有限公司应知经营旅游业务需要取得旅游主管部门经营许可证，其允许无旅游业务经营许可证的被告廖某某在其网站上经营销售案涉旅游产品，没有采取责令被告廖某某办理经营许可证或停止非法经营旅游业务等必要措施，导致消费者的人身安全处于缺乏相应制度保障的危险状态，依据《中华人民共和国消费者权益保护法》第 44 条第 2 款“网络交易平台提供者明知或者应知销售者或者服务者利用其平台侵害消费者合法权益，未采取必要措施的，依法与该销售者或者服务者承担连带责任”的规定，被告浙江某宝网络有限公司应与被告廖某某一起对损害承担连带赔偿责任。而受害人李某涛作为完全民事行为能力人，对浮潜项目可能给人身安全造成的危险应有所预见，应在可预见的范围内尽可能防止危险发生，其对损害后果的造成亦存在一定过错，应承担相应责任。综合双方的过错程度，本院认为被告廖某某与受害人李某涛按 80%、20%的比例承担责任较为合理。

◉ 法理评析

本案争议的焦点之一是被告浙江某宝网络有限公司是否构成共同侵权问题，核心在于浙江某宝网络有限公司是否具有过错。在间接侵权理论背景下，电子商务平台经营者的侵权责任需要依托注意义务的界定来划分过错的程度。随着技术的创新发展以及平台自治理念的推进，电子商务平台经营者的技术不断升级迭代，电子商务平台注意义务的范围和内容也处于发展之中。

就电商平台的角色功能定位而言，目前一般认为电商平台不同于传统观点提出的“居间人”“柜台出租者”的定性，而是作为市场的组织者和管理者，是一种网络服务提供者。在传统观点中，“居间人”说认为，电商平台提供交易信息，促进交易进行；“柜台出租者”说认为，电商平台与卖家之间是一种“网络空间租赁关系”。此种定性来源于展销会，特点在于展销会结束后，出于消费者维权便利和利益保护考量，由展会的柜台出租方先行承担赔偿责任。但实际上，电商平台不仅仅是一个商品信息发布平台，为买卖双方在网络上提供交易、磋商、信息互换等服务，而且电商平台相较于接入服务、储存服务等网络服务而言，是距商品服务交易、卖家准入、第三方支付等服务更近一步的服务商。此外，电商平台作为网络服务空间的提供者，与物理空间提供者存在本质上的区别。因此，电商平台应当是一种具有独立组织架构和独特权利机制的新型市场主体，且平台经营者逐步呈现出企业型框架，其共同点体现在平台具有市场组织者和管理者属性。其合理性就在于电商平台并非极其纯粹的私人企业主体，它具备了普通实体企业并不具备的用户聚集能力、社会影响力和信息传播能力，承担着比普通私人企业更多的综合性职能。可见，在电商平台发挥巨大经济影响的同时，作为市场组织者和管理者的角色定位和功能需求也透露出电商平台相较于其他网络服务提供者，需要承担更多社会责任的期待，需要承担与平台能力相匹配的注意义务。

注意义务是指“一种为了避免损害而加以合理注意的特定义务”，其重要性体现在它是作为判断过错侵权责任的核心要素而存在，换言之，没有注意义务就没有过失行为，也没有过失责任的承担。美国和欧盟均采取了界定注意义务的模式来认定网络服务提供者的侵权责任。出于鼓励产业发展、保证营业自由①以及考虑现实操作可能性②，通行做法均认为平台商对于其平台交易活动中的交易信息原则上无须承担一般性审查义务。此外，近年来，随着理论的发展和技术的发展，从不同注意义务层面加强互联网平台义务的声音时有发出，即要求其承担与平台经济规模相适应、与平台能力相匹配的注意义务。支持电子商务平台承担注意义务的理论主要包括危险控制理论、风险收益理论、社会成本理论和最佳守门员理论。危险控制理论以危险控制能力的大小界定注意义务的高低。较之于后三种理论，依照危险控制理论，当前电商平台基于角色变化，尤其是数据控制力的增强，其注意义务的程度、范围以及内容已随之调整。当前，互联网产业规模越来越大，已非初期阶段，而是已经进入规范化的发展阶段，因此应采用新的产业政策导向；与此同时，技术发展迅猛，电子商务平台实际上能在成本合理且有效的技术性手段下发现与制止

---

① 义务设定的强弱在一定程度上会影响企业成本以及经营自由，提高义务标准可能使得平台在后续的侵权诉讼中因高标准审查义务的履行瑕疵而承担连带责任。如果降低审查标准，则又可能使得平台疏于履行义务，遗漏侵权行为，阻碍平台内经营者的发展，最终丧失活力和竞争力。

② 比如技术不成熟以及技术成本过高。此外，电子商务平台并未实际参与到在线交易中，或者在交易中保持被动，没有主要体现其中立性。

侵权行为，应当采用新技术；再者，电子商务平台并非只是作为技术中立的、单纯的第三方服务方，尽管其并非合同的缔约方，但在平台搭建与运营、第三方支付、“通知—删除”规则下的侵权管控等过程中均承担积极角色。因此，电子商务平台的注意义务更多、注意程度更深、注意范围更广。电子商务交易服务提供者的注意义务更强了，这种强化主要体现在事前注意义务、事中注意义务以及程序结束后的事后注意义务三个阶段。

具体说来，就事前注意义务而言，应明确“善良管理人”标准下的事前审查义务，其核心在于以更为主动的姿态履行义务，以高于普通人的注意义务、自己事务的注意义务为标准，制定重复侵权的监督控制义务和平台自发实施的、以此为标准的监督义务；就事中注意义务而言，重在对于“通知”“反通知”的审查，在于对“必要措施”采取的合理、谨慎的认定上，总体上采取的标准低于民事诉讼中的高度盖然性标准，改采“一般可能性”标准，即能让一般理性人也相信侵权不成立，强化对反通知的审核义务；就事后的注意义务而言，主要针对重复侵权行为，要求电商平台改变被动的责任启动机制，对同一侵权者、类似侵权行为承担主动筛查义务。结合电商平台在技术措施、成本承担、司法实践上的可行性，在平台自治理念和电子商务法的引导下可将重复侵权规制从过错认定因素提升为注意义务。

在本案中，法院认定被告廖某某在某宝网上销售的案涉旅游产品并没有对旅游项目中可能产生的危及人身安全的部分作出明确的警示，也未在其网站主页的显著位置标明其业务经营许可证信息说明，进而由此认为被告浙江某宝网络有限公司应知经营旅游业务需要取得旅游主管部门经营许可证，但在廖某某并未取得经营许可证的情况下允许廖某某在网站上经营销售案涉旅游产品，且没有采取责令被告廖某某办理经营许可证或停止非法经营旅游业务等必要措施，导致消费者的人身安全处于缺乏相应制度保障的危险状态，应当承担法律责任。依据《消费者权益保护法》第 44 条第 2 款“网络交易平台提供者明知或者应知销售者或者服务者利用其平台侵害消费者合法权益，未采取必要措施的，依法与该销售者或者服务者承担连带责任”的规定，被告浙江某宝网络有限公司主观上存在“应知”，未承担其应当承担的注意义务，而又没有采取必要措施，导致损害结果的产生或者危险状态的存在，据此，理应与销售者廖某某共同承担连带责任。

◉ 法条点击

《中华人民共和国电子商务法》

第十二条 电子商务经营者从事经营活动，依法需要取得相关行政许可的，应当依法取得行政许可。

第十三条 电子商务经营者销售的商品或者提供的服务应当符合保障人身、财产安全的要求和环境保护要求，不得销售或者提供法律、行政法规禁止交易的商品或者服务。

《中华人民共和国消费者权益保护法》

第四十四条 消费者通过网络交易平台购买商品或者接受服务，其合法权益受到损害的，可以向销售者或者服务者要求赔偿。网络交易平台提供者不能提供销售者或者服务者的真实名称、地址和有效联系方式的，消费者也可以向网络交易平台提供者要求赔偿；网络交易平台提供者作出更有利于消费者的承诺的，应当履行承诺。网络交易平台提供者赔偿后，有权向销售者或者服务者追偿。

网络交易平台提供者明知或者应知销售者或者服务者利用其平台侵害消费者合法权益，未采取必要措施的，依法与该销售者或者服务者承担连带责任。

《中华人民共和国旅游法》

第四十八条 通过网络经营旅行社业务的，应当依法取得旅行社业务经营许可，并在其网站主页的显著位置标明其业务经营许可证信息。

发布旅游经营信息的网站，应当保证其信息真实、准确。

15. 直播带货平台属于电子商务平台经营者吗？

——某贸易（上海）有限公司与莱州市某工艺品有限公司、北京某科技有限公司（抖音直播平台所属公司）侵害商标权纠纷案①

◉ 案情简介

原告： 某贸易（上海）有限公司

被告： 莱州市某工艺品有限公司

被告： 北京某科技有限公司（抖音直播平台所属公司）

某贸易（上海）有限公司通过授权获得两枚商标的独占许可使用权。莱州市某工艺品有限公司未经授权，通过其在抖音直播平台的账号进行直播并销售带有涉案商标标识的两款手提包（以下简称涉案商品）。某贸易（上海）有限公司认为某工艺品有限公司的行为侵害了其商标权；北京某科技有限公司作为抖音平台运营商，未尽合理注意义务，应共同承担法律责任。故请求判令二被告共同赔偿经济损失 30 万元以及合理开支 10 598 元。

原告某贸易（上海）有限公司诉称，其通过阿加莎传播有限责任公司授权获得“AGATHA”和两枚商标的独占许可使用权。被告某工艺品有限公司未经授权，通过其在抖音直播平台的账号进行直播并销售带有涉案商标标识的两款手提包，该行为侵害了原告的商标权；被告北京某科技有限公司作为抖音直播平台运营商，对某工艺品有限公司前述行为未尽到合理注意义务，应当与某工艺品有限公司共同承担法律责任。

某工艺品有限公司辩称，其销售涉案商品系取得案外人合法授权，同时因其认知和判断能力有限，无法判断销售涉案商品是否为侵害涉案商标权的产品，且已提供了涉案商

---

① 案例来源于北大法宝，https://www.pkulaw.com/pfnl/08df102e7c10f206fd299680a84d164e7e6c6cbb4efb85b5bdfb.html? keyword=%E7%9B%B4%E6%92%AD%E5%B8%A6%E8%B4%A7&way=listView，最后访问时间：2023－07－26。

品来源，故不应当承担赔偿责任。又另称，抖音直播平台未能确保用户有效阅读和理解用户协议和隐私条款内容，且未提示用户与知识产权侵权相关的法律后果。

某科技有限公司辩称，原告可通过涉案商品落地页展示的卖家信息进行维权，本公司亦已将涉案抖音直播用户的信息披露给了原告；抖音直播平台用户协议已明确提示用户不得侵害他人知识产权。此外，本公司在接收本案诉讼材料后及时核实涉案抖音直播用户信息和涉案商品，现涉案商品已下架。抖音直播平台并非电子商务平台，本公司并非电子商务平台运营者，且已尽到了合理注意义务。

◉ 审理结果

法院审理后认为，结合涉案商标的图样、核定使用的商品类别、涉案商品，其价签上的被诉标识、原告未将涉案商标转授权给第三人等事实，被告某工艺品有限公司未提交充分的证据证明其行为符合商标法关于销售商免责的规定，该被告销售涉案商品，违反了商标法之规定，构成侵权。

关于抖音直播平台所属平台类型的认定，法院认为，随着互联网技术的创新和网络营销模式的多样化，当前开展电子商务活动的平台已经不再局限于传统的以电子商务为其主营业务的平台，互联网直播平台、互联网音视频平台等以生产、提供内容为主营业务的平台，也逐渐为其用户提供网络直播营销服务；对于后者，如其为交易各方实际提供的服务本身符合电子商务法的相关定义，则亦应认定其所运营的平台系电子商务平台。据此，综合本案中抖音直播平台用户可通过开通“商品橱窗”功能从事互联网营销活动，平台的直播界面显示有涉案商品的名称、图片、价格等信息，用户点击平台中“商品橱窗”后未跳转至其他平台即直接进入商品页面，抖音用户可在其账号中直接查询其购买涉案商品的订单信息，观看直播时须点击抖音直播平台界面中的购物车才可进入小店平台完成购物等事实，法院认定抖音直播平台系以提供网络直播营销服务的形式在其平台中为交易各方提供了交易撮合、信息发布等服务，以及供交易各方独立开展交易活动的平台，属于电子商务平台；某科技有限公司作为抖音直播平台运营者，系电子商务平台经营者。经举示证据和质证，法院认定某科技有限公司就被诉行为履行了事前审核、提示，以及事后及时处置等措施，已尽到合理注意义务。据此，一审判决被告某工艺品有限公司赔偿原告经济损失30万元及合理开支10 598元，某科技有限公司不承担法律责任。

◉ 法理评析

本案是北京市海淀区人民法院在2023年4月发布的《知识产权审判白皮书（2023年度）》中公布的全国首例认定直播带货场景下直播平台为电商平台的侵害商标权案。该案争议的焦点之一是被告某科技有限公司是否为电子商务平台运营者，且已尽到了合理注意义务。在“人人皆可直播”的当下，网络直播带货已经成为当下市场普遍的现象，相比传统广告，其具有即时性、互动性、效果直观性、推销对象精准性等显著特点，可以最大限度地发挥推销和广告效应，拥有将流量迅速变现的优势，越来越受到市场和商家的青睐。网络直播带货，是主播通过诸如抖音、快手等互联网平台，使用网络直播技术，进行直观商品展示、咨询答复、导购、售后服务的新兴服务方式，属于《网络直播营销管理办法（试行）》予以规范的网络直播营销的典型商业模式。这种新的商业模式主要分为两种，第一种模式为，利用网络平台推销他人商品；第二种模式为，利用网络平台推销自有商品。无论哪一种模式，直播平台已经演变成了兼具为内容生产者和产品营销者提供服务的网络服务提供者。比如在第一种模式中，网络平台在推广服务过程中，在显著位置显示“商品橱窗”或购买链接，其上显示商品名称、图片、价格等基本信息，消费者可以点击该链接，无须跳转其他交易平台，直接进入直播带货平台商品交易页面，平台用户可以直接在该交易页面完成下单、支付等操作。消费者在观看直播时，直播界面甚至直接提供“一键购物车”功能，对即时直播的商品，消费者直接点击购物车就可添加，然后消费者可以在直播过程中或结束后，对购物车中的商品统一在平台完成下单和支付操作。

《电子商务法》第 2 条第 2 款规定：“本法所称电子商务，是指通过互联网等信息网络销售商品或者提供服务的经营活动。”无论是第一种模式，还是第二种模式，均符合以上定义，故属于《电子商务法》规制的电子商务行为。而随着技术的发展，网络平台类型正逐步呈现出多元化，除了传统的新闻资讯类平台、长视频平台、应用商店外，还包括短视频平台、网络直播平台、网盘存储平台以及提供直播带货服务的平台等新类型网络平台。这种直播平台的服务提供者实为电子商务平台经营者。

按照《网络直播营销管理办法（试行）》第 2 条，网络直播带货的营销主体可以分为直播间运营者、直播营销人员、直播营销平台、直播营销人员服务机构。以上营销主体均符合《电子商务法》第 9 条第 1 款电子商务经营者的定义，但法律地位不同，所承担的责任义务亦有所不同。

国家市场监督管理总局于 2020 年 11 月 5 日发布的《关于加强网络直播营销活动监管的指导意见》第 2 条将直播平台明确定义为电子商务平台经营者，规定网络平台为采用网络直播方式销售商品或为提供服务的经营者提供网络经营场所、交易撮合、信息发布等服务的，供交易双方或多方独立开展交易活动的，特别是为网络平台开放网络直播推广服务经营者入驻功能、为采用网络直播方式推广商品或服务的经营者提供直播技术服务的，应按照《电子商务法》规定履行电子商务平台经营者的责任和义务。由此可以看出，将直播平台认定为电子商务平台经营者有相关的规范依据，它属于一种新型的电子商务平台经营者。

本案中，法院以促进平台经济规范健康高质量发展为起点，结合电子商务法等规范依据，对在认定主播带货场景下的直播平台为电子商务平台时应考虑的因素进行总结，并结合直播带货营销活动的特殊性，探索此类平台合理注意义务的判断规则。本案既及时回应了主播带货类直播平台模式下的相关法律争议，也为此类平台进一步规范行为、完善平台审核机制建设等提供了有效指引。

◉ 法条点击

《中华人民共和国电子商务法》

第九条 本法所称电子商务经营者，是指通过互联网等信息网络从事销售商品或者提供服务的经营活动的自然人、法人和非法人组织，包括电子商务平台经营者、平台内经营者以及通过自建网站、其他网络服务销售商品或者提供服务的电子商务经营者。

本法所称电子商务平台经营者，是指在电子商务中为交易双方或者多方提供网络经营场所、交易撮合、信息发布等服务，供交易双方或者多方独立开展交易活动的法人或者非法人组织。

本法所称平台内经营者，是指通过电子商务平台销售商品或者提供服务的电子商务经营者。

《市场监管总局关于加强网络直播营销活动监管的指导意见》

二、压实有关主体法律责任

（一）压实网络平台法律责任。网络平台为采用网络直播方式销售商品或提供服务的经营者提供网络经营场所、交易撮合、信息发布等服务，供交易双方或多方独立开展交易活动的，特别是网络平台开放网络直播推广服务经营者入驻功能、为采用网络直播方式推广商品或服务的经营者提供直播技术服务的，应按照《电子商务法》规定履行电子商务平台经营者的责任和义务。

《网络直播营销管理办法（试行）》

第二条第六款　从事网络直播营销活动，属于《中华人民共和国电子商务法》规定的“电子商务平台经营者”或“平台内经营者”定义的市场主体，应当依法履行相应的责任和义务。

16.　电子商务平台经营者处理个人信息的合法性基础是什么？

——蔡某某诉上海某电子商务有限公司网络购物合同纠纷案[①]

◉ 案情简介

原告：蔡某某

被告：上海某电子商务有限公司

1 号店平台是被告上海某电子商务有限公司运营的 B2C 电商平台，采用企业对消费者的电子商务模式。该平台《服务协议及隐私声明》明确规定：销售方仅向消费者（而

① 案例来源于北大法宝，https://www.pkulaw.com/pfnl/08df102e7c10f206e57d5f53acb9dbf0b2b998e62bebdcc5bdfb.html？keyword=%E7%94%B5%E5%AD%90%E5%95%86%E5%8A%A1%E5%B9%B3%E5%8F%B0%E4%BE%B5%E5%AE%B3%E9%9A%90%E7%A7%81%20&way=listView，最后访问日期：2023－07－16。

非经销商）提供商品或服务。每位用户仅限使用一个 1 号店账户，如有证据证明客户存在注册或使用多个 1 号店账户，或根据购买记录、数量、IP 地址等因素合理怀疑非因生活消费购买商品或服务，平台有权取消订单。原告蔡某某同意该条款后注册成功，通过多个与 1 号店关联的账户、设备、IP 地址下单购买商品，订单收货人、联系电话、送货地址大多指向原告本人。后原告再次在 1 号店平台下单时，其订单被系统判定为“异常订单或经销商订单”，遂被系统取消并隐藏。原告认为，被告滥用其市场支配地位，擅自取消并隐藏订单，利用技术手段欺诈消费者；被告非法使用后台存储的个人信息，筛选分析原告的购买记录，滥用并损害了原告的个人信息权益，遂诉至法院，要求被告公开被取消和隐藏的订单信息，并对涉案订单金额进行三倍赔偿。

◉ 审理结果

法院经审理认为：首先，B2C 电商平台针对的用户是进行正常生活消费的普通消费者（针对企业另有专门通道）。因此，《服务协议及隐私声明》中相关条款之目的系平台将相对优惠的价格之交易对象限定为普通消费者，而非以转售盈利为目的的购买者。该内容属于正常商业考量和市场行为范畴，并未违反法律法规的强制性规定和公序良俗。平台已对该格式条款作了必要的提示说明，应视为原告已知晓并同意，对双方具有约束力。其次，被告收集、处理客户账户、设备地址、联系电话、送货地址等信息，系履行合同所需，事先已征得客户同意，亦未超过约定的判断是否“因生活消费购买商品或服务”之用途目的。现被告根据收货地址及 IP 地址信息均指向同一主体的事实，认为原告存在“购买商品或服务等数量超过正常生活消费需求的订购行为”符合常理，据此按照协议约定取消订单并无不当，据此驳回原告赔偿请求，但被告要求恢复交易订单号信息（包括取消订单原因）之诉请，可予支持。

◉ 法理评析

本案系电商平台处理用户个人信息，据此判断用户存在违约事实并解除合同之案件。涉及数字经济案件中常见的格式条款效力认定、个人信息处理合法性基础等典型问题，对同类案件的处理和维护数字经济市场健康发展具有参考借鉴意义。

个人信息，是指能够直接或间接地识别个人的属于个人所有的信息，包括个人的姓名、身份证件号码（护照号）、年龄、血型、DNA、指纹，生活习性、婚姻状况、财产、病史、宗教信仰，职业、职务、学历、专业资格、工作经历，家庭住址、工作单位、手机号码、信用卡号、电子邮箱、网上登录账号和密码等。最高人民法院《关于审理利用信息网络侵害人身权益民事纠纷案件适用法律若干问题的规定》第 12 条第 1 款规定，网络用户或者网络服务提供者利用网络公开自然人基因信息、病历资料、健康检查资料、犯罪记录、家庭住址、私人活动等个人隐私和其他个人信息，造成他人损害，被侵权人请求其承担侵权责任的，人民法院应予支持。这是我国法律第一次明确个人信息的内涵。《中华人民共和国网络安全法》（以下简称《网络安全法》）第 76 条第 5 项规定，个人信息，是指以电子或者其他方式记录的能够单独或者与其他信息结合识别自然人个人身份的各种信息，包括但不限于自然人的姓名、出生日期、身份证件号码、个人生物识别信息、住址、电话号码等。《中华人民共和国个人信息保护法》（以下简称《个人信息保护法》）第 4 条第 1 款明确界定了个人信息的范围，即个人信息是以电子或者其他方式记录的与已识别或者可识别的自然人有关的各种信息，不包括匿名化处理后的信息。

当前，数字经济已经到来。数字经济时代，在线交易和物流无缝衔接，联系方式、地址等个人信息都可能是合同履行所必需。但个人信息的处理，包括个人信息的收集、存储、使用、加工、传输、提供、公开、删除等应遵守法律规定。我国《电子商务法》第 23 条规定，电子商务经营者收集、使用其用户的个人信息，应当遵守法律、行政法规的相关规定。根据《个人信息保护法》规定，个人信息处理应当遵循以下原则：（1）合法、正当、必要和诚信原则；（2）具有明确、合理的目的，且对个人权益影响最小原则；（3）公开、透明原则；（4）保证个人信息的质量原则；（5）对其个人信息处理活动负责原则。电子商务平台经营者作为“个人信息处理者”，也应遵照合法、正当、必要原则，避免侵害个人信息权益。根据处理个人信息合法性基础采取的是“个人同意—法定职责”二元架构模式：前者是基于私益，因此需要信息主体的告知同意，而后者是基于公益，因而无须其同意。在具体的案件中，需要辨识个人信息的处理是基于公益，还是基于私益。一般认为，当个人信息处理出现以下三种情形——为履行法定职责或者法定义务所必需；为应对突发公共卫生事件，或者紧急情况下为保护自然人的生命健康和财产安全所必需；为公共利益实施新闻报道、舆论监督等行为——应认定基于公益所需。

在党的二十大报告中，“加强个人信息保护”这句表述凸显了个人信息保护的重要性。在数字经济背景下开展个人信息保护，可实现个人信息在数字经济范围内的合理使用，确保数字经济的健康发展，也能为建设数字中国，保护国家信息安全奠定基础。对个人信息的保护需要兼顾公益、私益多种法益的平衡，一是个人权益和公共利益及他人合法权益的平衡，二是个人信息保护和数据流通乃至数字经济发展的平衡。而且，处理个人信息行为的合法性，须结合具体场景进行判断。如处理敏感个人信息、影响他人重大权益、委托他人处理或跨境提供个人信息、利用个人信息进行自动化决策等特定场景，还须符合《个人信息保护法》等法律规定的特别要求。

本案中，电商平台处理个人信息行为即基于“个人同意—法定职责”二元架构模式，其对客户信息的处理事先征得了同意，为履行合同所需且未超出合同目的。尽管电商平台使用了格式条款，但格式条款在电子商务合同制定过程中被广泛应用，比如客户在电商平台注册时签订的《服务协议及隐私声明》就属于典型的格式条款。当然，个人信息本质上属于人格权益，相关法律规范很多具有公法强制性，法官即使在合同类案件中仍需要依职权主动审查适用。根据相关规定，首先，平台经营者作为提供格式条款的一方，应当遵循公平原则确定当事人之间的权利和义务，并采取合理的方式履行提示说明义务。其次，还须审查格式条款是否具有法定无效情形。本案中，格式条款中处理个人信息的内容未违反相关法律法规；虽然条款内容实质上对交易对象作出了限制，但该限制系基于正常 B2C 商业模式考量范畴，并非交易价格等在交易条件上不合理的差别待遇，并未违反国家关于市场竞争秩序及消费者权益保护方面的强制性规定。但订单的成立或取消（原因）也应当及时向客户披露，保障用户的知情权。电商平台利用客户信息辅助判断“购买商品或服务等数量超过正常生活消费需求的订购行为”，如被认定构成“自动化决策”，则应当保证决策的透明度和结果公平、公正，不得在交易价格等条件上实行不合理的差别待遇。据此取消订单的，个人有权要求予以说明，并拒绝个人信息处理者仅通过自动化决策的方式作出决定。实践中，电商平台等利用个人信息进行自动化决策也应遵守“合法、正当、必要”原则，避免隐私泄露、算法歧视等风险，推动算法决策技术的合法应用与合理发展。

经营者收集、使用消费者个人信息，应当遵循合法、正当、必要原则，明示收集、使用信息的目的、方式和范围，并经消费者同意。经营者收集、使用消费者个人信息，应当公开其收集、使用规则，不得违反法律、法规的规定和双方的约定。

◉ 法条点击

《中华人民共和国电子商务法》

第二十三条 电子商务经营者收集、使用其用户的个人信息，应当遵守法律、行政法规有关个人信息保护的规定。

《中华人民共和国消费者权益保护法》

第二十九条 经营者收集、使用消费者个人信息，应当遵循合法、正当、必要的原则，明示收集、使用信息的目的、方式和范围，并经消费者同意。经营者收集、使用消费者个人信息，应当公开其收集、使用规则，不得违反法律、法规的规定和双方的约定收集、使用信息。

《中华人民共和国个人信息保护法》

第四条 个人信息是以电子或者其他方式记录的与已识别或者可识别的自然人有关的各种信息，不包括匿名化处理后的信息。

个人信息的处理包括个人信息的收集、存储、使用、加工、传输、提供、公开、删除等。

第五条 处理个人信息应当遵循合法、正当、必要和诚信原则，不得通过误导、欺诈、胁迫等方式处理个人信息。

第六条 处理个人信息应当具有明确、合理的目的，并应当与处理目的直接相关，采取对个人权益影响最小的方式。

收集个人信息，应当限于实现处理目的的最小范围，不得过度收集个人信息。

第七条 处理个人信息应当遵循公开、透明原则，公开个人信息处理规则，明示处理的目的、方式和范围。

第八条 处理个人信息应当保证个人信息的质量，避免因个人信息不准确、不完整对个人权益造成不利影响。

第九条 个人信息处理者应当对其个人信息处理活动负责，并采取必要措施保障所处理的个人信息的安全。

《中华人民共和国网络安全法》

第七十六条　本法下列用语的含义：

……

（五）个人信息，是指以电子或者其他方式记录的能够单独或者与其他信息结合识别自然人个人身份的各种信息，包括但不限于自然人的姓名、出生日期、身份证件号码、个人生物识别信息、住址、电话号码等。

17. 电子商务平台内经营者因不当行为损害平台生态可以认定为不正当竞争行为吗？

——深圳市腾讯计算机系统有限公司、腾讯科技（深圳）有限公司诉杭州某网络科技有限公司、杭州某某网络科技有限公司不正当竞争纠纷案[①]

◉ 案情简介

原告： 深圳市腾讯计算机系统有限公司

原告： 腾讯科技（深圳）有限公司

被告： 杭州某网络科技有限公司

被告： 杭州某某网络科技有限公司

原告两腾讯公司系微信服务的经营者和微信平台的提供方。被告杭州某网络科技有限公司、杭州某某网络科技有限公司作为平台内经营者，且具有关联关系。原告认为两被告通过批量注册运营内容、界面相似的微信公众号和小程序“贷款大全吧”非法从事网络贷款信息中介等业务活动，实施不正当竞争行为。一是在不满足从事小额贷款、互联网金融信息中介业务法律要求的情况下，批量注册并运营内容均为网络贷款产品信息的微信公众号、微信小程序，违反《反不正当竞争法》第 2 条规定；二是在微信公众号内对其产品作虚假商业宣传，违反《反不正当竞争法》第 8 条的规定；三是在微信公众号中仿造微信“投诉”界面设置“投诉”模版，易使消费者误认为系微信提供服务，违反《反不正当竞争法》第 6 条第 4 款的规定。两原告认为，两被告的行为损害微信中其他合法经营者的竞争利益和微信用户作为消费者的合法权益，降低其他经营者和微信用户对微信产品的信赖，破坏微信公众号、小程序正常的注册和运营秩序，削弱微信产品的市场竞争力，两被告对此不正当竞争行为应承担共同的法律责任。为此，原告请求判令两

---

①（2018）浙 8601 民初 1020 号。案例来源于北大法宝，https://www.pkulaw.com/pfnl/c05aeed05a57db0ad214016af41d1388c5a00a58bb9c743cbdfb.html？keyword=%E5%B9%B3%E5%8F%B0%E5%86%85%E7%BB%8F%E8%90%A5%E8%80%85&way=listView，最后访问日期：2023－07－02；亦参见 https://aiqicha.baidu.com/nwenshu？wenshuId=cf0f95d63bb55db28a3cbc87455a55fe57130937。

被告立即停止不正当竞争行为，共同赔偿经济损失及合理支出 300 万元，并发表声明、消除影响。

被告辩称，首先本案原、被告之间是服务与被服务、管理与被管理的关系，两者经营模式不同，不构成竞争关系，由此发生的纠纷应属于合同关系而非不正当竞争侵权范畴。其次，被诉行为不构成不正当竞争行为。原告不能既作为规则制定者又作为参与者来主张权利。两被告仅为引流和提供广告推荐主体，并非提供贷款或贷款中介主体，亦非提供资质认证主体，未实际参与任何小额贷款业务。再次，两被告不构成共同侵权行为，两被告间不存在分工合作行为，双方也没有共同的意思联络。同时，两原告不具有反不正当竞争法上的可诉利益，也不具有反不正当竞争法意义上的损害，两原告并未遭受到任何损失。对此，被告请求法院驳回原告的诉讼请求。

◉ 审理结果

法院认为，涉案双方系平台经营者与平台内经营者，构成不正当竞争与合同责任的请求权竞合，受损害方依法有权选择哪种责任进行主张。同时，从合同主体、权益基础、责任承担、司法引导平台治理的角度看，被控行为涉及伪造资质、虚假宣传、仿冒投诉页面等，通过不正当竞争的侵权责任调整平台经营者与平台内经营者的关系，更有利于引导平台各类型主体遵守诚信原则和商业道德，保护整体竞争秩序下的经营者和消费者权益。

两原告具备竞争性权益。商业生态系统在经济学领域一般指由相互影响的组织和个人构建的经济共同体，生态系统中的主体以合作和竞争的方式共同进化与持续创新。两原告经营的微信服务，包括微信平台、运营者、服务商、个人用户等主体，通过开发朋友圈、微信支付、公众平台、小程序、城市服务等系列产品，开放连接第三方服务，深入餐饮、零售、交通、金融以及医疗、教育等各产业，形成共同进化的经济体系；体系中，各角色间产生多样化的相互作用，包括竞争关系和合作关系，这种关联关系使得成员之间形成利益共同体，达到提升运营效率、降低运营成本、协助产业数字升级的效果。

两原告在微信生态系统这一经营模式中可获得商业利益和竞争优势，包括庞大的微信用户基础，如社交关系链、用户数据安全、用户流量；经营者基础，如对第三方开放而收取服务费、管理费等费用权利，以及可持续的流量变现带来的现实利益和发展空间等。对于互联网平台而言，扩大用户数量、维护用户忠诚度、保障平台交易秩序和商业信誉、完善系统建设，意味着赢得市场空间，获取流量利润。系统内用户负面影响的增加或参与程度下降，可导致系统内部出现重大变化，会降低性能，形成负面评价，最终导致用户流失，失去相对其他服务的竞争优势。

本案双方系平台经营者与平台内经营者，两者虽从事不同行业，不具备直接竞争关系，甚至被告系原告平台的用户，但正因如此，被告经营所处的平台系原告经营维护的对象，正是被告通过种种不正当方式，不恰当地借助对方的经营资源，在获取自身竞争优势的同时，损害平台、消费者和其他经营者的利益，破坏的是微信平台正常竞争机制和运行秩序，这既是原告的竞争优势所在，亦是《反不正当竞争法》所要保护的市场秩序的重要组成。竞争关系不宜作为竞争行为的构成要件，但仍具原告主体资格意义。经营者与没有直接竞争关系的其他经营者（包括本案中的平台方），以消费者（在本案中除平台内一般消费者还包括平台内经营者）为中介，建立的一种利益此消彼长的关系，亦是《反不正当竞争法》调整的对象。

两被告作为微信平台内经营者，通过不正当方式获取认证，违规吸引流量；以不实陈述损害微信平台内消费者的权益；仿冒微信“投诉”界面，降低其他用户对微信服务的信赖度和评价。案涉三项行为分别违反《反不正当竞争法》第 2 条、第 6 条、第 8 条，具有《反不正当竞争法》意义上的不正当性。行为符合主体复数性、侵权行为协作性、主观意识的共同性、损害结果同一性的要件，构成共同侵权。

本院经审理认为：两被告共同构成三项不正当竞争行为，本院于 2019 年 8 月 8 日判决：（1）两被告立即停止不正当竞争行为；（2）两被告于判决生效之日起 1 个月内在《法制日报》显著位置刊登声明以消除影响；（3）两被告于判决生效之日起 10 日内共同赔偿两原告经济损失 65 万元（包括为制止侵权行为所支付的合理开支）；（4）驳回原告其余诉讼请求。

两被告不服，向杭州市中级人民法院提起上诉。杭州市中级人民法院于 2020 年 8 月 26 日作出判决：驳回上诉，维持原判。

◉ 法理评析

本案系首例平台管理者诉平台经营性用户不正当竞争纠纷案，亦是首例界定微信生态系统经营模式及其知识产权保护角度的案件，首例仿冒微信服务投诉页面易使微信用户产生混淆的案件。本案首次界定了平台内经营者的不当行为的法律属性，厘清平台内经营者的系统角色和行为边界，肯定平台经营者为维护平台交易秩序、完善系统建设的付出，保障平台内消费者权益，维护平台正常竞争机制和网络空间公平的市场环境。在数字经济平台模式逐渐普及的情形下，本案为商业生态系统的类案处理提供了参考，为探索平台治理新模式、规范网络生态系统健康运行提供了思路。

平台内经营者是通过电子商务平台从事经营活动的商事主体，可以是自然人、法人、非法人组织。它通过电子商务平台获取利益完成交易的过程，就形成了电子商务活动。平台内经营者具有电子商务交易的营利性、经常性和持续性，在法律适用和法律义务上，产生与其电子商务经营者身份相适应的要求。目前，我国电子商务新业态、新模式蓬勃发展，企业核心竞争力大幅增强，网络零售持续引领消费增长，高品质的数字化生活方式基本形成，这给平台内经营者搭建了广阔的发展空间。平台内经营者销售商品或提供服务的范围，除了法律禁止从事的活动和需要取得行政许可的领域外，原则上不受限制。由于平台内经营者依托他人搭建的电子商务平台来进行经营活动，因此，其相应的经营自主权在很大程度上受到平台经营者的约束。

平台内经营者通过平台经营者建立的电子商务平台，开展网络交易活动，是通过电子商务平台直接销售商品或者提供服务的电子商务经营者。而平台经营者则是在电子商务中为交易双方或者多方提供网络经营场所、交易撮合、信息发布等服务，供交易双方或者多方独立开展交易活动的电子商务经营者。平台内经营者与平台经营者之间的关系，是通过服务协议建构起来的契约型关系。二者之间的权利义务关系的调整，主要依托于服务协议的约定。平台经营者借助搜索排名、信用评价、算法控制、内部惩戒、服务协议等各种手段，对平台内经营者进行管理。可见，平台内经营者与平台经营者的关系具有复杂性。平台内经营者主要依托电商平台进行经营，因而产生了对电商平台的依附性。但平台内经营者与电商平台也存在某种意义上的竞争关系，这是因为二者基于系统内交互活跃度和公平市场环境，均以平台内消费者为中介，享有平台用户资源及其可持续的流量变现带来的竞争性权益，从而建立利益此消彼长的关系。质言之，二者共同存在于平台生态系统中，因此平台经营者和平台内经营者都是享有竞争权益的主体。任何以虚假宣传、混淆等不正当经营方式破坏系统内健康生态时，合法竞争者可向不法竞争者主张不正当竞争法律责任。

是否构成不正当竞争行为，在于评价被指控行为是否具有反不正当竞争法意义上的不正当性或可追责性，其考量因素包括受侵害者是否具有《反不正当竞争法》保护的竞争权益，被指控行为是否具有不正当性，受侵害者的权益是否因被指控行为造成损害，以及受侵害者与被指控方之间的竞争关系。但竞争关系并非不正当竞争行为构成要件，而是作为原告资格意义考量。《反不正当竞争法》维护具有直接竞争关系的经营者之间的正当竞争，也维护整个市场的竞争秩序。平台经营性用户以不正当方式获取竞争优势的同时，损害平台管理方竞争优势的行为，属于《反不正当竞争法》认定的不正当竞争行为。市场经济环境鼓励公平自由的市场竞争，信息网络环境鼓励合法正当地创新商业模式，但不合理地借用他人的竞争优势为自己谋取利益，对他人正当经营模式产生干扰，导致消费者产生误解或混淆的行为均应予以规制。本案一方面探索了一种网络平台治理的新型保护机制，另一方面可遏制网络生态系统中违反诚实信用原则和商业道德的行为，保护正当经营者的商业成就及品牌声誉和影响力，保障经营者和消费者合法权益，以此倡导平台用户合法规范经营，共同维护网络生态系统的竞争秩序和交易环境。

◉ 法条点击

《中华人民共和国电子商务法》

第五条 电子商务经营者从事经营活动，应当遵循自愿、平等、公平、诚信的原则，遵守法律和商业道德，公平参与市场竞争，履行消费者权益保护、环境保护、知识产权保护、网络安全与个人信息保护等方面的义务，承担产品和服务质量责任，接受政府和社会的监督。

第九条 本法所称电子商务经营者，是指通过互联网等信息网络从事销售商品或者提供服务的经营活动的自然人、法人和非法人组织，包括电子商务平台经营者、平台内经营者以及通过自建网站、其他网络服务销售商品或者提供服务的电子商务经营者。

本法所称电子商务平台经营者，是指在电子商务中为交易双方或者多方提供网络经营场所、交易撮合、信息发布等服务，供交易双方或者多方独立开展交易活动的法人或者非法人组织。

本法所称平台内经营者，是指通过电子商务平台销售商品或者提供服务的电子商务经营者。

《中华人民共和国反不正当竞争法》

第二条 经营者在生产经营活动中，应当遵循自愿、平等、公平、诚信的原则，遵守法律和商业道德。

本法所称的不正当竞争行为，是指经营者在生产经营活动中，违反本法规定，扰乱市场竞争秩序，损害其他经营者或者消费者的合法权益的行为。

本法所称的经营者，是指从事商品生产、经营或者提供服务（以下所称商品包括服务）的自然人、法人和非法人组织。

18. 如何合理设定电子商务平台的核验义务标准？

——某出版集团股份有限公司与上海某信息技术有限公司、许某某侵害出版者权纠纷案①

◉ 案情简介

原告：某出版集团股份有限公司

被告：上海某信息技术有限公司

被告：许某某

原告经合法授权取得了涉案图书《结构性改革》的专有出版权，现原告发现金海湖新区某峰百货店在上海某信息技术有限公司运营的“某多多”电商平台开设“三仙书阁”店铺，销售了盗版的《结构性改革》图书。原告认为，金海湖新区某峰百货店销售盗版图书的行为侵犯了原告依法享有的著作权，给原告造成了重大经济损失，经查询金海湖新区某峰百货店系个体工商户且已经注销，应当由其经营者即被告许某某承担相应的法律责任。原告认为三仙书阁的经营主体某峰百货店于2021年1月15日注销后，三仙书阁于2021年9月9日仍在某多多平台销售被诉侵权图书，上海某信息技术有限公司未履行至少每6个月定期核验义务，应当承担连带责任。

上海某信息技术有限公司辩称，因《网络交易监督管理办法》于2021年5月1日才施行，其对办法的内容需要一个熟悉的过程，且其于2021年11月29日对三仙书阁采取了店铺三级限制，仅超期十几天，系实际操作需要一定的时间，故其履行了核验更新义务。

一审法院认为，根据《中华人民共和国民法典》第1195条第1、2款“网络用户利用网络服务实施侵权行为的，权利人有权通知网络服务提供者采取删除、屏蔽、断开链接等必要措施。通知应当包括构成侵权的初步证据及权利人的真实身份信息。网络服务提供者接到通知后，应当及时将该通知转送相关网络用户，并根据构成侵权的初步证据和服务类型采取必要措施；未及时采取必要措施的，对损害的扩大部分与该网络用户承担连带责任”的规定，本案中，被告上海某信息技术有限公司作为提供互联网信息服务的

---

① 案例来源于 https://www.beijingip.cn/jopm_ww/websiteArticle/detailArticle.do？id=401fe2c284079a0c0185c36db1090773，最后访问日期：2023－07－26。

第三方交易平台，仅为被告许某某提供网络交易平台服务，涉案店铺现已删除侵权商品链接。原告未提供证据证明被告上海某信息技术有限公司知道被告许某某的涉案侵权行为，且被告上海某信息技术有限公司通过对被告许某某的资质审查，与被告许某某签订相关的《某多多平台合作协议》，就在某多多平台交易中不得侵犯他人的知识产权进行了约定，并在某多多网站设置了维权投诉指引，作为网络服务提供者，面对平台中海量的商品信息和交易情况，被告上海某信息技术有限公司履行了与其管理能力和技术能力相应的监督和管理职责，尽到了合理的注意义务。至于被告许某某在经营过程中注销个体工商登记，因被告上海某信息技术有限公司通常无法对此实时知晓相关情况，同时个体工商户注销登记不影响经营者对其经营行为承担责任，故对于原告有关被告上海某信息技术有限公司未尽合理审查义务，要求其与被告许某某共同承担赔偿责任的诉讼请求，本院不予支持。

原告不服一审判决，向湖南省高级人民法院提起上诉，请求改判两被告连带赔偿其经济损失 2 000 元；本案诉讼费用由上海某信息技术有限公司负担。

◉ 审理结果

二审法院认为，《网络交易监督管理办法》作为贯彻落实《中华人民共和国电子商务法》的部门规章在 2021 年 3 月 15 日即已公布，从施行之日起就对相关市场主体发生法律效力。上海某信息技术有限公司作为知名网络交易平台经营主体，应当依据《网络交易监督管理办法》履行平台监管义务。即便其在之后对涉案店铺采取了店铺三级限制系履行核验义务，也超过了《网络交易监督管理办法》第 24 条第 1 款关于每 6 个月核验更新的规定；其亦未在 2021 年 7 月履行报送网络经营者身份信息的义务，导致已注销的网络经营者仍在平台经营，未尽到审核平台内经营者经营资质和报送义务。《最高人民法院关于审理涉电子商务平台知识产权民事案件的指导意见》第 11 条第 1 项规定的“未履行制定知识产权保护规则、审核平台内经营者经营资质等法定义务”可以认定电子商务平台经营者应当知道侵权行为存在。其中“审核平台内经营者经营资质等法定义务”既包括平台对经营者进驻平台时的资质审查，也应包括对经营者进驻平台后的定期资质审查。因此，根据《中华人民共和国电子商务法》第 45 条关于“电子商务平台经营者知道或者应当知道平台内经营者侵犯知识产权的，应当采取删除、屏蔽、断开链接、终止交易和服务等必要措施；未采取必要措施的，与侵权人承担连带责任”之规定，上海某信息技术有限公司应当对其上述行为承担连带责任。据此，判决原告的上诉请求成立。

◉ 法理评析

电商平台在为经营者和消费者提供信息交互场域的同时，享有一定的网络空间治理权，具有公共属性。但从商事角度来看，其作为网络交易参与者，又受到私法规制，具有契约属性。这种双重法律地位，决定了电商平台必须兼顾信息审查与信息保护两方面责任。电商平台经营者的核验义务，是指电商平台经营者运用技术或者人工方式，核对其身份、地址、联系方式、行政许可是否真实，并定期核验更新状况。这表明，电子商务平台经营者对平台内经营者经营资质的核验义务，既包括对经营者进驻平台时的资质审查，也应包括对经营者进驻平台后的定期资质审查。我国《电子商务法》第 27 条、《消费者权益保护法》第

44条、《最高人民法院关于审理使用人脸识别技术处理个人信息相关民事案件适用法律若干问题的规定》都对电子商务平台经营者承担核验义务提供了法律依据。

私法意义上的电子商务平台经营者承担核验义务与注意义务密切相关。注意义务在普通法上指行为人在特定情形下所必须遵循的行为准则以及依该准则而采取的合理预防措施。根据《牛津法律大辞典》对注意义务的解释：一个人对他人造成损害后，只有法官可以对被告的行为加以认定，如果认定被告在当时的情况下对原告负有不为加害行为或不使加害行为发生的义务，但被告却由于疏忽大意没有注意到或者由于过于自信，而不执行法律规范所要求的预防的手段，被告才应承担法律规定的对受害人的过失责任。假设在当时条件下，法官认为不存在注意义务，则被告对此侵害不承担责任。[①]可见，注意义务很多时候表现为一种不作为义务，其可以根据日常生活规则而加以推定，由法官认定。但核验义务只能是一种积极的、采取措施的行为，因此必须由法律事先明确规定或者当事人约定，否则，法官不可以在审判中认定是否违反核验义务，显然，法官是没有自由裁量权的。一般认为，核验义务是属于更高程度的一种注意义务。[②]正因为如此，《最高人民法院关于审理涉电子商务平台知识产权民事案件的指导意见》第十一条第一项规定，未履行制定知识产权保护规则、审核平台内经营者经营资质等法定义务，据此可以认定电子商务平台经营者应当知道侵权行为存在，从而认定其存在过错。当然，如果不履行公法意义上的电子商务平台经营者的核验义务，电子商务平台经营者应当承担行政责任，即根据《电子商务法》第80条第1款的规定，电子商务平台经营者不履行本法第27条规定的核验、登记义务的，由有关主管部门责令限期改正；逾期不改正的，处2万元以上10万元以下的罚款；情节严重的，责令停业整顿，并处10万元以上50万元以下的罚款。

之所以作出这样的规定，最主要的目的是保障消费者等交易相对人的合法权益，确保消费者在平台上发生交易后，如果出现了纠纷，能够及时快速地确定相关的当事人；除此之外，也是为了确保国家对于电商进行有效监管。电商平台对商户信息核验义务的审查标准是什么？《电子商务法》并没有作出明确规定。一般认为，通过形式审查和实质审查相结合，做到信息完整和真实：首先，应确保商家提供的主体信息真实，防止以虚假的或盗用的企业登记信息开设电商网店，比如核验营业执照、地址、联系方式是否真实。尤其是跨境电商，难度更大，因此，平台对境外商家的身份审核标准应更为审慎、严格。其次，应确保信息完整齐全，至少需要达到民事诉讼法规定的“明确的被告”标准，使消费者遇到纠纷时能够有效维权。

电子商务平台经营者对入驻商户在线提交的身份等信息的审查能够到何种程度，既取决于其自身的运营成本，也受制于当时的技术条件和行业惯常做法。同时期其他审查主体，特别是核验要求明显高于平台经营者的其他监管机构的核验能力是重要的参考指标。电子商务平台应通过制定和实施事前准入、事中管理、事后处理等各项自治规则，并运用新兴技术手段实现对商户（包括非经营用户）信息的审慎核验。

---

① [美] 沃克. 牛津法律大辞典 [Z]. 李双元等译. 北京：法律出版社，2003：171.

② 王杰. 网络存储空间服务提供者的注意义务新解 [J]. 法律科学（西北政法大学学报），2020（03）：1-14.

◉ 法条点击

《中华人民共和国电子商务法》

第二十七条第一款 电子商务平台经营者应当要求申请进入平台销售商品或者提供服务的经营者提交其身份、地址、联系方式、行政许可等真实信息，进行核验、登记，建立登记档案，并定期核验更新。

《最高人民法院关于审理涉电子商务平台知识产权民事案件的指导意见》

第十一条第一项 电子商务平台经营者存在下列情形之一的，人民法院可以认定其“应当知道”侵权行为的存在：

未履行制定知识产权保护规则、审核平台内经营者经营资质等法定义务；

……

《网络交易监督管理办法》

第二十四条第一款 网络交易平台经营者应当要求申请进入平台销售商品或者提供服务的经营者提交其身份、地址、联系方式、行政许可等真实信息，进行核验、登记，建立登记档案，并至少每六个月核验更新一次。

第二十五条第二款 网络交易平台经营者应当分别于每年1月和7月向住所地省级市场监督管理部门报送平台内经营者的下列身份信息：

……

19. 搜索引擎能保证技术中立吗？

——某电子商务有限公司诉某网讯科技有限公司侵犯著作权案①

◉ 案情简介

原告： 某电子商务有限公司

被告： 某网讯科技有限公司

被告： 某在线网络技术有限公司

某电子商务有限公司系《我的爱有罪》《别再说你爱着我》《下辈子不做男人》三首歌曲的著作权人，其在国际互联网上设立了娱乐基地——中国网网站（网址为 http://www.5fad.com），并在该网站上提供《我的爱有罪》《别再说你爱着我》《下辈子不做男人》

① 案例源自北京市高级人民法院民事判决书（2007）高民终字第 118 号、北京市第一中级人民法院（2006）一中民初字第 6273 号民事判决书。

三首歌曲的 MP3 文件付费下载服务。某电子商务有限公司的委托代理人于 2006 年 3 月 27 日在浙江省杭州市西湖公证处，在公证员的监督下，通过百度网站的搜索引擎下载了涉案歌曲。某电子商务有限公司提供了共计 41 700 元的公证费、律师费票据。

北京市第一中级人民法院认为，某电子商务有限公司系涉案歌曲的著作权人，该权利应当受到我国著作权法的保护。某在线网络技术有限公司、某网讯科技有限公司提供的搜索引擎服务是以音频数据格式文件为搜索对象的，其搜索范围遍及整个互联网空间中未被禁链的每个网络站点。从搜索的内容看，其来源于上载音频数据格式文件的网站，并受控于上载作品的网站。搜索引擎对搜索内容的合法性不具有预见性、识别性、控制性。如果被链接网站没有建立禁链的协议，对搜索引擎服务系统而言，意味着对该网站可以互联互通、信息共享。因此，某在线网络技术有限公司、某网讯科技有限公司提供搜索引擎服务并没有侵犯某电子商务有限公司著作权的主观故意和过失。某在线网络技术有限公司、某网讯科技有限公司提供的搜索引擎服务中显示歌曲存放的地址及“下载”涉案歌曲的作品来自未被禁链的（即开放的）网络服务器，并非直接来自某网讯科技有限公司的网站，客观地再现了上载的作品并显示作品存放的地址。“下载”涉案歌曲的行为发生在用户与上载作品网站之间，搜索引擎起到了查询并定位的作用。在某电子商务有限公司不能证明某在线网络技术有限公司、某网讯科技有限公司的行为系明知或应知的情况下，将上载作品和下载作品的行为可能产生的侵权责任，由没有识别和判断能力的搜索引擎服务商承担，缺乏法律依据。由于互联网具有互联互通、信息共享的基本特征，权利人为了保护其著作权，可以采取相应的技术措施。在搜索引擎对其搜索结果无法预见和控制的情况下，法律在鼓励和保护技术发展的同时，亦要求权利人采取技术措施，以保护其著作权。某电子商务有限公司指控某在线网络技术有限公司、某网讯科技有限公司侵犯其著作权的主张，缺乏法律依据，法院不予支持。北京市第一中级人民法院依据《中华人民共和国著作权法》第 46 条、第 47 条之规定，判决：驳回某电子商务有限公司的诉讼请求。某电子商务有限公司不服原审判决，向北京市高级人民法院提出上诉，请求撤销原审判决，依法改判某网讯科技有限公司、某在线网络技术有限公司停止对 MP3 的深层链接搜索服务，并赔偿上诉人经济损失 500 万元。

◉ 审理结果

北京市高级人民法院经审理认为，某电子商务有限公司的上诉理由缺乏事实和法律依据，不能成立，其上诉请求本院不予支持。原审判决认定事实清楚，适用法律正确，维持原判。

◉ 法理评析

本案是关于因搜索引擎提供未授权的音乐下载服务而引发的侵权诉讼，争议的焦点之一在于搜索引擎技术能否保持中立而不承担法律责任。在法律实践中，对搜索引擎的侵权争议大量存在，原因在于，一方面，它本身只是一项利于广大网络用户搜索网络信息的技术，网站的权利人基于技术原因对搜索引擎不可能设置太详尽；另一方面，如果相关权利人能够及时通知网络搜索服务商停止相关的侵权搜索，只要网络搜索服务商立即采取措施满足相应的合理要求，通常不会出现侵权现象，否则极有可能出现法律纠纷。我国《信息网络传播权保护条例》第 23 条规定，网络服务提供者为服务对象提供搜索或者链接服务，在接到权利人的通知书后，根据本条例规定断开与侵权的作品、表演、录音录像制品的链接的，不承担赔偿责任；但是，明知或者应知所链接的作品、表演、录音录像制品侵权的，应当承担共同侵权责任。这表明，在规定搜索与链接服务提供者责任时，并不特别关注链接是从哪里来的，而只强调服务提供者是否履行了接到通知后的断开义务，是否“明知或者应知”链接对应的是侵权内容。

在本案中，某网讯科技有限公司所提供的搜索引擎服务，包含了以音频数据格式文件为对象的搜索方式。这种搜索方式的特点在于，它不具有预见性、识别性、控制性，它可以根据用户的请求，搜索遍及整个互联网空间中未被禁链的每个网络站点。当用户点击搜索到的相关文件名时，便显示出歌曲存放的地址，如果用户要从该地址处下载歌曲，须进一步点击该地址的链接，进行复制和播放的操作。尽管被上诉人客观上起到了指引用户从某电子商务有限公司存放涉案歌曲的地址或第三方网站上进行下载的作用，某网讯科技有限公司在接到某电子商务有限公司的书面通知后，及时断开了与相关网址的链接，在现有证据不能证明某网讯科技有限公司的行为系明知或应知的情况下，其提供搜索引擎服务不构成对某电子商务有限公司享有的著作权的侵犯。某在线网络技术有限公司并非百度音乐网站的经营者，其开发研制搜索引擎技术并提供给某网讯科技有限公司使用，与某电子商务有限公司指控的侵权行为之间没有直接的联系，亦不应承担法律责任。

◉ 法条点击

《信息网络传播权保护条例》

第二条 权利人享有的信息网络传播权受著作权法和本条例保护。除法律、行政法规另有规定的外，任何组织或者个人将他人的作品、表演、录音录像制品通过信息网络向公众提供，应当取得权利人许可，并支付报酬。

第十四条 对提供信息存储空间或者提供搜索、链接服务的网络服务提供者，权利人认为其服务所涉及的作品、表演、录音录像制品，侵犯自己的信息网络传播权或者被删除、改变了自己的权利管理电子信息的，可以向该网络服务提供者提交书面通知，要求网络服务提供者删除该作品、表演、录音录像制品，或者断开与该作品、表演、录音录像制品的链接。通知书应当包含下列内容：

（一）权利人的姓名（名称）、联系方式和地址；

（二）要求删除或者断开链接的侵权作品、表演、录音录像制品的名称和网络地址；

（三）构成侵权的初步证明材料。

权利人应当对通知书的真实性负责。

第十五条 网络服务提供者接到权利人的通知书后，应当立即删除涉嫌侵权的作品、表演、录音录像制品，或者断开与涉嫌侵权的作品、表演、录音录像制品的链接，同时将通知书转送提供作品、表演、录音录像制品的服务对象；服务对象网络地址不明、无法转送的，应当将通知书的内容同时在信息网络上进行公告。

第二十三条　网络服务提供者为服务对象提供搜索或者链接服务，在接到权利人的通知书后，根据本条例规定断开与侵权的作品、表演、录音录像制品的链接的，不承担赔偿责任；但是，明知或者应知所链接的作品、表演、录音录像制品侵权的，应当承担共同侵权责任。

20. 游戏运营商有权锁定玩家游戏装备吗？

——陈某诉上海某网络发展有限公司违约案[①]

◉ 案情简介

原告： 陈某

被告： 上海某网络发展有限公司

家住浙江临海的陈某是上海某网络发展有限公司（以下简称某公司）运营的网络游戏《热血传奇》的玩家。2008 年 5 月 25 日，陈某通过在线交易的方式，花了 800“元宝”向其他玩家购买了名为“布鞋”的游戏装备。由于某公司对该装备进行了锁定，陈某的游戏角色无法正常使用该装备。看到自己合法购得的极品装备无法正常使用，陈某心有不甘，于是支付了 3 400 元服务费自行委托上海某电子数据司法鉴定中心对自己游戏角色名下的装备“布鞋”的存在情况进行了固定保全。随后，陈某于 2008 年 9 月诉至法院，认为上海某网络发展有限公司违约，要求某公司恢复自己的游戏账号下名为“布鞋”的装备，支付自己为保全、检验本案证据而支付的鉴定检验费用 3 400 元及发生的交通费用 634 元。

某公司辩称，游戏玩家在成为游戏用户时即已通过注册过程知晓游戏的相关协议、条款、守则等，其在协议中明确其对任何侵害在线游戏运行环境和公平性的行为有权采取一切必要措施。陈某明知系争装备属性远远超过正常装备属性并具有极大杀伤力的情况下购买该装备，其行为已影响整个游戏环境的公平性，违反诚实信用原则，其锁定行为并没有违反合同的约定，并请求法院驳回原告的请求。

一审法院审理后驳回了陈某的全部诉讼请求。陈某不服上诉。

◉ 审理结果

二审法院审理后认为，某公司的锁定行为是从维护游戏运行环境的公平性出发，是基于双方协议作出的一种限制措施，遂作出维持原判的终审判决。

---

① 案例来源于 http://old.chinacourt.org/html/article/200908/06/368422.shtml，访问日期：2023 - 04 - 28。

◉ 法理评析

本案涉及网络服务商的合同责任，即在何种情形下网络服务商可以终止合同并不需要承担违约责任。根据《中华人民共和国合同法》（已废止）第 91 条的规定，合同的权利义务在合同解除等情形下终止。合同的终止有三种情况：履行终止、强行终止（裁决、判决终止）和协议终止。履行终止是指合同已按约定条件得到全面履行。强行终止是由仲裁机构裁决或法院判决终止合同。协议终止是由合同当事人各方协商同意终止合同。合同的终止导致当事人一方遭受损失的，除可以免责的情况外，造成损失的一方负有赔偿责任。网络信息服务合同是网络服务提供商与用户之间基于要约和承诺而订立的合同。

在信息网络时代，网络信息服务合同是一种新型的合同，网络信息服务关系这种新型的服务关系正普遍存在于人类社会生活之中。在网络游戏业，网络游戏的运营商与网络用户（即玩家）也建立了此种服务合同关系。运营商和玩家应依照合同的约定享有各自的权利并履行相应的义务。任何一方违反合同规定的义务，即应承担相应的违约责任。这些违约情形通常表现为：（1）因技术缺陷而导致的服务终止；（2）因侵犯知识产权而导致合同违约；（3）没有合理理由删除用户的账号；（4）没有合理理由，运营商停止运营；（5）非法收集、使用或者泄露用户信息资料使用等。但是，在本案中，由于游戏用户陈某违反协议，购买了远远超过正常装备属性并具有极大杀伤力的游戏装备，为了维护网络游戏环境的公平，运营商锁定用户陈某的账号，该行为并不是一种违约行为，而是基于签订合同时双方约定的解除条件而终止合同，这样的解除条件虽为格式合同中的条款，但该条款并未免除运营商的责任，也不会侵害玩家的权利，这一条款有效，所以某公司的行为并不是违约行为，不应承担违约责任。

◉ 法条点击

《中华人民共和国民法典》

第五百五十七条 有下列情形之一的，债权债务终止：

（一）债务已经履行；

（二）债务相互抵销；

（三）债务人依法将标的物提存；

（四）债权人免除债务；

（五）债权债务同归于一人；

（六）法律规定或者当事人约定终止的其他情形。

合同解除的，该合同的权利义务关系终止。

第五百六十二条 当事人协商一致，可以解除合同。

当事人可以约定一方解除合同的事由。解除合同的事由发生时，解除权人可以解除合同。

21. 网络服务商停止为他人进行网络实名服务是否要承担违约责任?

——杭州某工业信息研究有限公司诉北京某信息技术有限公司技术服务合同纠纷案[①]

案情简介

原告：杭州某工业信息研究有限公司

被告：北京某信息技术有限公司

2004年8月14日，杭州某网络技术公司（以下简称杭州某公司，2005年变更为杭州某工业信息研究有限公司）获得“网络实名服务证书”，该证书记载：杭州某公司于2004年7月28日至2005年7月28日，享有北京某科技公司（以下简称北京某公司，2006年变更为北京某信息技术有限公司）提供的网络实名“taobao”的服务，服务费为500元。2005年1月21日，杭州某公司获得“网络实名服务证书”，该证书记载：杭州某公司享有北京某公司提供的网络实名“taobao”的服务，服务期为2005年7月29日至2008年7月29日，赠送服务期为2008年7月29日至2009年7月29日，服务费为1 500元。2005年9月2日，北京某公司客户服务部致函杭州某公司，称：杭州某公司于2005年7月29日注册了网络实名“taobao”，服务截止日期为2009年7月29日。在2005年9月2日，有用户反映杭州某公司注册他人商标并用于同一行业，涉嫌侵权。[②]根据《3721产品注册规范》的原则规定，请杭州某公司在接到此通知后的第三个工作日，即2005年9月7日中午12:00前，提供可以使用此名称的相关证明材料，使其与杭州某公司所注册的3721产品符合《3721产品注册规范》。否则，“3721”将暂停杭州某公司的服务。2005年9月8日，北京某公司致函杭州某公司，该函名称为《实名taobao服务暂停通知》，称：由于

① 北京市第二中级人民法院（2007）二中民初字第8692号民事判决书。

② 2004年5月5日，《足球周刊》刊登了《20000个淘宝网李球迷在100万里发现令亿万人激动的秘密》一文，其中包括“淘宝网”“www.taobao.com”“个人网上超级商城”等信息。在2004年第5期的《万家科学画报》上，刊登了《30 000 个林先生在淘宝网 100 多万宝贝中追寻他的数码情人》一文，其中包括“淘宝网”“www.taobao.com”“个人网上超级商城”等信息。在2004年第5期的《科技产品博览》上刊登了关于“淘宝网”“www.taobao.com”“个人网上超级商城”等信息的广告，还刊登了《30 000个林先生在淘宝网100多万宝贝中追寻他的数码情人》一文，其中包括“淘宝网”“www.taobao.com”“个人网上超级商城”等信息。2005年7月7日，淘宝（中国）网络科技有限公司（以下简称淘宝公司）注册了“Taobao.com”商标，核定服务项目为第42类，即计算机编程；计算机软件设计；计算机程序和数据转换（非有形转换）；计算机系统设计；计算机程序复制；把有形的数据和文件转换成电子媒体；替他人创建和维护网站；主持计算机站（网站）；计算机软件的安装；出租包含商品和金融信息的CD光盘；研究和开发（替他人）；为计算机用户间交换数据提供即时连接服务。

杭州某公司在 3 个工作日之内没有提供相关证明材料，因此“3721”将于 2005 年 9 月 8 日上午 10:30 暂停该 3721 产品服务。杭州某公司可以在两个工作日内对被举报的内容提供相关的证明材料，并电话通知“3721”，以便能够继续使用 3721 产品服务。在收到杭州某公司的材料之后，杭州某公司产品将取消暂停，由杭州某公司继续使用直至服务期结束。如果杭州某公司未提供相关的材料或材料不足，“3721”将视同杭州某公司放弃此 3721 产品的使用权利，将会终止杭州某公司的服务。2005 年 9 月 9 日，杭州某公司致函北京某公司，称：北京某公司传真通知要暂停杭州某公司注册的网络实名“taobao”服务，杭州某公司对此坚决不同意，并认为这是一种违约行为。2005 年 9 月 12 日，北京某公司致函杭州某公司，称：由于杭州某公司在北京某公司规定的时间内仍未出具相应的证明材料证明其对此网络实名的使用权，因此“3721”将于 2005 年 9 月 12 日 16:00 终止该 3721 产品服务，并不予退还剩余服务款项。2005 年 9 月 12 日 16:00，北京某公司停止了对杭州某公司的网络实名“taobao”的服务。

原告认为被告的上述行为违反双方之间的合同约定，故诉至北京市第二中级人民法院，请求判令被告北京某信息技术有限公司：（1）继续履行合同，恢复提供“taobao”网络实名服务；（2）象征性赔偿损失 100 元；（3）赔偿原告因本案支出的公证费 700 元和律师费 2 000 元；（4）承担本案诉讼费用。被告北京某公司答辩称：被告的行为完全符合双方之间的合同的约定，并未违约。因此，被告请求法院判决驳回原告杭州某公司的诉讼请求。

◉ 审理结果

北京市中级人民法院认为：根据相关法律规定，依法成立的合同，受法律保护。在本案中，双方当事人关于提供网络实名“taobao”服务的合同是《3721 网络实名注册规范》和《3721 网络实名服务条款》，该合同系双方当事人的真实意思表示，合法有效，应受法律保护。根据相关法律规定，当事人可以约定一方解除合同的条件；解除合同的条件成就时，解除权人可以解除合同。当事人一方按照前述规定主张解除合同的，应当通知对方；合同自通知到达对方时解除。在本案中，《3721 网络实名服务条款》中约定了合同的解除条件之一为申请者将自己不享有权利的标识注册为网络实名名称，原告杭州某公司将“taobao”标识注册为网络实名名称。北京某公司在原告杭州某公司申请涉案网络实名“taobao”之前即开始将“淘宝”及相应的汉语拼音“taobao”作为标识使用，申请商标注册，并于 2005 年 7 月 7 日获得注册。2005 年 9 月 2 日，被告北京某公司收到淘宝公司关于涉案网络实名“taobao”的异议书及相关材料后，多次致函原告杭州某公司，要求其提供证据证明其对于涉案网络实名享有在先权利，但原告杭州某公司未提供任何材料。因此，被告北京某公司终止向原告杭州某公司提供涉案“taobao”网络实名服务是其依约行使合同解除权的行为，原告杭州某公司关于被告北京某公司的上述行为系违约行为的主张，缺乏依据，本院不予支持。本院依据《中华人民共和国合同法》第 93 条第 2 款、第 96 条第 1 款的规定，判决驳回杭州某公司的诉讼请求。

◉ 法理评析

本案争议的焦点之一是北京某公司单方终止与网络用户杭州某公司的服务合同是否是一种违约行为，是否应该承担合同责任。网络服务提供者的合同责任是指网络服务提供者因违反其与用户之间的服务合同而应承担的违约责任。网络服务提供者的合同义务会因为其提供的网络服务而不同，但无论是合同约定的何种义务，都应该依约履行。因为合同是连结交换者即合同当事人的“法锁”，它以合同债权、债务来分解交换的内容，将履行合同债务作为打开“法锁”的“钥匙”。根据《中华人民共和国民法通则》（已废止）第 85 条的规定，合同是当事人之间设立、变更、终止民事关系的协议。依法成立的合同，受法律保护。《合同法》第 2 条第 1 款规定，合同是平等主体的自然人、法人、其他组织之间设立、变更、终止民事权利义务关系的协议。这表明依法订立的合同受法律保护，具有法律约束力，合同当事人双方就必须严格遵守，全面、适当地履行，任何一方不得擅自解除，否则就是违约。那么，合同在何种情形下可以解除？我国《合同法》第 93 条规定：“当事人协商一致，可以解除合同。”该条第二款还规定：“当事人可以约定一方解除合同的条件。解除合同的条件成就时，解除权人可以解除合同。”这表明合同解除有法定解除和约定解除。约定解除又包括两种情况，即事先约定解除和事后约定解除。事先约定解除是指当事人双方在合同中约定解除合同的条件，在解除合同的条件成就时，合同关系归于消灭。由于这种合同条款往往是规定由一方当事人在解除合同的条件成就后享有解除权，并可以通过行使该合同解除权使合同关系消灭，所以事先约定解除也称为约定解除权。它可以在订立合同时约定，也可以在订立合同后另行约定（这时视为合同的补充条款）。

本案中，作为网络服务提供者的北京某公司和用户杭州某公司，它们是合同订立的双方，彼此应该遵守合同的规定。在《3721 网络实名注册规范》中，“3721”认为可能构成对他人权利造成侵犯，或申请者不具备合法权利的名称时，“3721”将有权拒绝提供服务。在《3721 网络实名服务条款》中记载：申请/注册者保证在申请时不违反法律法规，或者对申请/注册者具有法律约束力的其他任何文件也不构成对任何第三人任何形式的侵权，保证“3721”不会因接受该网络实名注册或为其提供网络实名服务而构成违法、违约或者对任何第三人的侵权，保证所申请注册的网络实名不会被用于任何非法目的，注册或使用网络实名不具有任何恶意，保证不抢注自己不享有合法使用权的网络实名名称。当申请/注册者违反注册规范、服务条款和“3721”的有关规定，包括但不限于违反申请/注册者的陈述与保证，以及在本条款中援引或者提到的任何其他规定和规章等时，“3721”有权变更、暂停或注销注册者注册的网络实名而无须向注册者发出任何通知，注册者无权要求退款。这表明杭州某公司与北京某公司签订的合同约定了合同的解除条件。当杭州某公司不能提供其意欲使用的网络实名“taobao”是否是侵犯了他人的商标权的证明材料时，根据《3721 网络实名注册规范》和《3721 网络实名服务条款》的规定，北京某公司有权终止对杭州某公司的服务，这并不是违约行为。所以作为网络服务提供者的北京某公司无须承担合同责任。

◉ 法条点击

《中华人民共和国民法典》

第四百六十四条 合同是民事主体之间设立、变更、终止民事法律关系的协议。

婚姻、收养、监护等有关身份关系的协议，适用有关该身份关系的法律规定；没有规定的，可以根据其性质参照适用本编规定。

第五百六十二条 当事人协商一致，可以解除合同。

当事人可以约定一方解除合同的事由。解除合同的事由发生时，解除权人可以解除合同。

22. 网络交易平台是否应承担法律责任？

——深圳某服饰公司诉浙江杭州某某公司发布虚假商品信息纠纷案[①]

◉ 案情简介

原告：深圳某服饰公司

被告：浙江杭州某某公司

原告系第5639721号“莱特妮丝”文字商标、第5978151号“lightness”文字商标的商标注册人，该两枚商标核定使用在第25类商品（包括服装、紧身围腰女内衣、紧身衣裤、胸衣等）上，尚在有效期内。被告的经营范围包括计算机网络技术开发、技术咨询、技术服务、国内网络广告等。2008年10月26日，被告向浙江省通信管理局申请并取得了在其网站（www.taobao.com）上从事信息服务业务（仅限互联网信息服务业务）的许可，业务覆盖范围包含消费购物类电子公告信息服务（不含新闻、出版、教育、医疗保健、药品和医疗器械等内容的服务项目），为网络用户提供服务。被告制定了《服务协议》，约定发布信息的用户均须先注册成为会员。用户通过会员注册获得一个经核准的会员名和登录密码。如果会员需要在其运营的网站上卖宝贝（物品）还须通过实名认证，包括个人认证或商家认证，被告要求会员填写真实姓名、证件号码（包括身份证、护照、驾驶证、军官证）、户籍证明人、交易联系地址及电话，证件以在线上传或传真、邮寄形式传送被告人，被告在收到有效资料3个工作日内给予回复，获得认证的会员须同意被告制定的《服务协议》后方可在该平台上发布交易信息，被告人在其网站上对交易物品进行规制，并制定了商品发布管理规则等规定，禁售法律法规所禁止的物品，并要求用户在淘宝交易平台不得发布各类违法或违规信息。根据约定，被告对用户在网上交易

① 湖南省永州市中级人民法院（2012）永中法民三初字第51号民事判决，湖南省高级人民法院（2014）湘高法民三终字第72号民事判决书。

平台上的不当行为或其他任何被告认为应当终止服务的情况，有权随时作出删除相关信息、终止服务提供等处理而无须征得用户同意。2012 年 8 月 8 日，经原告委托代理人张佳申请，广东省深圳市深圳公证处对张佳操作计算机的过程进行了证据保全公证。当日，在公证处，张佳利用公证处的电脑进行了如下操作：打开 IE 浏览器，在地址栏输入 www.taobao.com 进入被告首页，以账户名“qwerbhuiop”进行登录后，在被告运营的网络交易平台搜索栏中输入“玛利亚美体会所”进行搜索，搜索结果显示找到 1 家相关店铺，名为“莱特妮丝美体内衣”网店。2012 年 3 月 16 日，原告针对玛利亚美体会所的一个产品链接，向被告进行申诉，被告审查后认为原告的投诉成立，于 2012 年 3 月 20 日删除了被投诉产品链接。据此，一审法院驳回了原告要求被告承担商标侵权责任的诉讼请求。原告不服，向上一级人民法院提起上诉。

被上诉人辩称其履行了审查义务，及时删除了被投诉商品的链接，不存在主观过错，不构成侵权，请求驳回上诉人的上诉请求。

◉ 审理结果

二审法院认为：首先，被上诉人作为交易平台服务商，已经按照公示的规则对卖家进行了身份认证，并在网络交易平台规则中作出了交易信息发布者不得发布违法信息的事先声明和警告。其次，被上诉人作为网络服务经营者，向网络用户提供网络信息发布平台服务，不直接参与交易行为，基于网络交易平台上巨大的信息量，被上诉人难以控制每项交易信息的真实性或准确性，要求被上诉人对每一个交易信息进行事前的真实性、合法性和准确性审查并不利于鼓励相关技术发展，也不利于平衡各方利益和增进社会福祉。再次，被上诉人对网络交易平台上侵权信息的明知和应知状态应以该信息具有个案上的确定性为前提，即通过权利人的投诉或基于其他事实，使某个交易信息对被上诉人而言是确定的或显而易见的，被上诉人可以对该特定的交易信息进行审查或采取必要措施。本案中，上诉人没有证据证明该投诉行为足以使被上诉人对出售其商品的店铺内的其他商品信息的合法性引起警觉。被上诉人在接到投诉后 4 天内就删除了所投诉商品的链接，在上诉人起诉后关闭了出售该商品的卖家的店铺，其履行审查义务和采取监管措施的方式和程度与上诉人维权的方式和程度相适应。由此，现有证据不能证明被上诉人对他人销售涉案商品的行为存在明知或应知的主观状态，被上诉人不具有主观过错，不应承担共同侵权的民事责任。

◉ 法理评析

本案争议的焦点之一是作为网络服务提供者的电子商务交易平台是否应该承担法律责任。电子商务交易的形式多种多样，一般可分为三类：企业之间通过数据电文的形式从事货物贸易或服务贸易（business to business，简称 B to B）；企业通过自己建立的或服务商提供的网络平台向消费者销售货物或提供服务（business to consumer，简称 B to C）以及个人通过第三方搭建的网络平台进行货物和服务的交换（consumer to consumer，简称 C to C）。其中，B to C 和 C to C，特别是 C to C 交易模式中网络交易平台起着核心作用，销售者需要在虚拟空间中展示其商品或服务，以便最大程度地吸引购买者；同时消费者也希望通过最快捷、直观的方式在网络上了解到尽可能多的商品、服务信息。网络交易平台恰好在其中起到了联系销售者和消费者的桥梁作用，它本身并不参与商品或服务的实际交易，只是按照其与买卖双方的协议向他们提供服务。

但是，通过网络交易平台出售商品或服务，买方无法直接了解货物的具体情况，仅凭卖方对货物的描述，这些描述包括文字的、图片的甚至是多媒体的形式。尽管手段多样，我们或许仍然无法准确了解这些描述的可信赖程度。这就需要平台提供商对发布于平台上的信息的真实性进行审查。一般而言，对于销售者是商业经营者的情况，即 B to C 的情况，平台服务提供商应当要求其提供所售商品的证明文件，例如产品合格证、产地证明、销售许可等，这是因为对于商业经营者而言，大多是成批大量的销售，获得这样的证明也往往是其进行一般商业零售的前提。至于对于个人之间的销售活动，即 C to C 的情况，平台服务提供商对相关信息仍然负有一定的审查义务，但极有限，一方面是因为信息量大，另一方面要求个人卖家提供所卖商品的证明文件在很多情况下是勉为其难的。作为弥补，平台服务提供商可以提供信用服务体系，评定用户的信用情况，为潜在的交易者提供参考。

本案中，被上诉人是提供网络交易平台的服务商，本身虽非该讼争商品的卖方，与原告之间也不存在买卖合同关系，但根据我国《民法典》的规定，网络服务提供者对于网络用户的侵权行为，在接到通知后应采取必要措施，否则将承担相应的侵权责任。立法者旨在通过合理设立网络交易平台的法律责任，推动电子商务市场的健康发展。

◉ 法条点击

《中华人民共和国民法典》

第一千一百九十四条 网络用户、网络服务提供者利用网络侵害他人民事权益的，应当承担侵权责任。法律另有规定的，依照其规定。

第一千一百九十五条 网络用户利用网络服务实施侵权行为的，权利人有权通知网络服务提供者采取删除、屏蔽、断开链接等必要措施。通知应当包括构成侵权的初步证据及权利人的真实身份信息。

网络服务提供者接到通知后，应当及时将该通知转送相关网络用户，并根据构成侵权的初步证据和服务类型采取必要措施；未及时采取必要措施的，对损害的扩大部分与该网络用户承担连带责任。

权利人因错误通知造成网络用户或者网络服务提供者损害的，应当承担侵权责任。法律另有规定的，依照其规定。

第一千一百九十六条 网络用户接到转送的通知后，可以向网络服务提供者提交不存在侵权行为的声明。声明应当包括不存在侵权行为的初步证据及网络用户的真实身份信息。

网络服务提供者接到声明后，应当将该声明转送发出通知的权利人，并告知其可以向有关部门投诉或者向人民法院提起诉讼。网络服务提供者在转送声明到达权利人后的合理期限内，未收到权利人已经投诉或者提起诉讼通知的，应当及时终止所采取的措施。

第一千一百九十七条 网络服务提供者知道或者应当知道网络用户利用其网络服务侵害他人民事权益，未采取必要措施的，与该网络用户承担连带责任。

23. 为什么受伤的人总是我？网络交易平台对商家侵犯他人注册商标专用权的行为承担法律责任的追问

——某时装贸易有限公司与浙江某网络有限公司、杜某某侵害商标权纠纷上诉案①

◉ 案情简介

上诉人（原审被告）：浙江某网络有限公司

被上诉人（原审原告）：某时装贸易有限公司

原审被告：杜某某

某有限公司（E.LAND LTD）是一家韩国公司，同时也是第1545520号注册商标和第1326011号注册商标的权利人。第1545520号注册商标核定使用的商品为第25类的服装，第1326011号注册商标核定使用的商品为第25类的茄克（服装）、短裤、工作服、汗衫、衬衫、内衣、围巾、短统袜、帽子、运动鞋。2009年1月1日，某有限公司向被上诉人某时装贸易有限公司出具《商标维护授权委托书》，声明：委托某时装贸易有限公司全权代表我公司在中国大陆独占使用第1545520号、第1326011号等注册商标及商标权维护行动，包括侵权人的信息调查、证据采集、产品真伪鉴定、侵权投诉以及诉讼、请求侵权人赔偿损失。2009年9月，上海服装鞋帽商业行业协会出具《证明》载明，某时装贸易有限公司生产的TEENIE WEENIE、E.LAND休闲女装被上海市名牌推荐委员会推荐为2009年度上海名牌。上诉人浙江某网络有限公司是网络交易平台服务提供商，入驻商家只有通过实名认证后才能在该交易平台开设网络店铺，并可在自营店铺中发布待售的商品信息，包括价格、尺码、颜色、商品图片等信息。根据浙江某网络有限公司提供的数据，2009年上半年，淘宝网实现交易额809亿元，会员数1.45亿。原审被告杜某某系入驻该网络交易平台的卖家。上诉人浙江某网络有限公司制定并发布了《服务协议》《商品发布管理规则》《用户行为管理规则》等规则，这些规则多次提到禁止用户发布侵犯他人知识产权的商品信息，并制定了相关处罚措施、公布了知识产权侵权投诉途径，权利人可通过电话、信函、电子邮件等途径向上诉人浙江某网络有限公司进行投诉。自2009年9月开始，被上诉人某时装贸易有限公司就原审被告杜某某在上诉人经营的网络交易平台上销售使用了TEENIE WEENIE等商标的服装，曾7次发函给上诉人，要求其删除杜某某发布的侵犯注册商标专用权的商品信息，上诉人对被上诉人举报的侵权信息予以删除，但未采取其他措施制止侵权行为继续发生。为此，某时装贸易有限公司以浙江某网络有

---

① 案件源自上海市第一中级人民法院（2011）沪一中民五（知）终字第40号民事判决书。

限公司纵容、帮助杜某某实施侵权为由，将二者诉至法院。

一审法院查明，某时装贸易有限公司享有第1545520号注册商标和第1326011号注册商标独占许可使用权。经过法院比对，杜某某销售的部分涉案商品上的图案分别与第1545520号商标图案、第1326011号商标图案构成相同商标、近似商标，并且杜某某不能举证证明其销售的商品有合法来源。在2009年9月29日至2009年11月11日期间，浙江某网络有限公司先后7次收到来自某时装贸易有限公司的侵权通知函，审核后先后7次删除了杜某某发布的商品信息。根据淘宝网当时有效的用户行为管理规则，其在接到某时装贸易有限公司的投诉并经核实后还应对杜某某采取限制发布商品信息、冻结账户等处罚措施，但浙江某网络有限公司除了删除商品信息外没有采取其他任何处罚措施，致使杜某某仍可不受限制地发布侵权商品信息。一审法院认为，在某时装贸易有限公司7次有效投诉的情况下，浙江某网络有限公司应当知道杜某某利用其网络交易平台销售侵权商品，并且浙江某网络有限公司有条件、有能力针对特定侵权人杜某某采取措施，然而浙江某网络有限公司未严格执行其管理规则，依然为杜某某提供网络服务，此是对杜某某继续实施侵权行为的放任、纵容。其故意为杜某某销售侵权商品提供便利条件，构成帮助侵权，具有主观过错，应承担连带赔偿责任。依照《中华人民共和国民法通则》第130条，《中华人民共和国商标法》第52条第2项与第5项、第56条，最高人民法院《关于贯彻执行〈中华人民共和国民法通则〉若干问题的意见（试行）》第148条第1款，最高人民法院《关于审理商标民事纠纷案件适用法律若干问题的解释》第16条第1款与第2款、第17条，《中华人民共和国商标法实施条例》第50条第2项的规定，一审法院判决杜某某、浙江某网络有限公司共同赔偿某时装贸易有限公司经济损失人民币3 000元，共同赔偿某时装贸易有限公司合理费用人民币7 000元。浙江某网络有限公司不服一审判决，提起上诉。

◉ 审理结果

二审法院认为，一审认定事实基本清楚，适用法律正确，判决驳回上诉，维持原判。

◉ 法理评析

本案是由网络交易平台的卖家销售侵权商品引发的纠纷，当前，我国网上交易发展势头日益强劲，由于多方面的因素，交易中侵权现象时有发生，因而人们愈加关注网上交易过程中的知识产权保护。本案中，销售侵权商品的卖家无可非议应依法承担相应责任，而如何界定网络平台服务提供商的权与责，则是分析本案的关键。对网络平台服务提供商而言，及时删除侵权信息是其免于承担赔偿责任的条件之一，但并非是充分条件。网络平台服务提供商删除信息后，如果网络用户仍然利用其提供的网络服务继续实施侵权行为，网络平台服务提供商则应当进一步采取必要的措施以制止继续侵权，这种必要的措施可以是对网络用户进行公开警告、降低信用评级、限制发布商品信息直至关闭该网络用户的账号等。本案中的浙江某网络有限公司接到某时装贸易有限公司的投诉通知后，对投诉的内容进行了审核并删除了杜某某发布的商品信息，一方面说明浙江某网络有限公司对侵权行为的存在是应当知道的，另一方面也说明淘宝网仅采取删除侵权商品信息的手段无法有效减少乃至杜绝侵权行为的继续发生。因此，法院认定浙江某网络有限公司具有主观过错，构成帮助侵权，应承担连带赔偿责任。

◉ 法条点击

《中华人民共和国民法典》

第一千一百六十八条　二人以上共同实施侵权行为，造成他人损害的，应当承担连带责任。

《中华人民共和国商标法》

第五十七条　有下列行为之一的，均属侵犯注册商标专用权：

（一）未经商标注册人的许可，在同一种商品上使用与其注册商标相同的商标的；

（二）未经商标注册人的许可，在同一种商品上使用与其注册商标近似的商标，或者在类似商品上使用与其注册商标相同或者近似的商标，容易导致混淆的；

（三）销售侵犯注册商标专用权的商品的；

（四）伪造、擅自制造他人注册商标标识或者销售伪造、擅自制造的注册商标标识的；

（五）未经商标注册人同意，更换其注册商标并将该更换商标的商品又投入市场的；

（六）故意为侵犯他人商标专用权行为提供便利条件，帮助他人实施侵犯商标专用权行为的；

（七）给他人的注册商标专用权造成其他损害的。

《最高人民法院关于审理商标民事纠纷案件适用法律若干问题的解释》

第十六条　权利人因被侵权所受到的实际损失、侵权人因侵权所获得的利益、注册商标使用许可费均难以确定的，人民法院可以根据当事人的请求或者依职权适用商标法第六十三条第三款的规定确定赔偿数额。

人民法院在适用商标法第六十三条第三款规定确定赔偿数额时，应当考虑侵权行为的性质、期间、后果，侵权人的主观过错程度，商标的声誉及制止侵权行为的合理开支等因素综合确定。

当事人按照本条第一款的规定就赔偿数额达成协议的，应当准许。

第十七条　商标法第六十三条第一款规定的制止侵权行为所支付的合理开支，包括权利人或者委托代理人对侵权行为进行调查、取证的合理费用。

人民法院根据当事人的诉讼请求和案件具体情况，可以将符合国家有关部门规定的律师费用计算在赔偿范围内。

第三章

电子合同的订立与履行

电子合同，是指双方或多方当事人以民事权利、义务为内容，以设立、变更、终止财产性民事权利、义务为目的，通过电子方式所缔结的协议。由于电子合同是当事人通过电子方式缔结的，因此其在诸多方面与传统的合同存在着不同，诸如交易主体的虚拟化、缔结工具的多样化以及交易主体意思表示的间接化。这些不同于传统合同的特点，对传统的与合同相关的法律法规带来了挑战。本章案例主要介绍的是在电子合同领域产生的相关纠纷，比如电子合同是否成立、电子合同是否有效、有效电子合同当事人是否应该承担违约责任等问题，大多数为网络购物合同，也有涉及其他类型法律关系的电子合同如中介合同。关于网络购物合同，中国司法大数据研究院曾发布《网络购物合同纠纷案件特点和趋势（2017.1—2020.6）司法大数据专题报告》，该报告显示，2017 年以来，网络零售总额逐年上升，网络购物合同纠纷案件总量上升较为明显，食品、数码电器类等与日常生活息息相关的产品引发纠纷案件较多，网购纠纷案件争议焦点中，约三成涉食品安全，超两成涉卖家虚假宣传或欺诈；原告诉请中，约九成原告要求赔偿损失，超八成原告要求退货退款，约四成网购纠纷案件调解或撤诉；以判决方式结案的纠纷中，超七成原告诉请获得法院不同程度支持。[①]本章案例所表现出的特点也符合上述最高院发布的专题报告呈现出的特点，但不局限于以上案由和争议焦点。

① 数据来源于中国司法大数据研究院发布的《网络购物合同纠纷案件特点和趋势（2017.1—2020.6）司法大数据专题报告》，中国司法大数据服务网（court.gov.cn），最后访问日期：2023－02－18。

传统的买卖合同关系、中介合同关系或许在认定方面相对容易，但电子合同的特殊性以及网络经济运行的特殊性，使得有些在传统合同中较为容易认定的事实和行为变得存在争议。因此，本章案例聚焦电子合同中易于产生争议的焦点，通过对这些案例的分析，我们可以深入认识和把握电子合同在缔结和履行前后中的争议要点和相关法律知识，能够更好地体会电子合同领域的合同缔结、履行乃至解除的特殊性，以及相关法律条文是如何应用的。

24. 网站发出发货确认的电子邮件，买卖合同才成立吗？

——夏某与某网络公司“删除订单”案[①]

◉ 案情简介

原告：夏某

被告：某网络公司

2012 年 9 月 5 日，被告某网络公司在其经营的网站（以下简称 YMX 网站）上举办“名表新品折上最高立减 500 元”的促销活动，按照活动公告及规则要求，原告夏某于 2012 年 9 月 5 日上午 8 点 50 分参加此促销活动，使用了 3 张面额为 500 元的现金优惠券分别购买了 3 款手表——两款价格为 558 元的依波品牌运动休闲系列石英男表，一款价格为 780 元的海鸥牌白盘钢带自动机械男表。在订单成功提交后，9 月 8 日，YMX 以“不能采购到货”为由，删除了原告的订单。原告认为，YMX 网站用户在订单提交成功，并支付部分款项，且收到确认邮件后，合同的要约和承诺要素已同时具备，合同缔结成功，被告单方面取消订单属于违约。

被告代理律师则指出，YMX 网站在其网站每个页面的右下角及新用户注册时，页面有用户“使用条件”和“隐私声明”的提示，“使用条件”中着重标明了“如果您在 YMX 网上访问或购物，您便接受了以下条件”等相关字样，在“合同缔结”声明中也写明了“如果您通过我们网站订购产品，您的订单就成为一种购买产品的申请或要约。我们将发送给您一封确认收到订单的电子邮件，其中载明订单的细节。但是只有当我们向您发出送货确认的电子邮件通知您我们已将产品发出时，我们对您合同申请的批准与接受才成立”。即，被告 YMX 只有在“发货”时才意味着双方达成合同。被告指出，原告收到的第一份订单邮件并不能表明已达成合同。

法院经审理认为，被告在其经营的网站中公布的“使用条件”系格式条款，其实质和后果是赋予了被告单方决定是否发货的权利并免除了被告不予发货的违约责任，这是对消费者基于一般的消费习惯所认知的交易模式的重大改变，因而对消费者的合同利益会产生实质的影响，YMX 网站对此应当作出合理的、充分的提示，提醒消费者注意该项特别约定，并判断选择是否从事此项交易。但从查明的事实看，YMX 网站并未尽到提请注意的义务，被告关于“使用条件”的相关条款应视为没有订入合同，当然也不应对消费者发生效力。被告将待售商品的名称、型号、价款等详细信息陈列于其网站之上，内容明确具体，与商品标价陈列出售具有同一意义，根据法律规定和一般交易观念判断，符

① 案例摘自北京市朝阳区人民法院（2013）朝民初字第 2145 号民事判决书。

合要约的特性。夏某确认订单的行为应当视为进行了承诺。被告在夏某提交订单后向其发出的订单确认邮件中的提示系双方达成合意后的通知，不发生排除合意的法律效力。

◉ 审理结果

法院作出判决：被告某网络公司向原告夏某交付 EBOHR 依波运动休闲系列石英男表 06213237、06213534，SEA－GULL 海鸥白盘钢带自动机械男表 M165S；原告夏某同时向被告给付价款。

◉ 法理评析

本案争议的焦点有二：一是被告某网络公司在网站中公布的“使用条件”是否对双方发生拘束力；二是被告某网络公司与夏某之间的买卖合同是否已经成立。

随着我国电子商务行业的发展，网络交易平台的格式合同在网络交易中的地位与作用逐步显露出来。为了提高交易效率，经营者往往向消费者提供格式合同供双方签订，这在 B to C 模式网络交易中尤为突出。但其弊端在于，提供商品或者服务的网络经营者往往利用其优势地位，制定有利于自己而不利于交易相对方的格式条款。这影响到合同当事人之间的利益平衡，因此，《民法典》第 496 条第 2 款对格式条款订入合同有明确的要求，作了严格限制，即提供格式条款的一方应当遵循公平原则确定当事人之间的权利和义务，并采取合理的方式提示对方注意免除或者减轻其责任等与对方有重大利害关系的条款，按照对方的要求，对该条款予以说明，提供格式条款的一方未履行提示或者说明义务，致使对方没有注意或者理解与其有重大利害关系的条款的，对方可以主张该条款不成为合同的内容。本案中，YMX 网站“使用条件”的规定属于格式条款，并且属于与对方有重大利害关系的条款，被告作为提供格式条款的一方，理应对此作出充分的提示及说明，提醒消费者特别注意该约定，否则该条款无效，不对合同相对方产生约束力。从本案查明的事实看，该“使用条件”不仅不够醒目，而且还有隐蔽之嫌，不易被消费者注意，所以该条件对夏某没有约束力。同时，根据《电子商务法》第 49 条的规定，即电子商务经营者以格式条款约定消费者支付价款后合同不成立的，该内容无效。本案中被告在其经营的网站中以面向不特定相对人的“使用条件”约定只有当其发出送货确认的电子邮件时，双方合同才成立，此格式条款有效的前提是消费者未付款。因此，本案无论是从一般法还是特别法角度，涉案格式条款内容都是无效的。

在 B to C 模式网络交易中，合同是否成立同样应当遵循《民法典》关于合同成立的一般规则进行判断，即采用要约、承诺的合同订立方式，判断网络经营者是否发出了要约，消费者是否对该要约进行了承诺。在网络交易中，要约是网络经营者向消费者作出的希望与其订立合同的意思表示，承诺是消费者同意要约的意思表示。一般情况下，要约应当内容具体确定，并且表明经受要约人的承诺，要约人即受意思表示的约束。受要约人一旦承诺，双方即达成合意。根据《民法典》第 470 条第 1 款的规定，合同的必备条款是当事人的姓名或者名称和住所、标的、数量，而第 4 项到第 8 项属于合同主要条款，这从《民法典》第 510 条、第 511 条可知，即如果合同的主要条款未确定，可根据第 510 条和第 511 条规定来确定，所以要约的内容具体确定就要求要约包含合同的必备条款。本案中，YMX 网站上待售的商品名称、型号、价款等信息非常明确，完全符合要约的要件，并且这属于不针对特定相对人的要约，发布后生效。夏某根据购物流程，通过网站在其有库存的状态下自由选购了特定商品点击加入购物车，并在确定付款信息之后确认订单，这一行为完全符合承诺的要件。根据《电子商务法》第 49 条第 1 款的规定，买卖双方的合同已经成立，虽然该款也规定当事人另有约定的从其约定，且本案中被告网站在“使用条件”中注明只有在发出发货邮件后，其与消费者之间的合同才成立，但这违反《电子商务法》第 49 条第 2 款的基础逻辑，即否定了消费者付款后合同成立的情形。被告某网络公司在原告夏某提交订单之后发出的订单确认邮件中的有关提示在买卖合同已经成立之后，不能产生否定先前已经成立的合同的效力。因此，本案中原被告之间的合同成立且合法有效，成立时间为原告消费者支付款项提交订单时。被告不履行发货的义务，应承担违约责任，由于涉案商品是种类物，被告不存在履行不能的问题，因此其应承担继续履行合同的义务。

◉ 法条点击

《中华人民共和国民法典》

第四百七十条 合同的内容由当事人约定，一般包括下列条款：

（一）当事人的姓名或者名称和住所；

（二）标的；

（三）数量；

（四）质量；

（五）价款或者报酬；

（六）履行期限、地点和方式；

（七）违约责任；

（八）解决争议的方法。

当事人可以参照各类合同的示范文本订立合同。

第四百七十一条 当事人订立合同，可以采取要约、承诺方式或者其他方式。

第四百七十二条 要约是希望与他人订立合同的意思表示，该意思表示应当符合下列条件：

（一）内容具体确定；

（二）表明经受要约人承诺，要约人即受该意思表示约束。

第四百七十三条 要约邀请是希望他人向自己发出要约的表示。拍卖公告、招标公告、招股说明书、债券募集办法、基金招募说明书、商业广告和宣传、寄送的价目表等为要约邀请。

商业广告和宣传的内容符合要约条件的，构成要约。

第四百九十一条 当事人采用信件、数据电文等形式订立合同要求签订确认书的，签订确认书时合同成立。

当事人一方通过互联网等信息网络发布的商品或者服务信息符合要约条件的，对方选择该商品或者服务并提交订单成功时合同成立，但是当事人另有约定的除外。

第四百九十六条 格式条款是当事人为了重复使用而预先拟定，并在订立合同时未与对方协商的条款。

采用格式条款订立合同的，提供格式条款的一方应当遵循公平原则确定当事人之间的权利和义务，并采取合理的方式提示对方注意免除或者减轻其责任等与对方有重大利害关系的条款，按照对方的要求，对该条款予以说明。提供格式条款的一方未履行提示或者说明义务，致使对方没有注意或者理解与其有重大利害关系的条款的，对方可以主张该条款不成为合同的内容。

第四百九十七条 有下列情形之一的，该格式条款无效：

（一）具有本法第一编第六章第三节和本法第五百零六条规定的无效情形；

（二）提供格式条款一方不合理地免除或者减轻其责任、加重对方责任、限制对方主要权利；

（三）提供格式条款一方排除对方主要权利。

第五百一十条 合同生效后，当事人就质量、价款或者报酬、履行地点等内容没有约定或者约定不明确的，可以协议补充；不能达成补充协议的，按照合同相关条款或者交易习惯确定。

第五百一十一条 当事人就有关合同内容约定不明确，依据前条规定仍不能确定的，适用下列规定：

（一）质量要求不明确的……

（二）价款或者报酬不明确的……

（三）履行地点不明确……

（四）履行期限不明确的……

（五）履行方式不明确的……

（六）履行费用的负担不明确的……

第五百七十七条 当事人一方不履行合同义务或者履行合同义务不符合约定的，应当承担继续履行、采取补救措施或者赔偿损失等违约责任。

《中华人民共和国电子商务法》

第四十九条 电子商务经营者发布的商品或者服务信息符合要约条件的，用户选择该商品或者服务并提交订单成功，合同成立。当事人另有约定的，从其约定。

电子商务经营者不得以格式条款等方式约定消费者支付价款后合同不成立；格式条款等含有该内容的，其内容无效。

25. 如何在法律上甄别网站退换货政策的“特殊说明”的特殊性?

——上海某律师事务所诉上海某贸易有限公司买卖合同纠纷案①

◉ 案情简介

原告：上海某律师事务所

被告：上海某贸易有限公司

上海某律师事务所（以下简称律所）律师于2010年7月16日在京东商城网站购买“美的”转页扇一台，金额为165元，上海某贸易有限公司（以下简称贸易公司）于7月19日送货并向律所出具发票和购物清单。同年7月26日，律所在安装电扇过程中发现电扇撑杆存在缺陷而无法安装，即向贸易公司提出换货。但贸易公司在答复中引用网站退换货政策的特殊说明第1条的内容，即“为了享受商品的正常质保，我们建议您将发票开具为商品明细，否则您将无法享受产品厂商或京东商城的正常质保”，并以发票载明的货物名称为办公用品为由予以拒绝。为此，律所诉至原审法院，诉请判令贸易公司为律所购买的“美的”转页扇换货；确认贸易公司规定的上述格式条款无效。

原审法院认为，贸易公司作为销售商，对出售的商品负有保修、退货和换货的义务。贸易公司以发票未填写货品明细的条款拒绝换货，而律师持有的记载的货品类别为办公用品的发票由贸易公司许可开具，且律师在商品清单栏中写明了货品的具体编号和名称，电扇与办公用品在用途上亦可构成种属关系，故律师持有的发票为有效发票。贸易公司援引该项条款免除其质量保证的理由不能成立。律师要求贸易公司予以换货的诉请，予以准许。律所主张贸易公司的未填写货品明细无法享受正常质保的格式条款应属无效条款。但是，由于网上交易的销售、配送、售后服务等不同于通常的交易方式，贸易公司的该项条款系出于交易程序管理之需要，且填写货品明细亦属买方的合同附随义务，不正确填写，可能会给正常的售后服务产生障碍。另由于贸易公司提供的提示条款为“无法享受正常质保”，相对于正常的售后服务程序而言，不能认定“无法享受正常质保”条款即完全排除了贸易公司的法定义务，因此，律所该项诉讼请求，不能予以支持。原审法院据此判决：第一，贸易公司给予上海律所购买的“美的”转页扇换货。第二，对上海律所其他诉讼请求，不予支持。

原审法院判决后，律所不服，向上海市第二中级人民法院提起上诉。二审法院认为，争议条款是由网站事先针对不特定的消费者所拟定，且对于条款的内容消费者并不能进行协商，合同缔结行为在瞬间完成，作为消费者只能同意或者拒绝，故其性质属于格式

① 案例摘自上海市第二中级人民法院（2010）沪二中民四（商）终字第1423号民事判决书。

条款。根据《民法典》第497条第2项规定，提供格式条款一方不合理地免除或减轻其责任、加重对方责任、限制对方主要权利的，该条款无效。就本案而言，虽然双方未按规定如实开具发票，但双方之间就购买“美的”转页扇的买卖合同关系依然有效成立，贸易公司应履行其作为销售商的法定修理、换货、退货义务。贸易公司作为提供格式条款的一方将本应由自己承担的责任以发票的内容并非商品明细为由予以免除，即免除其作为销售商应承担的责任，加重了消费者责任并排除了消费者的主要权利，该条款应属无效条款，予以改判。

◉ 审理结果

上海市第二中级人民法院作出判决：第一，维持原审判决第1项；第二，撤销原审判决第2项；第三，贸易公司在该商城网站上规定的“为了享受商品的正常质保，我们建议您将发票开具为商品明细，否则您将无法享受产品厂商或京东商城的正常质保”内容的条款无效。

◉ 法理评析

本案争议的焦点是“为了享受商品的正常质保，我们建议您将发票开具为商品明细，否则您将无法享受产品厂商或京东商城的正常质保”是否系格式条款，以及该条款是否有效。出于网络经济的独有特征，《消费者权益保护法》等法律赋予网络经营者以退换货义务，网络经营者不能以“特殊说明”规避自身应承担的法定义务，当然，网络购物合同中的消费者亦不能滥用退换货权利。

所谓格式条款，是当事人为了重复使用而预先拟定，并在订立合同时未与对方协商的合同条款。格式条款具有以下特点：（1）格式条款是由当事人一方为了重复使用而预先拟定的。（2）格式条款适用于不特定的相对人。（3）格式条款的内容具有定型化的特点。格式条款普遍适用于一切要与格式条款提供者订立合同的不特定的相对人，相对人对合同的内容只能表示完全的同意或拒绝，而不能修改、变更合同的内容。在网络平台交易中，格式条款更为书面化，内容较之传统格式条款也更为复杂，消费者往往更难注意到并完全理解网络经营者制定的格式条款。本案中，贸易公司提供的条款“为了享受商品的正常质保，我们建议您将发票开具为商品明细，否则您将无法享受产品厂商或京东商城的正常质保”系格式条款。在网络交易平台中，由于网络购物的特殊性，尽管购物者对于该条款是否适用拥有自主选择权，但该条款是由网站事先针对不特定的消费者所拟定，且对于条款的内容消费者并不能进行协商，合同缔结行为在瞬间完成，作为消费者只能同意或者拒绝，故其性质仍然是格式条款，即网络交易平台合同格式条款。

为规范网络交易平台合同格式条款，引导网络交易平台经营者依法履行合同义务，保护消费者和经营者合法权益，《网络交易平台合同格式条款规范指引》于2014年7月30日发布施行。根据该文件，网络交易平台经营者在经营活动中使用合同格式条款的，应当符合法律、法规和规章的规定，按照公平、公开和诚实信用的原则确定双方的权利与义务。网络交易平台经营者不得利用合同格式条款不合理地加重平台内经营者或者消费者责任，不得在合同格式条款中排除或者不合理地限制平台内经营者或者消费者的有关合法权利，否则格式条款无效。对于与对方有重大利害关系的条款，提供格式条款一方必须尽到合理的提示、说明义务，否则格式条款不成立，不对合同相对人产生拘束力。这些规定与《民法典》第 496 条、第 497 条的规定相契合。本案中，贸易公司制定的退换货政策的“特殊说明”与对方有重大利害关系，贸易公司提供选择发票内容时的页面上有相关的以红色文字显示的提示条款，这可看作是贸易公司以合理的方式提醒消费者注意系争条款中的免责内容。但是，律所购买的电扇系《部分商品修理更换退货责任规定》中列入目录的产品，实行“谁经销，谁负责三包”的原则，在三包有效期内贸易公司有义务为消费者办理修理、换货、退货。贸易公司以发票内容未能如实开具为商品明细为由免除其应承担的义务，实质是免除其作为销售商应承担的法定责任，同时也加重了消费者责任并排除了消费者的主要权利，所以该条款应属无效条款。

网络交易平台退换货政策的“特殊说明”应是为应对网络交易的特殊性而定，而不是作为向某一方倾斜的依据而定，法律无法穷尽所有问题。在实践中，不同的网络交易平台或者不同类型的网络合同，其特殊性不同。因此，为维护经营者和消费者合法合理的权益，法律允许经营者以合法合理的方式和内容予以“特殊说明”。在网络交易中，消费者本处于弱势方，而格式合同是网络交易的普遍形式，经营者的“特殊说明”不能成为侵犯消费者合法权益的工具。

◉ 法条点击

《中华人民共和国民法典》

第四百九十六条 格式条款是当事人为了重复使用而预先拟定，并在订立合同时未与对方协商的条款。

采用格式条款订立合同的，提供格式条款的一方应当遵循公平原则确定当事人之间的权利和义务，并采取合理的方式提示对方注意免除或者减轻其责任等与对方有重大利害关系的条款，按照对方的要求，对该条款予以说明。提供格式条款的一方未履行提示或者说明义务，致使对方没有注意或者理解与其有重大利害关系的条款的，对方可以主张该条款不成为合同的内容。

第四百九十七条 有下列情形之一的，该格式条款无效：

（一）具有本法第一编第六章第三节和本法第五百零六条规定的无效情形；

（二）提供格式条款一方不合理地免除或者减轻其责任、加重对方责任、限制对方主要权利；

（三）提供格式条款一方排除对方主要权利。

《中华人民共和国消费者权益保护法》

第二十六条 经营者在经营活动中使用格式条款的，应当以显著方式提请消费者注意商品或者服务的数量和质量、价款或者费用、履行期限和方式、安全注意事项和风险警示、售后服务、民事责任等与消费者有重大利害关系的内容，并按照消费者的要求予以说明。

经营者不得以格式条款、通知、声明、店堂告示等方式，作出排除或者限制消费者权利、减轻或者免除经营者责任、加重消费者责任等对消费者不公平、不合理的规定，不得利用格式条款并借助技术手段强制交易。

格式条款、通知、声明、店堂告示等含有前款所列内容的，其内容无效。

《中华人民共和国产品质量法》

第四十条 售出的产品有下列情形之一的，销售者应当负责修理、更换、退货；给购买产品的消费者造成损失的，销售者应当赔偿损失：

（一）不具备产品应当具备的使用性能而事先未作说明的；

（二）不符合在产品或者其包装上注明采用的产品标准的；

（三）不符合以产品说明、实物样品等方式表明的质量状况的。

销售者依照前款规定负责修理、更换、退货、赔偿损失后，属于生产者的责任或者属于向销售者提供产品的其他销售者（以下简称供货者）的责任的，销售者有权向生产者、供货者追偿。

销售者未按照第一款规定给予修理、更换、退货或者赔偿损失的，由产品质量监督部门或者工商行政管理部门责令改正。

生产者之间，销售者之间，生产者与销售者之间订立的买卖合同、承揽合同有不同约定的，合同当事人按照合同约定执行。

《网络交易平台合同格式条款规范指引》

第六条 网络交易平台经营者在经营活动中使用合同格式条款的，应当符合法律、法规和规章的规定，按照公平、公开和诚实信用的原则确定双方的权利与义务。

网络交易平台经营者修改合同格式条款的，应当遵循公开、连续、合理的原则，修改内容应当至少提前七日予以公示并通知合同相对人。

26. 天下有免费的午餐吗？

——蒋某诉北京某某科技有限公司及重庆分公司 0 元团购券案[①]

◉ 案情简介

原告： 蒋某

被告： 北京某某科技有限公司及重庆分公司

2014 年 7 月 16 日，原告在某团网上以 0 元的价格，团购了 500 份渝北某酒楼原价 522

---

① 案件来源于中国法院网，《团购 500 份 0 元餐券消费遭拒，消费者起诉网站》，www.chinacourt.org，最后访问日期：2023 - 02 - 19。

元的 6～8 人餐。原告到酒楼消费时，却被告知酒楼没有这项 0 元团购的活动。原告找到被告，要求对方履行义务。不过，被告回应称是系统错误将团购价格改成 0 元，遂拒绝履行，随即在网上删除了 0 元团购的订单。原告认为，被告是在评估了商业价值与投资回报率的基础上，自愿在网上以 0 元价格销售餐券的，其不履行兑现的行为严重违背诚实信用原则，侵犯了消费者的合法权益，遂将被告诉至法院。

原告的诉讼请求是：7 月 16 日团购的 500 份消费券有效期为 2 个月，要求被告履行义务，顺延消费时间，在法院判决生效后开始计算 2 个月的消费时间。被告要求法院驳回原告的诉讼请求，原因是：原告无法证明其主体适格，某团网并非实名制注册，无法确定原告系团购账号的合法使用者。被告代理律师称，某团网作为一个平台，经酒楼授权要求，6～8 人餐的团购价为 268 元每份，价格降为 0 元并非人为所致。团购是从每日 0 时开始，被告于团购开始 21 分钟发现错误，并第一时间作了下线处理。被告代理律师表示，从 268 元降为 0 元并非被告方的真实意思表达；同时，原告方有恶意购买的行为，在 2 个月消费时间内，就算原告一日三餐都使用消费券用餐，那在 2 个月时间内也只能消费 180 份，这种行为不应受法律保护。根据某团网的用户协议，某团网有权单方变更消费，也可以退款，解除合同。经过法庭调查，法官将本案焦点归结为三点：（1）原告蒋某是否系团购 500 份消费券的主体，在本案中是否主体适格？（2）原告与被告形成的是何种合同关系？（3）本案审理的合同关系是否存在因重大误解应予撤销的情形？经过质证环节，原告对“主体不适格”的说法表示认可，团购使用的手机号码并非原告自己所有，系朋友文先生所有，申请撤诉。法官口头裁定：原告申请撤诉系其真实意思表达，现本案终结，予以撤诉。

◉ 法理评析

本案争议的焦点在于原告与被告形成的是何种合同关系。团购网站直接收取消费者支付的金钱，消费者购买兑换码进而从商家处进行消费，则消费者与团购网站之间构成买卖合同关系，而团购网站与商家之间构成团购服务合同关系。原告消费者和被告团购网站之间的行为符合要约和承诺的要件，双方之间的买卖合同已成立。但在日常生活中，对于普通消费者来说，区分法律关系较为困难，一旦出现了问题，在消费者、网站、商家三者之间如有协议约定，那么根据协议内容确定；如果没有协议约定，消费者可直接找到收款方进行维权。

本案另外一个焦点问题是，原告蒋某以过分低于商品价值的价格购买该商品，对商家来说是否公平？一件商品的价格在其价值周围上下浮动属正常现象，但不会过低或者过高；如果商品的价格明显偏离其价值，这就是明显的不公平，商家是否有权以显失公平为由请求撤销合同。民法上的显失公平即《民法典》第 151 条规定的一方利用对方处于危困状态、缺乏判断能力等情形，与对方实施的明显有利于自身而明显不利于对方的民事法律行为。关于显失公平行为的具体认定，可从主客观要件两方面进行，在客观要件方面，显失公平法律行为成立的时间节点应为民事法律行为成立时，而不可过早或过晚，并且，显失公平的客观结果应为权利义务显著失衡；在主观要件方面，一是要有一方的利用行为，包括利用行为和利用意图；二是要有另一方的危困状态和缺乏判断能力。笔者认为，危困状态和缺乏判断能力的认定须结合案件的具体情节，同时应从法律有明确规定的角度比如行为人有无民事行为能力和一般的生活交易经验角度考虑。本案中，被告由于设置错误导致团购价格为 0 元，从合同订立的角度，原告在某团网上提交订单支付价款时，其双方之间的买卖合同即已成立，而此时导致了买卖双方权利义务的显著不对等，且这一结果发生在合同缔结时即民事法律行为发生时，这满足显失公平的客观要件。但主观要件上，被告在发现团购价格设置错误后，第一时间作了下架处理，表明其未处于危困状态，也并不缺乏判断能力，并且，双方之间也不存在信赖关系，即一方当事人对信息的了解和接受完全来自另一方当事人，因此，也就不存在原告能够利用对方处于危困状态或缺乏判断能力的情形，这不符合显失公平的主观要件。因此，本案并不构成显失公平，被告经营者也不可以显失公平为由请求撤销合同。需要注意的是，在买卖合同中，价格是重要条款之一，但要判断民事法律行为是否导致了显著失衡的客观结果时，并不一定要完全参照价格等可以直接量化的数据结果，更要注重实质性判断，即判断一方附加给另一方的义务与自身获得的权利之间是否明显失衡。

网络平台交易盛行，该种情况并不鲜见，其是否属于《民法典》第 147 条规定的重大误解，即“基于重大误解实施的民事法律行为，行为人有权请求人民法院或者仲裁机构予以撤销”。尽管显失公平和重大误解都会导致不公平的后果，但重大误解更强调由于表意人自身的过失即认识错误所导致，而显失公平强调的是由于缺乏判断能力或处于危困状态所致，并且在结果上，显失公平要求双方之间的权利义务显著失衡。

根据《最高人民法院关于适用〈中华人民共和国民法典〉总则编若干问题的解释》中对重大误解的解释，重大误解的构成要件有三个：（1）行为人对民事行为的重要事项存在错误认识；（2）行为的后果背离行为人的真实意愿；（3）对行为人造成较大损失。对意思表示内容的认识错误主要包括对法律行为性质的错误、对人的特征的错误、对标的物性质的错误、误传、误写、误说。

本案中，被告由于操作错误将团购价格设置为 0 元，并于团购开始后 21 分钟作了下线处理，按照通常理解，如果不发生错误认识，被告就不会作出相应的意思表示，表意人即被告网络经营者因为该错误作出的意思表示是不真实的，被告不希望按照这样的内容发生法律效果，并且，表意人真实的意思表示和当前因错误而作出的意思表示有重大差异。所以，可以认定被告对于涉案买卖合同的价格存在错误认识，而且，将团购价格设置为 0 元背离了其真实意愿，如果履行该买卖合同的话，会对自身造成较大的经济损失。因此，笔者认为本案中被告的行为符合重大误解的构成要件，被告有权请求人民法院予以撤销。虽然行为人的过失不属于重大误解的构成要件，但为维护正常的市场经济秩序，减少经营者与消费者之间的纠纷，行为人由于未尽到一般注意义务的过失导致的重大误解，导致消费者为缔结合同的信赖利益损失，经营者应承担相应的缔约过失责任，责任范围可为买家支付价款产生的利息损失和诉讼成本。

在重大误解中，仅误解方享有撤销权，但有两种特殊情形，在成立重大误解的情况下，基于诚实信用原则，排除误解方撤销权的两种情形，一是误解方所发出的错误表示较其真意对表意人更为有利；二是表意人发出对己不利的错误意思表示，受领人知悉表意人真意后，愿意以其真意为内容订立契约。

◉ 法条点击

《中华人民共和国消费者权益保护法》

第二条　消费者为生活消费需要购买、使用商品或者接受服务，其权益受本法保护；本法未作规定的，受其他有关法律、法规保护。

第三条　经营者为消费者提供其生产、销售的商品或者提供服务，应当遵守本法；本法未作规定的，应当遵守其他有关法律、法规。

《中华人民共和国民法典》

第一百四十七条　基于重大误解实施的民事法律行为，行为人有权请求人民法院或者仲裁机构予以撤销。

第一百五十一条　一方利用对方处于危困状态、缺乏判断能力等情形，致使民事法律行为成立时显失公平的，受损害方有权请求人民法院或者仲裁机构予以撤销。

第一百五十五条　无效的或者被撤销的民事法律行为自始没有法律约束力。

第四百七十一条　当事人订立合同，可以采取要约、承诺方式或者其他方式。

第五百七十七条　当事人一方不履行合同义务或者履行合同义务不符合约定的，应当承担继续履行、采取补救措施或者赔偿损失等违约责任。

第五百九十五条　买卖合同是出卖人转移标的物的所有权于买受人，买受人支付价款的合同。

第九百六十一条　中介合同是中介人向委托人报告订立合同的机会或者提供订立合同的媒介服务，委托人支付报酬的合同。

《最高人民法院关于适用〈中华人民共和国民法典〉总则编若干问题的解释》

第十九条　行为人对行为的性质、对方当事人或者标的物的品种、质量、规格、价格、数量等产生错误认识，按照通常理解如果不发生该错误认识行为人就不会作出相应意思表示的，人民法院可以认定为民法典第一百四十七条规定的重大误解。

行为人能够证明自己实施民事法律行为时存在重大误解，并请求撤销该民事法律行为的，人民法院依法予以支持；但是，根据交易习惯等认定行为人无权请求撤销的除外。

27.《食品安全法》中的“10倍赔偿”，是否是消费者的福音？

——王某诉某网（北京）信息技术有限公司销售不达标产品纠纷案[①]

◉ 案情简介

原告：王某

被告：某网（北京）信息技术有限公司

2012年2月25日，消费者王某在某网（北京）信息技术有限公司经营的网络销售平台上订购了6盒苦瓜清脂减肥胶囊，共计336元，并于当月27日确认收到上述货物。王某食用其中2盒后发现无任何减肥效果，且生产厂家及批准文号均为伪造，遂向工商部门进行举报。工商部门经调查核实，作出没收该网络销售平台152.86元违法所得、罚款3万元的处罚决定。

王某诉至北京市朝阳区人民法院。一审法院称，被告作为该网络销售平台的经营主体，违反了《中华人民共和国食品安全法》（以下简称《食品安全法》）和《民法典》的相关规定，应承担相应的法律责任，要求该公司退还货款并给付10倍赔偿金。被告辩称，公司不是该案适格被告，涉案商品是由北京某某科文电子商务有限公司进货和负责销售的，而不是被告；被告经营的网络销售平台在进货时履行了验货的相关注意义务，并要求供货商提供了相关资质证明，因此被告的行为不属于《食品安全法》规定的“销售明知是不符合食品安全标准的食品”，不同意承担10倍货款的赔偿责任。

◉ 审理结果

一审法院判决支持王某的诉讼请求，被告不服，上诉至北京市第二中级人民法院。北京市第二中级人民法院经审理认为，上诉人对外公示的经营性网站备案信息显示网站所有者是其自身，普通消费者对于网络销售平台内部各关联公司之间的详细分工无法判断，在网络销售平台购买商品存在质量问题时，以网站所有者作为被告提起诉讼并无不妥，某网（北京）信息技术有限公司作为案件被告主体资格适格。某网（北京）信息技术有限公司作为涉案商品销售者，虽然审查了供货商的营业执照、食品卫生许可证、食品流通许可证等材料，但网络销售平台工作人员认可其在进货时未审查生产厂家的资质材料。网络销售平台怠于履行审查义务，销售明知不符合食品安全标准的食品，依法应承担10倍货款的赔偿责任。北京市二中院认为，一审法院判决认定事实清楚，适用法律正确，应予维持。

---

① 唐旭超，王要勤．“当当”销售不达标产品被判10倍赔偿［N］．人民法院报，2013－10－9（003）．

◉ 法理评析

本案的争议焦点主要集中在以下几个方面：(1)减肥胶囊属于《食品安全法》中规定的食品还是属于药品？(2)网络销售平台作为经销商是否尽到了审查义务？(3)网络销售平台是否应承担10倍货款的赔偿责任？

首先，判断减肥胶囊属于食品范畴还是属于药品范畴，正常情况下应当根据国家市场监督管理总局以及国家药品监督管理局的批文进行判断，如果带有“国药准字”字样就属于药品，如果是“卫食健号”或者“国食健字”则为保健品或食品。《食品安全法》第150条规定：“食品，指各种供人食用或者饮用的成品和原料以及按照传统既是食品又是中药材的物品，但是不包括以治疗为目的的物品。”本案中的减肥胶囊，由于减肥胶囊的生产厂家伪造了批准文件，可以确定这种胶囊没有通过药监局的审批，不属于药品。事实上，涉案减肥胶囊即使不根据《食品安全法》的定义进行判断也可确定其不是药品，这主要借助于工商部门的处罚决定。另外，关于涉案标的是否属于不符合标准的食品，《食品安全法》中多项条款对食品安全进行了阐述，其中第150条对食品安全的定义为无毒无害、符合营养要求，而食品安全标准这一概念，事实上涉及更多环节和细节。当前司法判例对食品安全标准的认定，有依照第150条的文义进行认定的，比如须举证证明涉案食品足以对人体产生危害，也有根据立法目的进行综合认定的，即不将食品安全的定义作为唯一依据。笔者认为，《食品安全法》规定惩罚性赔偿的立法目的是对食品生产者设定高额赔偿金以预防、规制食品生产者的违法行为，保证食品质量，因此，在实践中进行综合认定是合理的。

那么，网络销售平台服务商在进货时查验了供货商的营业执照、食品卫生许可证、食品流通许可证等材料，其行为是否证明被告已经尽到了审查义务？《民法典》第1198条更多是赋予物理空间中经营者以安全保障义务，而《电子商务法》第38条规定，对于涉及消费者生命健康的商品或服务，电子商务平台经营者对平台内经营者的资质资格负有审核义务，对消费者负有安全保障义务。《电子商务法》第27条明确要求电子商务平台经营者对进入该平台的经营者进行资质审查，相比之下，第38条对电子商务平台经营者的要求更高。经二审法院查明，虽然网络销售平台服务商在进货时查验了供应商的相关资料，但是没有查验生产厂家的相关资质材料，尽管被告不是平台内具体负责销售涉案标的物的经营者，但涉案标的为减肥胶囊，属关系消费者生命健康的商品，被告作为电子商务平台经营者对消费者负有安全保障义务，而其仅对供货商资质进行了审查，未审查对食品安全有决定作用的生产者的资质，因此，可认定被告已审核进入电子商务平台的经营者的资质，但应认定被告没有尽到审查义务。

关于被告作为电子商务平台经营者是否应承担10倍赔偿的责任，《食品安全法》第147条规定，违反本法规定，造成人身、财产或者其他损害的，依法承担赔偿责任。据此，消费者有权要求违反本法规定造成自己人身、财产或者其他损害的生产商或者经销商承担赔偿责任。同时，《电子商务法》第38条也表明电子商务平台经营者承担责任的前提是没有承担相应义务即存在过错。在理论上，过错侵权赔偿责任的构成要件包括：(1)侵权行为的存在；(2)侵权行为造成的损害后果；(3)侵权行为和损害后果之间具有因果关系；

（4）行为人主观上存在过错。换言之，消费者如要获得赔偿，必须举证证明要件中描述的损害事实，也要求行为人在主观上具有故意或者过失。在司法实践中，一般的消费者在证明涉案食品是否属于《食品安全法》规定的“不符合食品安全标准”的食品存有困难，从而导致无法成功获赔。但前文已阐述本案中对涉案食品不符合标准的认定很大程度上借助了工商部门的处罚决定，这是影响法官判断的重要因素。在过错方面，生产者与经营者不同，《食品安全法》赋予生产者和经营者的责任表明，生产者承担的是无过错责任，其主观意思不在考虑之限，而若使经营者承担相应的责任，则须经营者在主观状态上为“明知”，这也是合理的。生产者较经营者更为接近食品的本源，应具备更多的食品安全知识，避免不符合标准的食品流入市场。此处对“明知”的理解，一方面可理解为“知道”，即经营者明确知道食品不符合标准，为获取利益，将消费者利益置之度外，主观上属恶意；另一方面可理解为“应当知道”，即经营者在应当预见或者可以预见的情形下，由于疏忽大意导致结果发生，或者轻信自己能够避免而疏忽放任结果的发生。再者，明知可理解为有明知的可能性，即有明知的可能性才能够进一步认定为明知。本案中，被告作为经营者没有审查涉案标的的生产厂家资质，但其审查了供货商的资质，可认定该平台经营者应当知道进行资质审查，以确定食品安全，并且也具备知道的可能性，即其本应知道食品是生产者制作的，生产者较供货者对食品安全的责任更高，其既已审查了供货者的资质，却未审查应负更大责任的生产者，放任结果发生，因此，在主观方面，可认定该经营者属明知状态。

消费者除了获得赔偿损失，还可以获得赔偿金。根据《食品安全法》第148条第2款规定：“生产不符合食品安全标准的食品或者经营明知是不符合食品安全标准的食品，消费者除要求赔偿损失外，还可以向生产者或者经营者要求支付价款十倍或者损失三倍的赔偿金；增加赔偿的金额不足一千元的，为一千元。但是，食品的标签、说明书存在不影响食品安全且不会对消费者造成误导的瑕疵的除外。”对于网络销售平台等网络销售服务商，《食品安全法》第131条第1款规定，“网络食品交易第三方平台提供者未对入网食品经营者进行实名登记、审查许可证，或者未履行报告、停止提供网络交易平台服务等义务的……使消费者的合法权益受到损害的，应当与食品经营者承担连带责任”。这表明，本案中被告由于未能履行审查义务，且主观状态为明知，理应按照原告主张的《食品安全法》承担10倍赔偿责任。需注意，在缺陷食品、药品致人损害案中，消费者作为赔偿权利人享有选择权，当发生法条竞合，依据不同的法律规定可主张的赔偿标准不同时，遭受损害的消费者有权依照自己的意愿选择何种损害赔偿。

◉ 法条点击

《中华人民共和国食品安全法》

第六十二条 网络食品交易第三方平台提供者应当对入网食品经营者进行实名登记，明确其食品安全管理责任；依法应当取得许可证的，还应当审查其许可证。

网络食品交易第三方平台提供者发现入网食品经营者有违反本法规定行为的，应当及时制止并立即报告所在地县级人民政府食品安全监督管理部门；发现严重违法行为的，应当立即停止提供网络交易平台服务。

第一百四十八条第二款　生产不符合食品安全标准的食品或者经营明知是不符合食品安全标准的食品，消费者除要求赔偿损失外，还可以向生产者或者经营者要求支付价款十倍或者损失三倍的赔偿金；增加赔偿的金额不足一千元的，为一千元。但是，食品的标签、说明书存在不影响食品安全且不会对消费者造成误导的瑕疵的除外。

第一百五十条　本法下列用语的含义：食品，指各种供人食用或者饮用的成品和原料以及按照传统既是食品又是中药材的物品，但是不包括以治疗为目的的物品。

《中华人民共和国消费者权益保护法》

第二十条　经营者向消费者提供有关商品或者服务的质量、性能、用途、有效期限等信息，应当真实、全面，不得作虚假或者引人误解的宣传。

经营者对消费者就其提供的商品或者服务的质量和使用方法等问题提出的询问，应当作出真实、明确的答复。

经营者提供商品或者服务应当明码标价。

第五十五条　经营者提供商品或者服务有欺诈行为的，应当按照消费者的要求增加赔偿其受到的损失，增加赔偿的金额为消费者购买商品的价款或者接受服务的费用的三倍；增加赔偿的金额不足五百元的，为五百元。法律另有规定的，依照其规定。

《中华人民共和国电子商务法》

第二十七条　电子商务平台经营者应当要求申请进入平台销售商品或者提供服务的经营者提交其身份、地址、联系方式、行政许可等真实信息，进行核验、登记，建立登记档案，并定期核验更新。

电子商务平台经营者为进入平台销售商品或者提供服务的非经营用户提供服务，应当遵守本节有关规定。

第三十八条　电子商务平台经营者知道或者应当知道平台内经营者销售的商品或者提供的服务不符合保障人身、财产安全的要求，或者有其他侵害消费者合法权益行为，未采取必要措施的，依法与该平台内经营者承担连带责任。

对关系消费者生命健康的商品或者服务，电子商务平台经营者对平台内经营者的资质资格未尽到审核义务，或者对消费者未尽到安全保障义务，造成消费者损害的，依法承担相应的责任。

《最高人民法院关于审理食品药品纠纷案件适用法律若干问题的规定》

第三条　因食品、药品质量问题发生纠纷，购买者向生产者、销售者主张权利，生产者、销售者以购买者明知食品、药品存在质量问题而仍然购买为由进行抗辩的，人民法院不予支持。

第十五条　生产不符合安全标准的食品或者销售明知是不符合安全标准的食品，消费者除要求赔偿损失外，依据食品安全法等法律规定向生产者、销售者主张赔偿金的，人民法院应予支持。

生产假药、劣药或者明知是假药、劣药仍然销售、使用的，受害人或者其近亲属除请求赔偿损失外，依据药品管理法等法律规定向生产者、销售者主张赔偿金的，人民法院应予支持。

《最高人民法院关于审理食品安全民事纠纷案件适用法律若干问题的解释（一）》

第一条 消费者因不符合食品安全标准的食品受到损害，依据食品安全法第一百四十八条第一款规定诉请食品生产者或者经营者赔偿损失，被诉的生产者或者经营者以赔偿责任应由生产经营者中的另一方承担为由主张免责的，人民法院不予支持。属于生产者责任的，经营者赔偿后有权向生产者追偿；属于经营者责任的，生产者赔偿后有权向经营者追偿。

28. 电子商务经营者“乌龙”标价，能否变更或撤销买卖合同？

——王某某诉杭州某发贸易公司买卖合同纠纷案①

◉ 案情简介

原告： 王某某

被告： 杭州某发贸易公司

2018 年 8 月 16 日，原告王某某于杭州某发贸易公司在京东平台开设的店铺“某发专卖店”以 2 788 元购买一台 GQ－230 制冰机，而该“某发专卖店”系初营业，王某某系第一单客户，2 788 元的成交价格远低于市场价。购买前，“某发专卖店”客服表示下单次日即可发货，但王某某下单当晚，客服致电王某某，称该制冰机由于工作人员操作失误导致标价错误，且 GQ－230 这款制冰机没有现货，只有 GQ－150 有现货，并告知王某某可以申请退款，可给王某某作出 500～800 元的补偿。王某某回复不要赔偿，只要制冰机，且认为某发贸易公司的行为已构成欺诈，遂诉至广州互联网法院，主张解除合同返还货款，并请求确认某发贸易公司价格欺诈成立，承担 3 倍赔偿责任 8 364 元。而某发贸易公司辩称：原告在被告处下单一款 GQ－230 制冰机，但当时由于工作人员操作失误，误将 4 388 元的 GQ－230 制冰机按照 GQ－150 制冰机的价格 2 788 元出售，在原告下单后被告才发现标价错误，并且当时被告方客服未了解清楚仓库的库存情况，就让原告下单了，后来了解库存情况后已经及时告知原告 GQ－230 这款制冰机没有现货，只有 GQ－150 有现货，并告知原告可申请退款，答应给原告作出 500～800 元的赔偿。广州互联网法院认为，王某某于 2018 年 8 月 16 日下单时杭州某发贸易有限公司尚处于初运营

① 案例摘自广州互联网法院（2018）粤 0192 民初 565 号民事判决书。

阶段，GQ－230 制冰机实际销售价格远超 2 788 元，且双方确认王某某系杭州某发贸易有限公司的首单客户，在王某某下单当晚即向王某某表明标价错误，因此，该某发贸易公司的行为属意思表示错误，而非故意告知王某某虚假情况，不构成欺诈。并且，对于杭州某发贸易有限公司辩称商品无货的事实，虽属虚假陈述，但王某某并未因该虚假陈述陷于错误认知并作出意思表示，所以杭州某发商贸公司该行为亦不构成欺诈。

◉ 审理结果

广州互联网法院作出判决：第一，解除原告王某某与被告杭州某发贸易有限公司签订的网络购物合同；第二，被告杭州某发贸易有限公司于本判决生效之日起 10 日内，返还原告王某某货款 2 788 元并赔偿经济损失 800 元；第三，驳回原告王某某的其他诉讼请求。本案适用小额诉讼程序审理，本判决为终审判决。

◉ 法理评析

本案的争议焦点有二：一是杭州某发贸易公司的行为是否构成欺诈；二是杭州某发贸易公司应承担何种民事责任。关于争议焦点一，民法中的欺诈行为构成要件有四：（1）欺骗者基于欺诈故意对相对人告知虚假事实或者故意隐瞒真实事实；（2）相对人因该欺骗陷入、维持或者加深错误认识；（3）相对人因该错误认识作出意思表示；（4）欺骗者的行为具有不正当性。本案中，杭州某发贸易公司处初运营阶段，由于工作人员疏忽大意标错涉案商品价格，而并非基于欺诈故意标错涉案商品价格，因此，杭州某发贸易公司的行为属意思表示错误，并非故意告知王某某虚假事实，不构成欺诈，也不属于恶意违约。虽杭州某发贸易公司对 GQ－230 制冰机无货的陈述属虚假陈述，但王某某并未因杭州某发贸易有限公司的虚假陈述陷于错误认知而作出意思表示，因此，杭州某发贸易公司该虚假陈述行为亦不构成欺诈。同时，《消费者权益保护法》第 55 条规定的对欺诈行为处以 3 倍赔偿性惩罚，针对的是可获取不正当利益的欺诈行为，而本案中，杭州某发贸易公司拒绝发货的行为并非为获取不正当利益，仅是为保护自身利益不受损害，因此，被告杭州某发贸易公司的行为不构成欺诈，不适用《消费者权益保护法》规定的 3 倍赔偿性惩罚。虽然法院作为居中裁判者须保护消费者的预期利益，但亦须根据经营者的行为性质对经营者进行一定的“容错”保护，针对经营者惩罚性的 3 倍赔偿亦须谨慎。另外，针对合同的变更，根据《民法典》相关规定，当事人协商一致，对变更内容进行明确约定，即可对合同内容进行变更。本案中，原被告并未达成合同的变更，而针对合同的解除，根据《民法典》第 562 条、第 563 条，当事人可于约定解除事由出现时行使约定解除权解除，也可于法定解除事由出现时行使法定解除权解除。本案中，当事人并未约定解除事由，但被告经原告催告后一直未履行主要债务，构成预期违约，法院判决解除合同于法有据。

关于争议焦点二，根据《民法典》第 500 条，虽然杭州某发贸易公司并没有故意隐瞒重要事实或者提供虚假情况，但其对涉案商品标价错误的行为并未尽到谨慎注意义务，违反了先合同义务中的诚信缔约义务，损害了王某某的信赖利益，应向王某某承担缔约过失责任。对于被告杭州某发贸易公司缔约过失行为所造成的损失，王某某未举证，但被告表示愿意向王某某赔偿 500～800 元，这属于杭州某发贸易公司对自身权利的处分，法院予以认可。

在司法实践中，网络中经营者标价错误的案例不在少数，涉及的争议焦点主要有：买卖合同是否成立，若成立，则是否可追究经营者的违约责任，抑或可否追究经营者的缔约过失责任。如前述，重大误解是指行为人对行为的性质、对方当事人或者标的物的品种、质量、规格、价格、数量等产生错误认识，按照通常理解如果不发生该错误认识行为人就不会作出相应意思表示。而《明码标价和禁止价格欺诈规定》中将价格欺诈定义为经营者利用虚假的或者使人误解的价格手段，诱骗消费者或者其他经营者与其进行交易的行为。根据该定义与前述对被告行为的分析，被告不构成价格欺诈。本案中，原告主张被告的行为构成价格欺诈，被告一直未履行合同，也并未以重大误解为由请求撤销合同，在前述“0元团购券案”中，也是由于工作人员操作失误而将团购券价格设置为0元，虽然“0元团购券案”最终以撤诉处理，但笔者在该案例法理评析部分提到了重大误解。笔者认为，这两案中的被告都可被认定为构成重大误解，即按照通常理解如果不发生该错误认识，行为人就不会作出相应意思表示。在这两案中，买卖合同都已成立生效，如果使经营者继续履行，则明显对经营者不公平，经营者在诉讼中可以重大误解为由请求撤销合同。但应注意到，根据重大误解的构成要件去分析认定经营者的行为，难免存在局限性，满足构成要件的经营者即可行使撤销权，此举确实保护了表意人的利益，然而也相对地会在一定程度上将合同相对方置于合同目的落空的境地。因此，在司法裁判中，实现双方的利益平衡会成为裁判的重点。

本案原告作为消费者，符合《消费者权益保护法》对可作为保护对象的消费者定义，即为生活消费需要购买、使用商品或者接受服务的消费者，且数量为1，但当前，也不乏有多数量的“消费者”利用经营者标错价格进行大批量购买，要求经营者按合同履行义务，或者使经营者同意以其他方式满足其牟取利益的要求。然而，在实践中却很难对该类“消费者”定性，无论是从经验出发还是从标的物的客观属性出发，都很难认定其大量下单不属于为生活消费，对该类主体的判断具有较大的主观性，因此导致无法有效地规制该类主体，无法从法律规制角度将该类恶意消费者排除在外，以维护经营者的利益。并且，实践中也不乏类案不同判的情况，并不是所有的电子商务标错价格行为都会被认定为重大误解，同时，经营者所需承担的责任程度也可能存在不同。

◉ 法条点击

《中华人民共和国民法典》

第一百四十八条 一方以欺诈手段，使对方在违背真实意思的情况下实施的民事法律行为，受欺诈方有权请求人民法院或者仲裁机构予以撤销。

第一百五十五条 无效的或者被撤销的民事法律行为自始没有法律约束力。

第五百条 当事人在订立合同过程中有下列情形之一，造成对方损失的，应当承担赔偿责任：

（一）假借订立合同，恶意进行磋商；

（二）故意隐瞒与订立合同有关的重要事实或者提供虚假情况；

（三）有其他违背诚信原则的行为。

第五百四十三条　当事人协商一致，可以变更合同。

第五百四十四条　当事人对合同变更的内容约定不明确的，推定为未变更。

第五百六十二条　当事人协商一致，可以解除合同。

当事人可以约定一方解除合同的事由。解除合同的事由发生时，解除权人可以解除合同。

第五百六十三条　有下列情形之一的，当事人可以解除合同：

（一）因不可抗力致使不能实现合同目的；

（二）在履行期限届满前，当事人一方明确表示或者以自己的行为表明不履行主要债务；

（三）当事人一方迟延履行主要债务，经催告后在合理期限内仍未履行；

（四）当事人一方迟延履行债务或者有其他违约行为致使不能实现合同目的；

（五）法律规定的其他情形。

以持续履行的债务为内容的不定期合同，当事人可以随时解除合同，但是应当在合理期限之前通知对方。

《中华人民共和国消费者权益保护法》

第五十五条　经营者提供商品或者服务有欺诈行为的，应当按照消费者的要求增加赔偿其受到的损失，增加赔偿的金额为消费者购买商品的价款或者接受服务的费用的三倍；增加赔偿的金额不足五百元的，为五百元。法律另有规定的，依照其规定。

经营者明知商品或者服务存在缺陷，仍然向消费者提供，造成消费者或者其他受害人死亡或者健康严重损害的，受害人有权要求经营者依照本法第四十九条、第五十一条等法律规定赔偿损失，并有权要求所受损失二倍以下的惩罚性赔偿。

《最高人民法院关于适用〈中华人民共和国民法典〉总则编若干问题的解释》

第二十一条　故意告知虚假情况，或者负有告知义务的人故意隐瞒真实情况，致使当事人基于错误认识作出意思表示的，人民法院可以认定为民法典第一百四十八条、第一百四十九条规定的欺诈。

29. 网络抢购是否侵犯了消费者的公平交易权？

——王某与某科技有限责任公司网络购物合同纠纷上诉案[①]

◉ 案情简介

原告： 王某

被告： 某科技有限责任公司

① 案例摘自北京市第一中级人民法院（2014）一中民（商）终字第 8587 号判决书。

王某于2014年4月8日从某科技有限责任公司（下称某公司）的官方网站上购入了10 400mAh和5 200mAh两种规格的移动电源，前者的广告标价为49元，实卖69元，存在价格欺诈。并且后者的数据线有问题，但因某公司提出有条件的质保政策，致使王某被拒保。现王某诉至法院，请求判令：（1）某公司就价格欺诈行为赔偿王某500元；（2）撤销双方的网络购物合同，王某退还某公司涉案两套移动电源设备，某公司退还王某价款共计108元，其中包括10 400mAh移动电源价款69元，5 200mAh移动电源价款39元；（3）某公司支付王某快递费15元；（4）某公司赔偿王某交通费、打印复印费预估100元；（5）诉讼费用由某公司承担。

某公司在一审中答辩称：首先，某公司在宣传中不存在欺诈行为，页面显示的价格错误是因为后台错误的原因，王某在庭审中也称知道价格是错误的，故并不存在误解行为。本案不存在可撤销合同的情况。其次，关于快递费，是因为王某并未按照某公司维修规则中的规定将全部货物退回，导致某公司目前无法退还快递费。再次，关于交通费、打印复印费等，因王某没有证据证明，故某公司不同意支付。最后，如果王某同意解除合同，某公司可以退还108元价款及快递费15元。

一审法院判决认为：要约是希望和他人订立合同的意思表示，要约邀请是希望他人向自己发出要约的意思表示，商业广告的内容符合要约规定的，视为要约。本案中，某公司在其网站上发布的广告中载明“10 400mAh移动电源，米粉节特价49元”，但该广告只是描述了商品的名称及价格，对数量、质量、履行期限、地点和方式、违约责任、解决争议的方法等要约应该具备的内容均未涉及，该商业广告的内容并不符合要约的规定，故该商业广告应属于要约邀请，不必然成为合同内容。此外，王某提交的订单中明确显示10 400mAh移动电源的价格为69元，王某在庭审中亦认可其在付款前已经知晓该价格。故本院认定某公司在其与王某之间的合同关系中并不存在欺诈行为。就5 200mAh移动电源的问题，在王某与某公司客服沟通的过程中，某公司已经明确告知王某应将整套产品寄回，但王某仅寄回了数据线，导致某公司无法进行整套产品的检测，该责任在王某自己。故王某以某公司存在价格欺诈、5 200mAh移动电源不提供整套产品就不能保修为由，要求撤销合同不能成立。王某所主张的其他其认为应当撤销合同的理由，均缺乏依据，本院不予采纳。鉴此，该院对王某的第一项、第二项诉讼请求不予支持。王某主张5 200mAh移动电源的数据线存在问题，但其并未提交证据予以佐证，且在某公司明确要求其寄回整套产品时，仅给某公司邮寄了数据线，导致某公司亦无法检测产品，故王某就此存在过错。本院对王某要求某公司支付其邮寄数据线的邮费15元的诉讼请求不予支持。王某要求某公司支付其交通费、打印复印费预估100元，缺乏证据证明，且无法律依据，该院不予支持。

王某不服一审法院上述民事判决，上诉至北京市第一中级人民法院。

◉ 审理结果

二审法院认为：经营者与消费者进行交易，应当遵循自愿、平等、公平、诚实信用的原则。本案就10 400mAh移动电源，某公司在米粉节抢购前专门制作了宣传页面进行广告宣传，即原价69元的10 400mAh移动电源米粉节特价49元，在米粉节当日该广告仍然存在。由于某公司网络抢购此种销售方式的特殊性，该广告与商品的抢购界面直接链接，且消费者须在短时间内作出购买的意思表示。王某由于认同某公司广告价格 49 元，故在米粉节当日作出抢购的意思表示，其真实意思表示的价格应为 49 元。但从某网站订单详情可以看出，王某 4 月 8 日 14 时 30 分下单，订单中 10 400mAh 移动电源的价格却为 69 元，并非 49 元。某公司现认可某某商城活动界面显示错误，存在广告价格与实际结算价格不一致之情形，但其解释为电脑后台系统出现错误。由于某公司事后就其后台出现错误问题并未在网络上向消费者作出声明，且其无证据证明米粉节当天其电脑后台出现故障，导致其广告价格与实际结算价格不一致，故本院认定某公司对此存在欺诈消费者的故意，王某关于 10 400mAh 移动电源存在欺诈请求撤销合同的请求合理，本院予以支持。根据《中华人民共和国消费者权益保护法》第 55 条规定，某公司应当赔偿王某 500 元。合同撤销后，王某应退还其购买的某公司 10 400mAh 移动电源一个。

◉ 法理评析

本案备受关注的原因在于，被告是国内比较知名的互联网企业某公司，被告知名的原因在于其惯常使用的饥饿营销手段。本案中，双方争论的焦点问题是广告标价为 49 元的移动电源，实际形成交易订单时为 69 元，这样的交易是双方真实意思的表示还是由于某公司价格欺诈所产生的直接后果，在这个问题的认定上，一审法院和二审法院观点截然不同。

《民法典》第 473 条规定："要约邀请是希望他人向自己发出要约的表示。拍卖公告、招标公告、招股说明书、债券募集办法、基金招募说明书、商业广告和宣传、寄送的价目表等为要约邀请。商业广告和宣传的内容符合要约条件的，构成要约。"本案中被告的广告页面满足要约条件，即具备"当事人的姓名或者名称、标的、数量"内容，明确而具体，并且，该广告页面与抢购页面直接链接，因此，可认定该广告为要约。一审法院将广告宣传认定为要约邀请，而将实际付款前的价格认定为要约，因此得出判决。而二审法院考虑了该商品抢购的特殊情况，即该广告与商品的抢购界面直接链接，消费者需要在抢购中极短的时间内作出是否购买商品的判断，而对该商品价格及品质的认定还是以广告内容为准的，本案中王某对 10 400mAh 移动电源真实意思表示的价格是广告中的 49 元。同时，被告并没有证据证明其后台系统出现错误，不能排除其存在欺诈的故意，故二审法院因此判决撤销合同，某公司赔偿王某 500 元。

价格欺诈是指经营者利用虚假的或者使人误解的价格手段，诱骗消费者或者其他经营者与其进行交易的行为。当前法律虽未对价格欺诈进行明确规定，但可以确定的是，价格欺诈离不开民法中欺诈的框架，即认定经营者构成价格欺诈行为亦需满足欺诈的构成要件，只是价格欺诈行为的表现形式较为具体、独特，以价格为欺骗手段。《明码标价和禁止价格欺诈规定》中明确了七种具体的价格欺诈行为，其中较为常见的有：以低价诱骗以高价结算、使用欺骗性或者误导性的语言等标示价格、以虚假折价或者价格比较等方式销售商品或者提供服务。本案中，被告推出的活动显示涉案标的价格为 49 元，但结算时价格却为 69 元，该种情形属于以低价诱骗消费者以高价进行结算的情形。而抢购模式和非抢购模式存在一定的差异，在多数抢购中，消费者是出于抢购价格低于非抢购价格的心理，在短时间内作出以低价购买的意思表示，在这个过程中，经营者的营销因素对消费者购买行为产生了较大影响，消费者较为被动，因此，网络抢购中的买卖合同成立及效力应考虑抢购的特殊性。

《消费者权益保护法》明确规定消费者享有公平交易的权利，在购买商品或者接受服务时，有权获得质量保障、价格合理、计量正确等公平交易条件，有权拒绝经营者的强制交易行为。在网络经济中，经营者掌握更多信息，处于相对强势地位，而消费者公平交易权的实现不仅体现在交易过程中的公平性上，更要体现在交易结果上，消费者在交易过程中有权对经营者提供的商品信息在充分认识的情形下作出是否愿意与其交易的意思表示，这也要求经营者必须提供真实的商品信息，如是方能实现《消费者权益保护法》的立法目的。本案中被告作为经营者，其对10 400mAh移动电源的标价并不真实，活动页面显示价格为49元，但与活动页面直接链接的购买页面却显示69元，原告作为消费者，仅在涉案标的价格为49元时自愿与其交易，但由于抢购的特殊性，使得消费者在短时间内与其进行了交易。因此，该笔交易无论是在过程上还是在结果上都未体现对消费者公平交易权的实现，被告应承担相应的责任。

关于赔偿责任，根据《消费者权益保护法》第55条规定："经营者提供商品或者服务有欺诈行为的，应当按照消费者的要求增加赔偿其受到的损失，增加赔偿的金额为消费者购买商品的价款或者接受服务的费用的三倍；增加赔偿的金额不足五百元的，为五百元。法律另有规定的，依照其规定。"本案二审法院以此为根据，判决被告承担500元的赔偿责任。

本案中，一审法院认定销售广告属于要约邀请，符合法律规定，但是没有考虑抢购这种商品交易方式的特殊性。在抢购中，消费者的真实意思表示往往不是在交易确认时才固定下来的，二审法院考虑了交易的特殊性，作出的判决更加具备合理性。

◉ 法条点击

《中华人民共和国消费者权益保护法》

第五十五条 经营者提供商品或者服务有欺诈行为的，应当按照消费者的要求增加赔偿其受到的损失，增加赔偿的金额为消费者购买商品的价款或者接受服务的费用的三倍；增加赔偿的金额不足五百元的，为五百元。法律另有规定的，依照其规定。

经营者明知商品或者服务存在缺陷，仍然向消费者提供，造成消费者或者其他受害人死亡或者健康严重损害的，受害人有权要求经营者依照本法第四十九条、第五十一条等法律规定赔偿损失，并有权要求所受损失二倍以下的惩罚性赔偿。

《中华人民共和国民法典》

第四百七十三条 要约邀请是希望他人向自己发出要约的表示。拍卖公告、招标公告、招股说明书、债券募集办法、基金招募说明书、商业广告和宣传、寄送的价目表等为要约邀请。

商业广告和宣传的内容符合要约条件的，构成要约。

第一百四十八条 一方以欺诈手段，使对方在违背真实意思的情况下实施的民事法律行为，受欺诈方有权请求人民法院或者仲裁机构予以撤销。

《最高人民法院关于适用〈中华人民共和国民法典〉总则编若干问题的解释》

第二十一条 故意告知虚假情况，或者负有告知义务的人故意隐瞒真实情况，致使当事人基于错误认识作出意思表示的，人民法院可以认定为民法典第一百四十八条、第一百四十九条规定的欺诈。

30. 7天无理由退换货规则如何用？

——吴某诉某平台商城违约停止账户完整使用权限纠纷案[①]

◉ 案情简介

上诉人（原审原告）：吴某

被上诉人（原审被告）：某平台商城

上诉人吴某于2014年7月13日在被上诉人的网购平台注册账号并使用，后吴某花费99元购买该平台超级VIP增值服务，成为该平台商城的超级VIP。在注册成为超级VIP时，须同意该平台商城的《服务条款》，该《服务条款》在"用户守则"部分约定：该平台商城在某些情况下（包括但不限于用户违反有关法律法规规定……经我方判定认为存在恶意退货或不合常理的高退货率等情形，或经本平台判定认为可能损害本平台利益的不正当行为等）会暂时冻结、永久冻结、修改、删除用户的个人账户或者采取其他处理措施，并且该部分内容在《服务条款》中是加粗、加下划线的。吴某于2015年5月1日至2018年4月12日在该商城共购买537件商品，其中退货、拒收共454件，退货、拒收率高达84.54%。尽管该平台商城的超级VIP享有"无限免邮"和"免费退货"等权利，但在相应的"规则说明页"载明"无限免邮"的规则之一为"免邮特权仅适用于本平台自营商品，第三方商家销售的商品暂不支持"。2018年4月17日，上诉人在被上诉人举行的"生鲜大卖场"活动中一次性购买了1 852.08元的商品，该全部商品是四张不同的订单，商品种类完全不一样，属不同商家所有，无法作为同一订单统一配送，但分开配送不需要吴某支付额外费用。上诉人下单时，被上诉人已明确告知这一事项。并且，吴某下单时，商品订单页清晰注明了商品名称、价格、生鲜商品不支持7天无理由退货及其应承担的运费金额（针对吴某购买的厄瓜多尔白虾，订单页已经明确告知该订单须承

① 案例摘自广州市中级人民法院（2019）粤01民终19542号民事判决书。

担 23 元运费），吴某确认后支付。但其后续以支付运费为由拒收了商品为厄瓜多尔白虾的快递，并申请办理退货退款手续，该平台商城予以拒绝。

而后吴某以该平台商城在配送中私自拆分其订单并将拆分后的快递费转嫁至其支付、其在该平台商城的账号被限制使用为由向广州互联网法院提起诉讼，诉请：（1）该平台商城立即向其返还货款 181.4 元；（2）该平台商城立即向其支付赔偿金 544.2 元；（3）该平台商城通过书面的形式（在广州市有影响的报刊登报）向其进行赔礼道歉；（4）该平台商城支付其主张权利所产生的合理费用共计 30 800 元（其中律师费 3 万元，公证费 800 元）；（5）诉讼费由该平台商城承担。一审广州互联网法院驳回了原告吴某的全部诉讼请求，吴某不服，向广州中级人民法院提起上诉，请求：（1）二审法院依法撤销原审判决，依法发回重审；（2）本案一、二审诉讼费由该平台商城承担。

◉ 审理结果

一审法院广州互联网法院认为，从吴某提交的证据来看，首先，涉案订单已注明涉案商品分属不同商家，拆分发货行为合理，不违反法律规定和合同约定；其次，基于被告在第三方商家销售商品的情形下并非商品出售者，故被告设定的只对自营商品免邮的规定合理，并不存在免除自身责任、不合理地加重对方责任或者排除对方主要权利的情形，所以涉案商品不免邮不违反合同约定；最后，涉案商品属生鲜类，在订单中已注明不支持 7 天无理由退货，且《消费者权益保护法》第 25 条也将鲜活易腐商品排除在 7 天无理由退换货范围之外。综上所述，一审法院驳回了原告吴某的全部诉讼请求；二审法院广州中级人民法院驳回上诉，维持原判。

◉ 法理评析

本案的争议焦点为该平台商城是否因运费负担构成欺诈而须向吴某返还货款并承担 3 倍货款的赔偿责任。前述案例已阐明欺诈的构成要件，以及价格欺诈的具体类型，本案中，虽然吴某作为该平台商城的超级 VIP，在购买涉案商品时享有“无限免邮”和“免费退货”权利，但该平台商城在相应规则说明中已经明确免邮特权限于该平台商城自营商品，因此，该平台商城对吴某一次性下单购买的涉案商品按不同商家分开配送，向该平台商城中第三方商家经营的商品收取运费、不提供免邮服务的使用条件，符合法律规定以及合同约定。并且，吴某已确认其已支付的结算金额超过了涉案商品总金额，即结算金额已包含运费，表明经营者没有实施以低价诱骗而以高价结算的欺骗行为，亦未实施其他价格欺骗行为，原告也没有陷于错误认识、没有损害后果，故原告之后以不同意支付运费为由，请求退货的理据不足，被告拒绝退货合法合理，该平台商城并不构成欺诈。尽管网络经济中经营者处于强势地位，法律赋予了消费者相对多的权利以维护其作为弱势方的权益，但总体上经营者和消费者之间的权利义务应处于平衡状态。部分经营者会通过设定隐蔽的格式条款以限制消费者的权利，而本案中，该平台商城对 VIP 享有的“无限免邮”和“免费退货”权利进行了解释和限定，《服务条款》中对恶意退货或者不合理的高退货率的情形进行了规制，并且对这一内容作了合理的提示义务。从内容上看，经营者提供的该格式条款内容合法合理；从程序上看，经营者对涉及消费者重大权利的内容进行了提示，承担了相应的义务。综上所述，本案中被告提供的格式条款合法有效，对双方具有拘束力，经营者和消费者之间的权利义务实现了动态平衡，符合立法目的。

再者，吴某请求退货的商品属于生鲜类特殊商品，不属于该平台商城在“免费退货”规则中承诺予以退货的普通商品，且《消费者权益保护法》第25条亦将鲜活易腐商品排除在7天无理由退货的范围之外。在网络购物中，消费者作为弱势方，《消费者权益保护法》赋予了消费者在网购方式下享有7天无理由退货的后悔权，但并未赋予消费者滥用退换货规则的权利。事实上，后悔权是对消费者知情权、选择权的延伸，也是法律赋予消费者的一种法定解除权。消费者在网购时，其知情权和选择权一定程度上会受到图片和文字的影响，为避免消费者的知情权和选择权被削弱，法律赋予消费者以后悔权，但如上所述，消费者后悔权的行使亦须以附加给经营者合理的义务为前提。《消费者权益保护法》将一定的商品排除在无理由退换货规则之外，被告所制定的免费退货规则亦将生鲜类特殊商品排除在外，事实上这是对经营者和消费者权利义务平衡的一种体现。因此，消费者应在网购时尽到自己应尽的谨慎义务，对于不在退换货规则范围之内的商品，须更加谨慎。本案中，吴某在短时间内频繁购物，退货拒收率高达84.5%，这体现出吴某在购物时未尽到合理的谨慎义务，在行使退货权利时又过于随意，而其行为不合理地增加了企业和社会的成本，有悖于诚实信用原则，是对退换货规则的滥用，可认为其属于恶意行使后悔权。对于该类行为，法律并未禁止电子商务经营者通过制定合法合理的平台规则的方式予以制止。

当前，对于各种网络平台的格式条款，或许有较多消费者会先入为主地认为其为“霸王条款”，但并不尽然。网络交易平台格式条款的出现也是顺应市场经济发展，网络交易有其自身的优缺点，相应的，其交易规则会有所变化，对于经营者维护自身利益的条款应予支持，本案中无限免邮并不等于无限退货，在被告制定的规则不存在无效事由的情形下，原告的行为损害了被告的权益，应予以禁止。

同时应注意，在法律规定退换货的框架下，各网购平台对7天无理由退换货规则的具体规定不一，这虽具有一定的合理性，但也为压缩网购消费者的后悔权提供了空间，尤其是“根据商品性质不宜退货”“消费者退货的商品应当完好”等规定，缺乏认定标准，这也反映出经营者所应承担的告知义务未履行到位。退换货规则的适用本应实现强势方和弱势方的权利义务平衡，是对消费者的保护和救济，但出于自身利益考量，在法律没有规定退换货次数的情况下，部分消费者滥用后悔权，对于该种情形，可鼓励经营者通过合理设限以维护自身利益。但最根本的解决方法是从法律角度予以明确消费者后悔权的适用范围以及认定标准，明确经营者告知义务履行的时间、内容、方式等，减小经营者和消费者的主观判断余地。

◉ 法条点击

《中华人民共和国民法典》

第七条 民事主体从事民事活动，应当遵循诚信原则，秉持诚实，恪守承诺。

第一百四十八条 一方以欺诈手段，使对方在违背真实意思的情况下实施的民事法律行为，受欺诈方有权请求人民法院或者仲裁机构予以撤销。

《中华人民共和国消费者权益保护法》

第二十五条 经营者采用网络、电视、电话、邮购等方式销售商品，消费者有权自收到商品之日起七日内退货，且无需说明理由，但下列商品除外：

（一）消费者定做的；

（二）鲜活易腐的；

（三）在线下载或者消费者拆封的音像制品、计算机软件等数字化商品；

（四）交付的报纸、期刊。

除前款所列商品外，其他根据商品性质并经消费者在购买时确认不宜退货的商品，不适用无理由退货。

消费者退货的商品应当完好。经营者应当自收到退回商品之日起七日内返还消费者支付的商品价款。退回商品的运费由消费者承担；经营者和消费者另有约定的，按照约定。

第五十五条 经营者提供商品或者服务有欺诈行为的，应当按照消费者的要求增加赔偿其受到的损失，增加赔偿的金额为消费者购买商品的价款或者接受服务的费用的三倍；增加赔偿的金额不足五百元的，为五百元。法律另有规定的，依照其规定。

经营者明知商品或者服务存在缺陷，仍然向消费者提供，造成消费者或者其他受害人死亡或者健康严重损害的，受害人有权要求经营者依照本法第四十九条、第五十一条等法律规定赔偿损失，并有权要求所受损失二倍以下的惩罚性赔偿。

《最高人民法院关于适用〈中华人民共和国民法典〉总则编若干问题的解释》

第二十一条 故意告知虚假情况，或者负有告知义务的人故意隐瞒真实情况，致使当事人基于错误认识作出意思表示的，人民法院可以认定为民法典第一百四十八条、第一百四十九条规定的欺诈。

31. 物流运输电商平台在网约运输服务侵权纠纷中是否应承担侵权责任？

——王某诉黄某、货某某公司等侵犯生命权、健康权纠纷案[①]

◉ 案情简介

上诉人（原审被告）： 货某某公司

上诉人（原审原告）： 王某

① 案例摘自深圳市中级人民法院（2020）粤 03 民终 943 号民事判决书。

被上诉人（原审被告）：黄某、某财产保险公司

货某某 App 的经营者为被告深圳货某某公司，被告黄某为货某某 App 上的注册司机。2018 年 11 月 25 日 22 时 03 分许，案外人张某因须将货物从广州运送至深圳，遂通过手机在货某某 App 上下单，由被上诉人黄某接单。2018 年 11 月 25 日 23 时 55 分许，被上诉人黄某驾驶小型车辆（搭载乘客王某、何某）行驶至广深高速某路段时，发生单方道路交通事故，造成黄某、王某、何某三人受伤。事故发生后，经交警现场查勘，认定黄某未按操作规范安全驾驶，负事故的全部责任，王某、何某无责任。后王某诉至法院，诉请判令：（1）黄某赔偿医疗费、误工费、护理费、伙食补助费、营养费、交通费、保全费及诉讼保全责任保险费，合计 331 576.68 元；（2）货某某公司承担连带赔偿责任；（3）某财产保险公司承担保险理赔责任；（4）诉讼费由被告承担。一审法院作出判决后，货某某公司、王某不服，提起上诉，货某某公司上诉请求：（1）撤销一审民事判决第二项，改判货某某公司不承担补充清偿责任；（2）一、二审诉讼费用由王某、黄某、某财产保险公司承担。王某上诉请求：撤销一审民事判决第二项，改判货某某公司对黄某的赔偿义务承担连带赔偿责任。

◉ 审理结果

一审法院认为本案系机动车交通事故责任纠纷，黄某负事故的全部责任，其承担本案赔偿责任无异议，关于货某某公司责任的承担，根据《电子商务法》第 38 条的规定，电子商务平台经营者应对平台内经营者的资质承担审核义务，对消费者尽到安全保障义务，否则造成消费者损害的情形下应承担相应的责任。货某某公司系货某某平台的经营者，而黄某为货某某平台的注册司机，但其不具有普通货运从业资格证书，其车辆不具有交通运输部门颁发的车辆营运证，但其承接订单并承担运输任务明显是营运行为，被告深圳货某某公司没有审核司机的相关资质，从而增加了司机从事营运时发生事故的几率，故被告深圳货某某公司应对被告黄某的赔偿义务承担补充清偿责任。关于保险公司责任的承担，发生事故时，原告王某系车上人员，不能成为被保险车辆以外的“第三者”，原告的损失不适用交强险或商业三者险。至于被告黄某购买的车上人员责任险，涉及的是保险合同法律关系，与本案不属于同一法律关系，故一审法院作出判决：第一，被告黄某应于本判决生效之日起 10 日内赔偿原告王某各项损失共计 329 133.68 元；第二，被告深圳货某某有限公司对被告黄某的上述赔偿义务承担补充清偿责任；第三，驳回原告王某对被告某财产保险公司的诉讼请求；第四，驳回原告王某的其他诉讼请求。

在货某某公司应承担的责任方面，二审法院认为，货某某公司因有违诚信居间、报告义务以及未尽安全保障和资质资格审查义务，应当对涉案交通事故对王某造成的损害承担与其过错相适应的补充清偿责任。关于其承担补充清偿责任的范围，法院认为，由于事故是因为黄某未按操作规范安全驾驶导致，货某某公司未尽到相应的义务并不是事故的直接原因，综合考量认为货某某公司承担的补充清偿责任不宜过高，酌定货某某公司应对黄某不能清偿义务的 50%部分承担补充责任。故二审法院作出判决：第一，维持一审民事判决第一项、第三项；第二，撤销一审民事判决第四项；第三，变更一审民事判

决第二项为：上诉人货某某公司对被上诉人黄某本案赔偿义务中的 164 566.84 元部分承担补充清偿责任；第四，驳回上诉人王某的其他诉讼请求。

◉ 法理评析

本案的争议焦点为：第一，货某某公司与黄某之间构成何种法律关系？第二，货某某公司对于王某因涉案交通事故造成的人身损害应否承担法律责任以及如何承担责任？在挂靠关系中，以挂靠形式从事道路运输经营活动的机动车，发生交通事故造成损害，属于该机动车一方责任的，由挂靠人和被挂靠人承担连带责任；在中介合同中，中介人应当就有关订立合同的事项向委托人如实报告，中介人故意隐瞒与订立合同有关的重要事实或者提供虚假情况，损害委托人利益的，不得请求支付报酬并应当承担赔偿责任。货某某公司与黄某之间的法律关系判定，应根据涉案三方当事人进行涉案道路运输营运民事法律行为时的意思表示及协商约定的各方权利和义务内容予以确定。本案中，张某下单委托运输前已阅读并同意《货拉拉用户协议》《货物托运居间服务协议》，其中《货拉拉用户协议》（3）b 内容为："货拉拉"仅为阁下及参与面包车、货车提供中立、独立、免费的第三方信息中介服务。《货物托运居间服务协议》约定货某某软件提供的服务信息仅为普通货物运输信息。并且，在货某某平台运营过程中，用户须与选定的承运师傅协商后才选择是否进行托运交易。因此，货某某公司仅为平台用户与参与运输的面包车、货车方货运信息中介服务提供者，并非双方的代理，亦非运输合同的任何一方主体。本案中，具体运输协议内容亦由张某与黄某双方协商达成，而且黄某亦是以其自有车辆用于涉案营运业务，故应认定与张某建立运输合同法律关系的相对方系实际承运人黄某，而非货某某公司。综上所述，货某某公司无须依据挂靠关系对黄某的涉案赔偿义务承担连带责任。

关于争议焦点二，电商平台应否承担责任以及如何承担责任。《电子商务法》第 38 条第 2 款明确规定："对关系消费者生命健康的商品或者服务，电子商务平台经营者对平台内经营者的资质资格未尽到审核义务，或者对消费者未尽到安全保障义务，造成消费者损害的，依法承担相应的责任。"侵权责任的归责原则决定了侵权责任的构成要件，根据《电子商务法》第 38 条第 2 款，电商平台承担侵权责任的归责原则应适用过错责任原则，那么电商平台构成侵权行为的要件包括：（1）电商平台作为行为人存在加害行为；（2）消费者作为相对方存在损害后果；（3）电商平台作为行为人主观上具有过错；（4）加害行为和损害后果之间存在因果关系。但同时，《电子商务法》第 38 条第 1 款表明，立法者也将过错推定原则适用于电商平台侵权责任的承担，如此可对消费者进行更为周全的保护。而本案适用过错责任原则。

从这一角度出发，电商平台对消费者负有安全保障义务，且属于法定义务。对于电商平台义务履行与否的判断，则可从法律规定、行业标准或约定标准、善良管理人标准三个方面进行，其中法律规定是电商平台履行义务的最低标准，而行业标准或约定标准以及善良管理人标准则是因为不同业态的不同特点而有所不同。本案中货某某作为物流运输电商经营者，审查注册司机的驾驶资质是其履行审核义务的最低标准，但货某某 App 平台允许参与的车辆包括面包车，面包车具有客运和货运功能，则货某某公司无法排除参与运输的车辆有载人的可能。因此，货某某公司应事先采取合理的措施，比如审核注册司机的营运资质，其主观过错应为过失。另外，货某某公司定期定额向黄某收取服务费用，王某虽非涉案订单下单用户，但客观上该订单系货某某 App 平台促成，货某某平台作为中介服务提供者，应当审查其平台注册司机即黄某的营运资质，这是由其经营模式的特殊性决定的，也应作为电商平台即货某某的审核义务，但本案中货某某公司并未尽到审查义务，这是行为人以不作为的形式实施的加害行为。综上所述，王某客观上系张某通过货某某 App 平台下单并达成的运输交易协议项下的运输标的，在货某某 App 平台交易订单项下运输过程因发生机动车交通事故而导致人身损害，货某某公司违反了其义务，王某具有向实际承运人黄某和网络平台经营者货某某公司主张相关赔偿的权利。

关于侵权责任的承担，第三人黄某作为直接侵权人承担赔偿义务是毋庸置疑的，而对于货某某该电商平台承担责任的范围，《电子商务法》提出的要求是承担“相应的责任”，本案中，即使货某某事先履行审核义务，使得有营运资质的司机入驻平台，也不必然避免侵权司机的加害行为，因此，本案要求货某某与黄某承担连带责任不具有合理性。同时，行为人违反安全保障义务须承担的责任可参考《民法典》第 1198 条的“相应的补充责任”，该补充责任的承担须遵循一定的顺位，第一责任人为直接侵权人即第三人，而只有在第一顺位责任人无法承担全部赔偿责任时，才由第二顺位责任人承担部分责任。有观点认为补充责任人承担的责任不应是直接侵权人不能清偿的全部，否则就超出了补充责任人“相应的”责任范围。[①]笔者赞同该观点，且本案二审法院的判决也体现了这一观点。这样的判决使得行为人的过错与责任相适应，具有合理性。

◉ 法条点击

《中华人民共和国民法典》

第九百六十二条 中介人应当就有关订立合同的事项向委托人如实报告。

中介人故意隐瞒与订立合同有关的重要事实或者提供虚假情况，损害委托人利益的，不得请求支付报酬并应当承担赔偿责任。

第一千一百六十五条 行为人因过错侵害他人民事权益造成损害的，应当承担侵权责任。

依照法律规定推定行为人有过错，其不能证明自己没有过错的，应当承担侵权责任。

第一千一百九十八条 宾馆、商场、银行、车站、机场、体育场馆、娱乐场所等经营场所、公共场所的经营者、管理者或者群众性活动的组织者，未尽到安全保障义务，造成他人损害的，应当承担侵权责任。

因第三人的行为造成他人损害的，由第三人承担侵权责任；经营者、管理者或者组织者未尽到安全保障义务的，承担相应的补充责任。经营者、管理者或者组织者承担补充责任后，可以向第三人追偿。

---

① 郭明瑞．补充责任、相应的补充责任与责任人的追偿权［J］．烟台大学学报（哲学社会科学版），2011，（1）：14．

第一千二百一十一条 以挂靠形式从事道路运输经营活动的机动车，发生交通事故造成损害，属于该机动车一方责任的，由挂靠人和被挂靠人承担连带责任。

《中华人民共和国电子商务法》

第三十八条 电子商务平台经营者知道或者应当知道平台内经营者销售的商品或者提供的服务不符合保障人身、财产安全的要求，或者有其他侵害消费者合法权益行为，未采取必要措施的，依法与该平台内经营者承担连带责任。

对关系消费者生命健康的商品或者服务，电子商务平台经营者对平台内经营者的资质资格未尽到审核义务，或者对消费者未尽到安全保障义务，造成消费者损害的，依法承担相应的责任。

32. 买家自甘风险，何以“自甘”？

——陈某诉某烨公司中介合同纠纷案[①]

◉ 案情简介

原告： 陈某

被告： 某烨公司

陈某在观看某网购平台直播时，经被告在直播间介绍推荐，原告与另外九人共同以 20 万元的总价格在该直播间向缅甸人购买翡翠原石一块。该原石卖家开价几百万，最终以 20 万元的价格成交，同时原告与另外九人共同支付给被告 2 万元的手续费，以上全部费用由 10 人均摊，原告共支付 22 000 元。随后，某烨公司对翡翠原石进行切割，切割后并未获得品质上乘的糯冰种翡翠，某烨公司遂将切割后的小块石料分别邮寄给原告及其余九人。但原告陈某感觉自己被骗了，因此三次拒收小块原石的快递，第三次退回时被告也拒收该原石快递，最终该快递去向不明，并且，陈某在网购平台申请退款，但遭拒。随后，陈某便诉至法院，诉请：（1）判令被告退还原告经济损失 22 000 元；（2）判令被告承担本案诉讼费用、取证费用、律师代理费等费用。

◉ 审理结果

一审法院认为，对于开出来的石头与被告描述是否相符这一问题，原被告都予以确认，被告曾描述涉案原石是糯冰种，原告称开出来的石头与被告所描述的不符，但应提供证据，而现在开出来的石头已丢失，但丢失的后果是由于原告无正当理由拒绝受领，此时标的物毁损灭失的风险由原告承担，即原告无法举证证明开出来的石头与被告描述不符

---

① 案例摘自广州互联网法院（2019）粤 0192 民初 1242 号民事判决书。

这一主张，因而被告也无须承担责任。因此，法院驳回了原告陈某的全部诉讼请求。

◉ 法理评析

本案的争议焦点是：被告某烨公司是否需要承担责任以及如何承担责任。关于本案争议焦点，须先理清涉案当事人之间的法律关系。本案中，原告陈某与缅甸人之间是标的为翡翠原石的买卖合同关系，而被告某烨公司与原告陈某以及缅甸人之间是中介合同关系。此外，被告某烨公司还为原告陈某提供解石服务和寄送服务，因此，原被告之间存在包含多项内容的合同关系，本案属合同纠纷，而非网购购物合同纠纷。原告陈某认为解石结果与被告某烨公司的描述不符，自认为上当受骗，根据《民事诉讼法》第67条的规定，原告有责任对自己提出的主张提供证据，否则，应承担举证不能的后果。本案中原告3次拒收原石快递，其理由为“感觉自己上当了”，最终未收到原石，也未能提供充分证据说明解石结果与原石不符。在此种情形下，原告仅以自己感觉上当了为由拒收快递，当属无正当理由拒绝受领。根据《民法典》第608条的规定，出卖人根据法律规定或者合同约定将标的物置于交付地点，买受人违反约定没有收取的，标的物毁损、灭失的风险自违反约定时起由买受人承担，所以，原告在无正当理由的情形下拒收原石快递，应承担该原石材料毁损灭失的风险。并且，被告某烨公司作为中介人，现有证据无法有效证明中介人故意隐瞒与订立合同有关的重要事实或者提供虚假情况，损害委托人即原告陈某的利益。综上所述，原告陈某要求退款缺乏事实和法律依据，不应予以支持。

事实上，原石开解前无法确定其真正料种，也无法确定该笔买卖是赚还是赔，这具有一定的射幸性质。射幸合同是指合同生效后，主给付义务的履行以合同约定的偶然事件是否发生为决定依据。射幸合同的典型特征有：（1）机会性、风险性。这是射幸合同最根本的特征，即一方当事人给付义务的履行具有不确定性，另一方当事人能否取得合同标的物也具有不确定性。（2）等价有偿的相对性。射幸合同属民事合同的一种，处于民事活动的框架之下，其双方主体处于平等地位进行公平的、合理的交易，以具体某一类射幸合同比如保险合同为视角，则会发现，买方支付的保险费和卖方支付的赔偿金大致相当，具有相对性。若以某一单一射幸合同为视角，则可能出现一方支付对价而另一方完全不需要支付对价的情形，这不符合等价有偿原则，因此，射幸合同的等价有偿是相对而言的。（3）适法严苛性。射幸合同的以上两个特点使得法律对射幸合同的规制较为严格，由于一方当事人给付义务的履行以双方约定的偶然事件是否发生为依据，若法律规制不严格、不要求卖方尽最大的诚信义务，则射幸合同可能沦为部分行为人获取不正当利益的工具。（4）一定的格式性。射幸合同的内容是确定的，但其中一方主体往往较为特殊，比如其可能为特殊行业中由国家批准特许经营的主体，而另一方当事人是不确定的，特殊行业的行业规则以及对交易效率的要求，使得射幸合同成为一种格式合同。本案中，法院并未对该买卖合同是否属于射幸合同作出分析，但本书认为，原告支付价款，其取得原石虽是一定的，但原石开解的料种价值不一定，对原告来说，在与被告订立该买卖合同时，其或赚或赔的交易结果是不确定的，这体现出了射幸合同的射幸性，可认为原被告之间的买卖合同属射幸合同，且属于经营性射幸合同。

如前所述，射幸合同的特殊性使得法律对射幸合同予以严格规制，射幸合同中的卖方相对于买方来说较为强势，应对卖方赋予严格的诚信义务、信息披露义务，使双方主体在交易中真正处于平等地位。以赌石为例，具体而言，若原石存在开口，且开口处经卖方加工美化，则须卖方承担信息披露义务；若原石无开口，从外观无法判断其属何品种，在卖家说明或保证其属某某品种但事实上不属于该品种的，亦须卖方承担信息披露义务。而一般的赌石交易则无须卖家告知买家原石材料的义务，应由买家自行承担射幸交易中的风险。当卖家不承担其应担负的义务，则其应承担欺诈的责任，民法中的欺诈行为要求行为人故意告知虚假情况或者故意隐瞒真实情况。在赌石中，若卖家负有关于原石的信息披露义务而其故意隐瞒或者故意告知虚假信息，使买家陷于错误认识并作出意思表示，则该卖家构成欺诈。

◉ 法条点击

《中华人民共和国民法典》

第六百零三条 出卖人应当按照约定的地点交付标的物。

当事人没有约定交付地点或者约定不明确，依据本法第五百一十条的规定仍不能确定的，适用下列规定：

（一）标的物需要运输的，出卖人应当将标的物交付给第一承运人以运交给买受人；

（二）标的物不需要运输，出卖人和买受人订立合同时知道标的物在某一地点的，出卖人应当在该地点交付标的物；不知道标的物在某一地点的，应当在出卖人订立合同时的营业地交付标的物。

第六百零八条 出卖人按照约定或者依据本法第六百零三条第二款第二项的规定将标的物置于交付地点，买受人违反约定没有收取的，标的物毁损、灭失的风险自违反约定时起由买受人承担。

第九百六十二条 中介人应当就有关订立合同的事项向委托人如实报告。

中介人故意隐瞒与订立合同有关的重要事实或者提供虚假情况，损害委托人利益的，不得请求支付报酬并应当承担赔偿责任。

《中华人民共和国民事诉讼法》

第六十七条 当事人对自己提出的主张，有责任提供证据。

当事人及其诉讼代理人因客观原因不能自行收集的证据，或者人民法院认为审理案件需要的证据，人民法院应当调查收集。

人民法院应当按照法定程序，全面地、客观地审查核实证据。

33. 标记“不能水洗”是否是电子商务经营者的附随义务?

——贺某诉某平台买卖合同纠纷案[①]

◉ 案情简介

原告：贺某

被告：优某公司

被告优某公司在某平台商城经营一家优某旗舰店,原告贺某在该平台商城的优某旗舰店购买了一件棉服。贺某收到该棉服后，并未发现该棉服的水洗标注明“不可水洗并甩干”，于是贺某便将该棉服用洗衣机水洗并甩干，结果该棉服出现了填充物结团的现象。贺某与客服联系沟通此事，客服表示，该棉服的洗护方法参考网页详情，贺某发现网页上显示该棉服须干洗，但水洗标却标注可以水洗不能干洗。现商品出现问题，原告要求退换货，但被告以涉案商品已经拆了吊牌洗过为由拒绝。贺某主张该棉服被洗后影响其使用性能正是由于被告水洗标标注不明确造成，遂将优某公司诉至法院，诉请：（1）要求被告承担退一赔三的产品质量责任，即退回货款并 3 倍赔偿；（2）被告承担本案全部诉讼费用。诉讼中，原告贺某提交了与客服聊天记录、衣服页面详情、衣服水洗标照片、洗完之后的衣服照片、对于水洗标图标的国家标准等证据。对于涉案货物水洗甩干后造成的损害后果，原告贺某举出两张照片为证，照片显示的内容为大衣内的填充物在背光照射之下呈现出不均匀的显影。在诉讼过程中，被告辩称该棉服合格证和水洗标一致，明确标注洗涤方式为手洗，30℃以下洗涤温度，是原告采用洗涤方式不当导致该棉服填充物结团，并且已违反平台商城 7 天无理由退换货规则，所以不予以退换货。在原告提交网页关于洗护方法即带有“常规干洗”字眼的截图作为证据时，被告辩称该棉服可手洗、可干洗，但不可甩干，并主张该棉服上所附的标签注明“悬挂晾干”即等同于告知消费者不可甩干。

◉ 审理结果

法院认为，贺某与优某公司之间为买卖合同关系，被告作为卖方的主给付义务是向原告贺某交付棉服，原告作为买方的主给付义务是支付价款，但卖方在履行主合同义务的同时，亦负有一定的附随义务，对与商品使用、保养有关的要求，尤其是使用不当可能造成消费者损失的有关情况，经营者应当向消费者作出必要的说明，以保障消费者的知情权。并且，在日常生活中，如无特殊调整，一般家用洗衣机的洗涤程序默认包含甩干

① 案例摘自广州互联网法院（2019）粤 0192 民初 1194 号民事判决书。

过程，本案涉案棉服可水洗不可甩干并非是消费者的常识，因此，优某公司应当对消费者作出说明，否则容易导致消费者未作特别操作而使商品经过甩干操作、影响使用性能的后果。针对被告主张的“悬挂晾干”即不可甩干，法院查明，在中华人民共和国国家标准《纺织品维护标签规范符号法》（GB/T 8685—2008）中，“悬挂晾干”为将脱水后的产品去除剩余水分的程序，而“悬挂滴干”为将水洗后但不脱水的产品去除剩余水分的程序，二者不同，所以悬挂晾干为甩干后的程序，与甩干不同。针对原告主张的 3 倍赔偿，法院认为优某公司这一行为仅属未履行相应的附随义务，不属于故意告知虚假情况或者故意隐瞒真实情况作出的欺诈行为，故无须进行 3 倍赔偿。一审法院作出判决：（1）被告优某公司于判决发生法律效力之日起 10 日内向原告贺某赔偿 200 元；（2）驳回原告贺某的其他诉讼请求。

◉ 法理评析

本案的争议焦点是被告优某公司是否违反合同义务以及应如何承担责任。主给付义务决定合同的类型，不履行主给付义务则无法实现合同目的。从给付义务不具有独立意义，从给付义务的履行在于使债权人的利益能够获得最大限度的满足，而附随义务的作用一般在于促进主给付义务的履行。附随义务是指根据诚信原则以及交易性质和习惯，债务人负担的通知、协助、保密、忠实、保护等义务。违反附随义务与从给付义务的责任承担不同，债务人不履行或不适当履行附随义务，债权人不能诉请其实际履行，仅能请求损害赔偿，而债务人若不履行从给付义务，债权人可诉请其实际履行。

本案涉及的法律关系较为明确，原被告之间为买卖合同关系，在买卖合同关系中，卖方的主给付义务为交付货物，买方的主给付义务为支付价款，但根据合同的性质、目的和交易习惯，卖方也会负有一定的附随义务，本案中，由于一般家用洗衣机的默认程序（甩干）会影响货物的使用性能，造成消费者损失，因此，告知消费者关于货物的使用保养要求就构成卖方的附随义务。本案被告仅履行了主给付义务，未履行附随义务，故应当承担相应的损害赔偿责任。应注意，虽卖方未履行附随义务，但若没有导致货物无法正常使用，合同的根本目的仍可实现，买方就不能以卖方未履行附随义务为由不履行支付货款的主给付义务。在这方面，法律对从给付义务的要求亦是如此，《最高人民法院关于审理买卖合同纠纷案件适用法律问题的解释》（2020 修正）第 19 条亦对此作出了说明，即“出卖人没有履行或者不当履行从给付义务，致使买受人不能实现合同目的，买受人主张解除合同的，人民法院应当根据民法典第五百六十三条第一款第四项的规定，予以支持”。

关于被告的责任承担，根据《民法典》第 577 条的规定，当事人一方不履行合同义务或者履行合同义务不符合约定的，应当承担继续履行、采取补救措施或者赔偿损失等违约责任。附随义务也是合同义务的一种，因此，债务人违反附随义务应承担的责任属违约责任，但也应注意，在特殊情形下，债务人不履行附随义务还可能构成对债权人的侵权行为，则其承担的责任为侵权责任，此种情况下，债权人可自行选择债务人须承担的责任。本案中，被告的行为仅属于违约行为，并未对原告造成侵权。由于附随义务无法诉请实际履行，被告只能承担损害赔偿责任，但该损害赔偿责任的量化结果应通过对标的物实际损害的举证来确定。具体到本案，被告应承担何种程度的违约责任，应根据原告对损害后果的举证来判定，但通过原告贺某的举证，仅能证明涉案商品棉服填充物的均匀性以及棉服的保暖性受到了影响，对于该损害后果具体的价值大小以及是否导致合同的目的无法实现，无法确定。因此，此种情形下，由法院结合被告即卖方的行为性质、货物价值以及损害情况，酌情确定优某公司应承担的赔偿责任，具有合理性。当然，实践中也存在债务人违反附随义务而解除合同的情形，即由债权人举证证明债务人不履行附随义务致合同目的不能实现，虽《民法典》未对违反附随义务的法律后果进行明确规定，但为维护债权人利益，本书认为不应排除债务人不履行附随义务时债权人的法定解除权。

◉ 法条点击

《中华人民共和国民法典》

第五百零九条 当事人应当按照约定全面履行自己的义务。

当事人应当遵循诚信原则，根据合同的性质、目的和交易习惯履行通知、协助、保密等义务。

当事人在履行合同过程中，应当避免浪费资源、污染环境和破坏生态。

第五百六十三条 有下列情形之一的，当事人可以解除合同：

（一）因不可抗力致使不能实现合同目的；

（二）在履行期限届满前，当事人一方明确表示或者以自己的行为表明不履行主要债务；

（三）当事人一方迟延履行主要债务，经催告后在合理期限内仍未履行；

（四）当事人一方迟延履行债务或者有其他违约行为致使不能实现合同目的；

（五）法律规定的其他情形。

以持续履行的债务为内容的不定期合同，当事人可以随时解除合同，但是应当在合理期限之前通知对方。

第五百七十七条 当事人一方不履行合同义务或者履行合同义务不符合约定的，应当承担继续履行、采取补救措施或者赔偿损失等违约责任。

《中华人民共和国消费者权益保护法》

第八条 消费者享有知悉其购买、使用的商品或者接受的服务的真实情况的权利。

消费者有权根据商品或者服务的不同情况，要求经营者提供商品的价格、产地、生产者、用途、性能、规格、等级、主要成分、生产日期、有效期限、检验合格证明、使用方法说明书、售后服务，或者服务的内容、规格、费用等有关情况。

第五十五条 经营者提供商品或者服务有欺诈行为的，应当按照消费者的要求增加赔偿其受到的损失，增加赔偿的金额为消费者购买商品的价款或者接受服务的费用的三倍；增加赔偿的金额不足五百元的，为五百元。法律另有规定的，依照其规定。

经营者明知商品或者服务存在缺陷，仍然向消费者提供，造成消费者或者其他受害人死亡或者健康严重损害的，受害人有权要求经营者依照本法第四十九条、第五十一条等法律规定赔偿损失，并有权要求所受损失二倍以下的惩罚性赔偿。

《最高人民法院关于审理买卖合同纠纷案件适用法律问题的解释》

第十九条 出卖人没有履行或者不当履行从给付义务，致使买受人不能实现合同目的，买受人主张解除合同的，人民法院应当根据民法典第五百六十三条第一款第四项的规定，予以支持。

34. NFT数字藏品买卖合同是否有效?

——陈某诉丁某信息网络买卖合同纠纷[①]

◉ 案情简介

原告：陈某

被告：丁某

2022年7月22日，原告、被告加上微信，达成买卖数字藏品的合意，并签订了《买卖合同》，约定被告将其账户下的腾讯幻核数字藏品58个以1 100元的价格卖给原告，且转赠或出售时间按腾讯幻核数字藏品平台后期开通转赠等相关流通功能后执行。在达成转赠条件后，出卖人须在3日内按合同要求转赠给买方，若3日内未转赠给买方，出卖人须承担违约责任，除退还所有购买款外，还须支付违约金人民币1 000元。2022年8月16日，腾讯幻核官方发布公告表明自2022年8月16日起将停止数字藏品发行（即已无法转赠），但所有通过平台购买或领取过数字藏品的用户可自行选择继续持有或发起退款申请。原告于当日将该消息告知被告，但被告以没钱为由拒不返还购买款。为此，原告为维护自己的合法权益，依据相关民事法律规定，依法起诉。陈某向法院提出诉讼请求：判令被告立即向原告返还购买款1 100元，且向原告支付违约金1 000元，并由被告承担诉讼费。

◉ 审理结果

法院认为，原告陈某与被告丁某之间的信息网络买卖合同关系合法有效，应受法律保护。关于本案的交易标的NFT数字藏品，系特殊的网络虚拟财产，属于受法律保护的财产权客体范畴，但需要依附于网络服务平台的区块链技术，其所有权转移具有一定的受限性。鉴于我国目前并未开放NFT数字藏品二级市场的买卖，本案原告、被告进行交易的腾讯幻核平台也未开通二级市场的买卖、转赠功能，且腾讯幻核官方发布公告表明自

① 案例摘自浦江县人民法院（2022）浙0726民初4021号。

2022 年 8 月 16 日起将停止数字藏品发行，表明双方签订附条件的《买卖合同》因自始无法获得二级市场交易的支配权而导致合同目的无法实现，应予以解除。原告要求被告返还购买款 1 100 元，理由正当，本院予以支持。本案合同目的无法实现的过错不可归责于原告、被告双方，原告提出赔偿违约金的诉讼请求没有事实依据，本院不予支持。

◉ 法理评析

本案涉及的买卖合同以网络虚拟财产为标的，较为特殊。买卖合同予以解除的前提是合同成立且生效，在该案中，法院认定涉案标的 NTF 数字藏品为网络虚拟财产。目前法律上并没有对网络虚拟财产的精准定义，从本案以及相关学者[①]所主张的观点，网络虚拟财产是指具有商品属性和交换价值，其所有权人可依其自由意志进行支配，存在于网络空间的具有价值的财产，具有虚拟性、价值性、合法性、期限性、可支配性的特征。《民法典》第 127 条规定："法律对数据、网络虚拟财产的保护有规定的，依照其规定。"这一规定将网络虚拟财产界定为民事权利客体。关于网络虚拟财产权的性质，学界有将其定性为物权、债权、知识产权的观点，《民法典》第 115 条对物权客体作了规定："物包括不动产和动产。法律规定权利作为物权客体的，依照其规定。"网络虚拟财产的所有权人能够对其占有、使用和收益，能够对其进行支配，具有一定的价值，并且排他，这一定程度上符合物权客体的特征，虽然其不属于有体物，但认定网络虚拟财产权为物权是合理的，只不过其表现形式为网络经济下的特殊形式。因此，本书认为将其定性为物权较为合适。随着市场经济、数字的发展，新产品在不断衍生，在法律无明确规定的情形下，对新产品的规制和引导可从立法目的出发，维护市场秩序的同时促进发展，以上案例的判决也体现了这一点。

在网络虚拟财产可作为物权客体的前提下，其所有权人可将其作为标的进行交易，则双方之间的买卖合同遵循传统合同的成立、生效以及解除等规则，网络虚拟财产作为合同标的物，对合同的有效性不产生否定意义。网络虚拟财产交易的本质即以数字化内容为交易对象的转让关系，购买者获得的是一项财产性权益。在合同成立上，《民法典》第 469 条规定当事人订立合同，可以采用书面形式、口头形式或者其他形式。原告陈某和被告丁某通过微信达成买卖合同，合同内容较为明确具体，为双方的真实意思表示，只不过双方约定的标的交付时间相对特殊，交付时间为腾讯幻核数字藏品平台后期开通转赠等相关流通功能后 3 日内，但这并不对合同的成立以及有效性产生影响。在合同的有效性上，该《买卖合同》并不存在《民法典》规定的合同无效事由，因此，涉案合同已成立且合法有效。在合同的解除上，在原告陈某和被告丁某的买卖合同中，双方约定，若被告未按约定时间交付标的物，被告则向原告返还货款且承担 1 000 元的违约金，而后续由于原告、被告进行交易的腾讯幻核平台将停止标的物的发行，导致陈某和丁某之间的合同无法实现根本目的，但这不可归责于陈某或丁某，并非被告违约，因此，让卖家丁某承担违约金于法无据。

本案涉及的交易模式可以理解为消费者之间的交易，而在有些案例中，以网络虚拟财

---

① 杨立新. 民法总则规定网络虚拟财产的含义及重要价值［J］. 东方法学，2017，(03)：64－72.

产为标的的交易是发生在消费者和经营者之间的，即消费者直接向发行网络虚拟财产的主体进行购买。该交易模式涉及的买卖合同在合同的订立、履行及解除上亦遵循传统的合同交易规则。由于并非所有的消费者都熟悉且理解网络虚拟财产的交易规则，并且不同形式的网络虚拟财产在交易中对购买者的行为要求不同，因此，为避免纠纷，经营者可事先公开交易规则，公示重点条款。

◉ 法条点击

《中华人民共和国民法典》

第一百二十七条 法律对数据、网络虚拟财产的保护有规定的，依照其规定。

第一百四十三条 具备下列条件的民事法律行为有效：

（一）行为人具有相应的民事行为能力；

（二）意思表示真实；

（三）不违反法律、行政法规的强制性规定，不违背公序良俗。

第一百四十四条 无民事行为能力人实施的民事法律行为无效。

第一百四十六条 行为人与相对人以虚假的意思表示实施的民事法律行为无效。

以虚假的意思表示隐藏的民事法律行为的效力，依照有关法律规定处理。

第一百五十三条 违反法律、行政法规的强制性规定的民事法律行为无效。但是，该强制性规定不导致该民事法律行为无效的除外。

违背公序良俗的民事法律行为无效。

第一百五十四条 行为人与相对人恶意串通，损害他人合法权益的民事法律行为无效。

第五百六十二条 当事人协商一致，可以解除合同。

当事人可以约定一方解除合同的事由。解除合同的事由发生时，解除权人可以解除合同。

第五百六十三条 有下列情形之一的，当事人可以解除合同：

（一）因不可抗力致使不能实现合同目的；

（二）在履行期限届满前，当事人一方明确表示或者以自己的行为表明不履行主要债务；

（三）当事人一方迟延履行主要债务，经催告后在合理期限内仍未履行；

（四）当事人一方迟延履行债务或者有其他违约行为致使不能实现合同目的；

（五）法律规定的其他情形。

以持续履行的债务为内容的不定期合同，当事人可以随时解除合同，但是应当在合理期限之前通知对方。

第四章

电子商务争议解决

电子商务争议,是指电子商务平等主体之间发生的以电子商务民事权利义务为内容的法律纠纷。其中，争议是指电子商务合同当事人，对合同的订立、生效、履行等方面发生分歧、产生纠纷，可以通过协商、投诉、举报、调解、仲裁或诉讼等方式才能解决。电子商务争议主体较为广泛，包括：电子商务经营者之间的争议、电子商务经营者与消费者之间的争议、电子商务经营者与其他主体之间的争议、电子商务平台内经营者或者其他主体与平台经营者之间的争议等。电子商务争议的特点表现为：一是电子商务纠纷主体之间的法律地位平等。由于电子商务法律关系主要体现的是平等主体间的民商法律关系，因而电子商务法律关系的主体具有平等性；二是电子商务纠纷的内容是针对进行电子商务活动而产生的权利义务的争议；三是电子商务争议的可处分性。

电子商务争议解决，是我国电子商务立法的重点内容之一。我国《电子商务法》设立了“第四章电子商务争议解决”的专章，共涉及 6 个条款（第 58～63 条），内容包括解决争议的方式、电子商务经营者和电子商务平台的责任等内容。其中第 63 条是对电子商务平台经营者建立的争议在线解决机制所作的规定，电子商务平台经营者建立的争议在线解决机制是电子商务争议解决的创新与重要补充。这是一项重要的制度创新，是平台治理的重要组成部分，丰富与发展了我国争议解决制度，为电子商务争议开拓了新的解决渠道与途径。总之，由于电子商务争议的多样性，我国《电子商务法》规定的每一种争议解决方式，都具有重要的应用价值。需要明确的是，经营者之间的跨境电子商务争议，由于涉及复杂的法律适用与司法管辖冲突，更加适宜采用由当事人自主选择仲裁地点、机构、规则与适用法律的仲裁方式解决。争议的合理、及时、公正解决，仰赖于电子商务法治保障，有利于电子商务营商环境的优化和数字经济的健康发展。

35. 如何确定电商平台在“二选一”反垄断纠纷案中的管辖权？

——北京某贸易有限公司、北京某电子商务有限公司诉浙江某网络有限公司、浙江某技术有限公司、某集团公司滥用市场支配地位管辖权异议案①

◉ 案情简介

原告： 北京某贸易有限公司、北京某电子商务有限公司

被告： 浙江某网络有限公司、浙江某技术有限公司、某集团公司

北京某贸易有限公司、北京某电子商务有限公司为 www.jd.com 网站的所有者和移动版 App 的著作权人，浙江某网络有限公司为 www.tmall.com 网站所有者，浙江某技术有限公司为某猫手机 App 版权所有者，某集团公司是浙江某网络有限公司、浙江某技术有限公司的最终实际控制主体。2013 年以来，被告要求在某猫商城开设店铺的服饰、家居等众多品牌商家不得在原告运营的某东商城参加 618、双 11 等促销活动，不得在某东商城开设店铺进行经营，只能在某猫商城一个平台开设店铺进行经营行为（以下简称“二选一”行为）。原告认为被告在中国 B to C 网上零售平台市场上具有市场支配地位，实施了包括“二选一”行为在内的滥用市场支配地位行为，损害了中国 B to C 网上零售平台市场的正常竞争秩序，侵犯了原告、商家及广大消费者的合法权益，被告应当对其滥用市场支配地位的侵权行为承担相应的法律责任。据此，请求法院：（1）确认被告在本案所确定的相关市场上具有市场支配地位；（2）判令被告停止滥用市场支配地位的行为，包括停止限定商家只能与被告进行交易、停止限定商家不得与两原告进行交易等行为；（3）判令被告向两原告连带赔偿因其实施的滥用市场支配地位行为给两原告造成的经济损失人民币 10 亿元；（4）判令被告向两原告赔礼道歉、消除影响，具体形式包括被告在官网域名为 tmall.com、taobao.com 的相关网站首页，以及相应 App 主页上刊登经法院认可的道歉及消除影响声明；（5）判令被告连带承担两原告在本案中为维权而支付的合理开支，包括公证费、经济分析费用、律师费等暂计人民币 200 万元。被告在提交答辩状期间，对管辖权提出异议称，一审法院并非本案被告住所地人民法院，亦非被控侵权行为实施地和侵权行为结果地人民法院，一审法院对本案没有行使管辖权的基础和法律依据，本案应当移送浙江省高级人民法院管辖。

---

① 案例摘自最高人民法院（2019）最高民辖终 130 号民事裁定书。

◉ 审理结果

一审法院经审查认为，本案是原告认为被告滥用市场支配地位而提起的民事诉讼，界定滥用市场支配地位侵权纠纷的侵权行为地和侵权结果地，应当根据纠纷的法律关系性质进行具体判断。《中华人民共和国反垄断法》的立法目的系为预防和制止垄断行为，保护市场公平竞争，维护消费者利益和社会公共利益，禁止具有市场支配地位的经营者滥用其市场支配地位。本案中，原告主张被告所实施的“二选一”行为，虽然行为的直接对象是在网络平台开设店铺进行经营行为的各品牌商家，但基于网络平台特性，其对市场竞争秩序的影响则不限于各被告的住所地或各被告实施上述行为的直接行为地。在反垄断法意义上，上述行为将对该相关市场内的自由竞争产生影响，这当然涵盖了一审法院管辖的北京市。同时，原告亦主张被告不仅在北京地区实际实施了被控的“二选一”行为，而且上述行为的后果也已经波及北京地区，从而进一步证明北京地区属于被控侵权行为的实施地和侵权结果发生地。综上，基于北京地区是本案被控侵权行为实施地和被控侵权行为结果发生地，故一审法院对本案具有管辖权。在原告已向一审法院提起诉讼的情况下，被告所提管辖权异议均不成立，一审法院依法不予支持。一审法院据此裁定，驳回被告对本案管辖权提出的异议。

一审法院作出裁定后，被告不服，向最高人民法院提起上诉。最高人民法院审查后认为，本案中焦点问题是北京市高级人民法院对此案是否具有管辖权，即被诉侵权行为实施地、被诉侵权行为结果发生地或被告住所地是否在北京市高级人民法院管辖范围之内。本案中，根据被上诉人（原审原告）提供的证据，可以证明相关新闻报道对上诉人（原审被告）与朗姿公司旗下品牌阿卡邦、万家帘品、ChemistWarehouse 等品牌在北京签订独家合作协议的相关情况进行了报道。其中被上诉人一审证据中载明“发布会进入后半场，某猫家装行业总监江帆先生和万家帘品总经理杨卫先生代表合作双方郑重签署了战略合作协议”，明确表明了双方当事人系在北京签署战略合作协议。因此，北京市高级人民法院认定北京市属于被诉侵权行为地，对本案具有管辖权并无不当。据此，予以维持。

◉ 法理评析

所谓“二选一”主要是指平台企业要求入驻平台的商家与其开展排他的独家合作。通过与大量商家签订这类独家协议，平台企业可以通过“人无我有”的策略吸引更多消费者用户，排挤同行业其他平台的竞争。“二选一”行为本质上是独家交易，会损害商家的多归属，损害消费者的选择权、损害平台的公平竞争。[①]因此，这种行为极可能构成滥用市场支配地位限定交易行为。从纠纷的法律性质来看，电商平台“二选一”反垄断纠纷系滥用市场支配地位的侵权纠纷，如何确定电商平台“二选一”反垄断纠纷案中的管辖权系该类纠纷进入司法程序的第一步。

根据《最高人民法院关于审理因垄断行为引发的民事纠纷案件应用法律若干问题的规

---

① 曹士兵，牛凯. 电子商务领域“二选一”行为的法律问题研究［M］. 北京：人民法院出版社，2020：2-4.

定》第 4 条“垄断民事纠纷案件的地域管辖，根据案件具体情况，依照民事诉讼法及相关司法解释有关侵权纠纷、合同纠纷等的管辖规定确定”之规定可知，该类纠纷的管辖仍主要依据民事诉讼法中关于侵权纠纷、合同纠纷等的一般规定。而根据《民事诉讼法》第 29 条以及《最高人民法院关于适用〈中华人民共和国民事诉讼法〉的解释》第 24 条之规定，被诉侵权行为实施地、侵权结果发生地、被告住所地人民法院均有权管辖，因而该类型案件只须举证确认其中任一与建立案件管辖连接点相关的事实即可确认管辖法院。而且，如果与建立管辖连接点相关的事实同时涉及案件实体争议内容的，也只须审查案件初步证据是否能够证明一个可争辩的管辖连接点事实即可，一般不对案件实体争议内容作出明确认定，因此仅针对某地区是否构成管辖连接点其中之一事实进行审理。比如本案中，只需要原告、被告双方各自举证确认被诉侵权行为实施地、被诉侵权行为结果发生地或被告住所地其中任何一个事实是否在原告起诉地的法院管辖范围之内，即可确认该法院对此案是否具有管辖权。为此，原告举示了被告与平台商家在北京签订合作协议的相关报道；被告虽称协议系在杭州签订，但其提供的证据不能证明，也未提供其他证据推翻前述合作协议系在北京签订。法院依据民事诉讼法的举证责任，综合双方举示的证据，对北京市属于被诉侵权行为地这一事实予以确认，最终确定管辖法院。

◉ 法条点击

《中华人民共和国民事诉讼法》

第二十九条　因侵权行为提起的诉讼，由侵权行为地或者被告住所地人民法院管辖。

《最高人民法院关于适用〈中华人民共和国民事诉讼法〉的解释》
（自 2022 年 4 月 10 日起施行，2022 年 3 月 22 日修正）

第二十四条　民事诉讼法第二十九条规定的侵权行为地，包括侵权行为实施地、侵权结果发生地。

《最高人民法院关于审理因垄断行为引发的民事纠纷案件应用法律若干问题的规定》

第四条　垄断民事纠纷案件的地域管辖，根据案件具体情况，依照民事诉讼法及相关司法解释有关侵权纠纷、合同纠纷等的管辖规定确定。

36. 如何利用自治机制和司法机制解决电子商务中的侵权纠纷？①

——某塑料制品有限公司诉永康市某工贸有限公司、浙江某塑业有限公司、谢某及电商平台浙江某网络有限公司侵害实用新型专利权纠纷行为保全案

◉ 案情简介

原告：某塑料制品有限公司

被告：永康市某工贸有限公司、浙江某塑业有限公司、谢某、浙江某网络有限公司

原告以被诉侵权产品侵犯其专利权为由，向浙江省宁波市中级人民法院提起诉讼，请求法院判令被告立即停止实施制造、销售、许诺销售被诉侵权产品的行为，平台立即删除、断开被诉侵权产品的销售链接，被告和平台连带赔偿原告经济损失316万元。起诉后，原告向法院申请财产保全，法院作出财产保全裁定，冻结被告支付宝账户余额或银行存款316万元。且在起诉后，原告也向平台发起投诉。但被告提出申诉，并出具《知识产权保证金承诺函》，同意缴存100万元保证金于其平台账户内，并同意平台冻结其网店自出具承诺函之日起的全店所有销售收入。最后，一审法院就本案作出判决：被告立即停止实施侵权行为；平台立即删除、断开被诉侵权产品的销售链接；被告连带赔偿原告经济损失316万元。判决当日，原告再次向平台就被诉侵权产品进行投诉，平台据此删除了被诉侵权产品的销售链接。被告不服一审判决，提起上诉。二审审理期间，根据被告的申请，国家知识产权局审查后，认为涉案专利权利不具备新颖性，宣告涉案专利权全部无效。之后，被告向最高人民法院申请行为保全，请求法院责令平台立即恢复涉案网店中被诉侵权产品的销售链接直至终审判决生效之日，且同意以其支付宝账户余额632万元作为担保。

◉ 审理结果

最高人民法院经审理后认为，本案中，涉案专利为实用新型专利，虽然一审认定侵权成立，平台删除了被诉侵权产品的销售链接，但二审中涉案专利权被宣告全部无效，其有效性因原告即将提起行政诉讼而处于不确定状态。在此情况下，作为被删除产品链接的被告具有提起恢复链接行为保全申请的主体资格，并根据《最高人民法院关于审查知识产权纠纷行为保全案件适用法律若干问题的规定》第七条之规定，认为：（1）被告要

---

① 案例摘自最高人民法院（2020）最高法知民终993号二审民事裁定书。

求平台恢复产品链接具有事实与法律依据；（2）在涉案专利权效力处于不确定状态的情况下，通过恢复链接行为保全措施使平台内经营者能够在“双十一”等特定销售时机正常上线经营，能够避免其利益受到不可弥补的损害；（3）相较于不恢复链接对被告正常经营的影响，恢复链接对原告可能造成的损害较小；（4）无证据表明被诉侵权产品存在可能损害公共利益的情形；（5）不存在不宜恢复链接的其他情形。据此，最高人民法院裁定被告要求平台恢复被诉侵权产品销售链接的申请符合法律规定，应予准许。

◉ 法理评析

本案系最高人民法院首次作出反向行为保全的案件，最高人民法院知识产权法庭通过优质高效的裁判，尤其是动态担保金的适用，良好平衡了专利权人、被诉侵权人和电子商务平台经营者三方利益[①]，对于如何利用自治机制和司法机制解决电子商务中的侵权纠纷具有指导性意义。根据《中华人民共和国电子商务法》第 32 条、第 41 条之规定，电子商务平台经营者应当遵循公开、公平、公正的原则，制定平台服务协议和交易规则，应当建立知识产权保护规则，与知识产权权利人加强合作，依法保护知识产权，故电商平台依法可制定有关知识产权保护的自治规则。当平台内经营者在平台上注册后，双方形成合同关系，这意味着平台内经营者接受平台的自治规则。本案中，原告向电商平台投诉正是一种平台自治机制的体现。而平台在接到原告的侵权投诉以及要求删除侵权产品销售链接后，可根据《中华人民共和国民法典》第 1196 条、《中华人民共和国电子商务法》第 42 条规定，转送通知给被投诉者，被投诉者亦可以根据平台的申诉规则进行申诉以及提供相应担保，由平台根据具体情况采取必要措施。比如本案中，平台在被告提出申诉和相应担保财产后，暂时保留了涉嫌侵权产品的销售链接，直至一审判决认定其为侵权产品后，再次根据原告的投诉及判决，删除了被诉侵权产品的销售链接。

但通过平台自治进行的“约定—同意”下的争议解决，不是司法裁决而是私人选择，它不具有（也不可能具有）与诉讼、仲裁一样的司法效力。如对平台的处理结果有异议，仍可以通过司法途径进行解决。特别是实用新型、外观涉及专利权利的不稳定性因素。比如本案中，即便一审判决认定存在侵权，仍可能因为被告向国家知识产权局申请对案涉专利的实质性审查导致案涉专利被国家知识产权局宣告无效而推翻，因而如果争议侵权产品确实存在本身系无效专利的情况，那么在纠纷并未完全处于尘埃落定的情况下平台就删除产品销售链接，会对被告造成相应损失。此时，若对平台的处理结果有异议，可以通过司法途径进行解决。本案正好处于二审期间，被告便可以向人民法院申请反向行为保全，要求恢复销售产品链接。法院审查只要符合《最高人民法院关于审查知识产权纠纷行为保全案件适用法律若干问题的规定》第 7 条规定的条件，就可以支持被告要求恢复产品链接的请求。

电子商务平台能够通过平台自治，为知识产权权利人与平台内经营者的纠纷解决提供更多的选择，降低处理风险，提高处理效率，而司法机制仍旧为电商平台纠纷解决的最

---

① 人民法院出版社. 最高人民法院发布的典型案例汇编 2009—2021（知识产权 民事诉讼索引卷）[M]. 北京：人民法院出版社，2021：118.

坚实后盾，共同保障电子商务经济的健康发展。

◉ 法条点击

《中华人民共和国民法典》

第一千一百九十五条 网络用户利用网络服务实施侵权行为的，权利人有权通知网络服务提供者采取删除、屏蔽、断开链接等必要措施。通知应当包括构成侵权的初步证据及权利人的真实身份信息。

网络服务提供者接到通知后，应当及时将该通知转送相关网络用户，并根据构成侵权的初步证据和服务类型采取必要措施；未及时采取必要措施的，对损害的扩大部分与该网络用户承担连带责任。

权利人因错误通知造成网络用户或者网络服务提供者损害的，应当承担侵权责任。法律另有规定的，依照其规定。

第一千一百九十六条 网络用户接到转送的通知后，可以向网络服务提供者提交不存在侵权行为的声明。声明应当包括不存在侵权行为的初步证据及网络用户的真实身份信息。

网络服务提供者接到声明后，应当将该声明转送发出通知的权利人，并告知其可以向有关部门投诉或者向人民法院提起诉讼。网络服务提供者在转送声明到达权利人后的合理期限内，未收到权利人已经投诉或者提起诉讼通知的，应当及时终止所采取的措施。

《中华人民共和国电子商务法》

第三十二条 电子商务平台经营者应当遵循公开、公平、公正的原则，制定平台服务协议和交易规则，明确进入和退出平台、商品和服务质量保障、消费者权益保护、个人信息保护等方面的权利和义务。

第四十二条 知识产权权利人认为其知识产权受到侵害的，有权通知电子商务平台经营者采取删除、屏蔽、断开链接、终止交易和服务等必要措施。通知应当包括构成侵权的初步证据。

电子商务平台经营者接到通知后，应当及时采取必要措施，并将该通知转送平台内经营者；未及时采取必要措施的，对损害的扩大部分与平台内经营者承担连带责任。

因通知错误造成平台内经营者损害的，依法承担民事责任。恶意发出错误通知，造成平台内经营者损失的，加倍承担赔偿责任。

第四十三条 平台内经营者接到转送的通知后，可以向电子商务平台经营者提交不存在侵权行为的声明。声明应当包括不存在侵权行为的初步证据。

电子商务平台经营者接到声明后，应当将该声明转送发出通知的知识产权权利人，并告知其可以向有关主管部门投诉或者向人民法院起诉。电子商务平台经营者在转送声明到达知识产权权利人后十五日内，未收到权利人已经投诉或者起诉通知的，应当及时终止所采取的措施。

37. 电子存证的法律效力[①]

——杭州某传媒公司诉深圳某科技公司侵害作品信息网络传播权案

案情简介

原告： 杭州某传媒公司

被告： 深圳某科技公司

2017年7月24日，都市快报发表了一篇3 100余字并带有1幅插图的《妈妈带4岁儿子进游泳馆女更衣室被管理员阿姨骂得眼泪都掉下来》的文章。同日，都市快报社将涉案文章的信息网络传播权独家授予原告。2017年7月24日，被告主办的第一女性网站在未取得原告的许可下刊登了涉案文章。原告认为被告未经其许可在其运营的“第一女性时尚网”中发表原告享有著作权的作品，侵害了原告享有的信息网络传播权，并向人民法院提起诉讼。原告通过浙江数秦科技有限公司经营的保全网对侵权事实予以取证，并将相关数据计算成“哈希值”上传至比特币区块链和Factom区块链中形成区块证据链存证，以此向法院请求判令被告：（1）立即删除第一女性网站上刊登的涉案文章；（2）赔偿著作权侵权损失6 200元；（3）赔偿为本案支出的律师费2 500元；（4）承担本案全部诉讼费用。被告辩称，第一女性时尚网站浏览点击量有限，网站影响力小，且转载时无主观恶意，无商业行为，仅为传播信息之目的正常引用，未对原告造成经济损失，故对侵权赔偿数额不予认可；此外，被告对涉案文章著作权属于都市快报不予认可；涉案文章全篇90%均转述、引用嘉兴19楼发帖人及杭州游泳馆被采访人的话，并非记者郑某、林某某两人独创性的作品，不应受著作权法保护。

审理结果

被告是否构成侵害作品信息网络传播权系本案的争议焦点，而对此的判定须考虑电子存证的法律效力。本案中，法院在确认被告是否构成侵害作品信息网络传播权时认为，根据电子证据审查标准，浙江数秦科技有限公司作为独立于当事人的民事主体，其运营的保全网是符合法律规定的第三方存证平台，保全网通过可信度较高的谷歌开源程序固定侵权作品等电子数据，且该技术手段对目标网页进行抓取而形成的网页截图、源码信息、调用日志能相互印证，可清晰反映数据的来源、生成及传递路径，应当认定由此生成的电子数据具有可靠性。同时，保全网采用符合相关标准的区块链技术对上述电子数据进行了存证固定，确保了电子数据的完整性。故确认上述电子数据可以作为认定侵权的依据，认定被告侵害了原告享有的信息网络传播权，据此判令：被告赔偿原告经济损

① 案例摘自杭州互联网法院（2018）浙0192民初81号民事判决书。

失 4 000 元；驳回原告其他诉讼请求。

◉ 法理评析

信息网络技术发展对著作权保护产生了深远影响，为应对频发的著作权侵权行为，电子证据（也称为电子数据）应运而生，《中华人民共和国民事诉讼法》第 66 条也将电子数据明确列为证据的一种。但司法实践中，电子数据作为证据，对其真实性的认定一直是最难解决的问题。我国《最高人民法院关于知识产权民事诉讼证据的若干规定》第 19 条也规定，人民法院可以对电子数据的真实性、完整性的专门性问题委托鉴定。但如果所有电子数据均仅能在进入诉讼过程后才能向法院申请进行委托鉴定，不仅是对司法资源的浪费，更增加了当事人的维权成本。为此，需要确立相关电子证据的存证、取证规则，明确相关电子证据的认定效力。

本案作为全国首例区块链技术电子存证著作权侵权案，侵权事实并不复杂，新颖之处在于电子存证效力的认定。本案判决通过审查存证平台的资格、侵权网页取证技术手段可信度和区块链电子证据保存的完整性，明确了区块链这一新型电子证据的认定效力，并根据《电子签名法》的规定总结了这类电子证据认定效力的基本规则：利用区块链技术手段存证固定应重点审核电子数据来源和内容的完整性、技术手段的安全性、方法的可靠性、证据形成的合法性和相关证据的关联性，并根据电子数据的相关法律规定综合判断其证据效力。具体来说，主要审查以下几个因素：（1）审查电子数据来源的真实性，包括产生电子数据的技术是否可靠、第三方存证平台资质是否合规、电子数据传递路径是否可查；（2）审查电子数据存储的可靠性，包括电子数据是否上传至公共区块链、各区块链存放内容是否相互印证、区块节点生成时间是否符合逻辑；（3）审查电子数据内容的完整性，即电子数据“哈希值”验算是否一致未修改；（4）审查电子证据与其他证据相互印证的关联度。[①]比如，本案中在认定电子证据的有效性时就重点审查了：（1）来源于符合法律规定的第三方存证平台；（2）技术手段上系使用可信度较高的谷歌开源程序；（3）内容上网页截图、源码信息、调用日志能相互印证、可清晰反映数据的来源、生成及传递路径，据此认定案涉电子证据有效。

“技术问题需要通过技术手段解决”，区块链技术作为一种去中心化的数据库，采用该技术等手段能够进行相应证据的存证固定。在信息网络技术迅猛发展的环境下，对人民法院如何运用新型电子证据认定侵权事实，如何完善我国电子证据认定规则，如何促进智慧法院建设与区块链技术发展，本案判决都具有重要示范意义。

◉ 法条点击

《中华人民共和国民事诉讼法》

第六十六条 证据包括：

（一）当事人的陈述；

---

① 杜前. 互联网司法实践与探索. 杭州互联网法院［M］. 北京：人民法院出版社，2021：221.

（二）书证；
（三）物证；
（四）视听资料；
（五）电子数据；
（六）证人证言；
（七）鉴定意见；
（八）勘验笔录。
证据必须查证属实，才能作为认定事实的根据。

《最高人民法院关于知识产权民事诉讼证据的若干规定》

第十九条 人民法院可以对下列待证事实的专门性问题委托鉴定：

（一）被诉侵权技术方案与专利技术方案、现有技术的对应技术特征在手段、功能、效果等方面的异同；

（二）被诉侵权作品与主张权利的作品的异同；

（三）当事人主张的商业秘密与所属领域已为公众所知悉的信息的异同、被诉侵权的信息与商业秘密的异同；

（四）被诉侵权物与授权品种在特征、特性方面的异同，其不同是否因非遗传变异所致；

（五）被诉侵权集成电路布图设计与请求保护的集成电路布图设计的异同；

（六）合同涉及的技术是否存在缺陷；

（七）电子数据的真实性、完整性；

（八）其他需要委托鉴定的专门性问题。

38. 如何合理分配用户与网络服务提供者对争议事实的举证责任？①

——俞某诉某网络科技有限公司网络服务合同纠纷案

◉ 案情简介

原告： 俞某

被告： 某网络科技有限公司

YY 直播平台是由被告某网络科技有限公司运营的互联网直播平台，俞某是 YY 直播平台的实名认证消费者。Y 币是 YY 直播平台个人用户充值后获得的虚拟货币，可用于购

① 案例摘自广东省广州市中级人民法院（2019）粤 01 民终 24469 号二审判决书。

买虚拟礼物等，1 元可充值获得 1Y 币。红钻券是在该平台因开通或续费“贵族”而获得的虚拟货币，亦可用于购买虚拟礼物等，1 000 红钻券的购买力与 1Y 币的购买力相同。2017 年 4 月 6 日上午 10 点，俞某收到被告平台发送的其账号异地登录的提示短信，随后，俞某又收到个人账户因购买礼物“蓝色妖姬”支出 590 000 红钻券一次（价值 1 180 元）的提示短信。俞某意识到账号被盗，立即联系被告客服要求提供盗刷者的账户信息及采取相关冻结措施，但被告未满足其要求。俞某认为被告的 YY 软件的安全性存在问题，没有履行妥善保管义务且未及时协助追回被盗的网络虚拟财产，故请求人民法院判令被告赔偿其 1 180 000 红钻券（折合人民币 1 180 元）等。

◉ 审理结果

一审法院认为，原告未能妥善地保管账号、密码并采取充分措施防止财产被盗，对被盗结果应负主要责任，被告在技术和服务上存在一定疏漏对该损失负有次要的责任，判令被告赔偿原告被盗虚拟财产价值的 40%（即 472 元），驳回了原告的其他诉讼请求。后被告不服提起上诉，二审裁定维持原判。

◉ 法理评析

鉴于网络服务提供者对平台的绝对管控，在举证责任的分担上法律通常会有所倾斜，比如《中华人民共和国电子商务法》第 62 条就规定电子商务经营者应当提供原始合同和交易记录。而像本案这种非电子商务争议的纠纷，如何合理分配用户与网络服务提供者对争议事实的举证责任确系一大难题。

根据《中华人民共和国民事诉讼法》第 67 条“当事人对自己提出的主张，有责任提供证据”之规定，用户作为原告，应对自己主张的事实承担举证责任，比如本案原告就需要对虚拟财产被盗的事实承担举证责任。但其举证责任应当达到的标准为何，这又是该问题的重中之重。因为网络服务提供者作为平台的控制者，很多证据以及提取技术均在其掌握之下，此时若苛责用户提交相应证据达到完全的证明标准明显不太实际。据此，人民法院认为只要达到《最高人民法院关于适用〈中华人民共和国民事诉讼法〉的解释》第 108 条之规定的高度盖然性标准即可。具体在本案中，原告提交了被盗刷虚拟财产的消费截图、账号被异地登录的短信、其向被告客服反映情况的对话截图、其与微信好友的对话截图和公安机关的相关受案回执等证据为证。法院认为，对于该待证事实，原告已经尽其能力提供了相关证据，且上述证据在日期、内容等方面能够互相印证，符合用户在虚拟财产被盗后的正常反应，本院确信原告所称的上述虚拟财产被盗事实的存在具有高度可能性，认定该事实存在。至于作为网络服务提供者的被告，同样根据《最高人民法院关于适用〈中华人民共和国民事诉讼法〉的解释》第 108 条之规定，其反驳原告主张的事实，其应当举证证明。而本案被告并未提交任何相反证据推翻，故对其认为存在被盗事实属于认定错误的主张，法院未予采纳。

综上，用户与网络服务提供者对争议事实的举证责任原则上仍适用《中华人民共和国民事诉讼法》第 67 条、《最高人民法院关于适用〈中华人民共和国民事诉讼法〉的解释》第 108 条之规定，只是结合具体案件情况而言，原告在尽可能举示相应证据后，如争议事实存在具有高度可能性，则应认定该事实存在。

法条点击

《中华人民共和国民事诉讼法》

第六十七条　当事人对自己提出的主张，有责任提供证据。

《最高人民法院关于适用〈中华人民共和国民事诉讼法〉的解释》

第一百零八条　对负有举证证明责任的当事人提供的证据，人民法院经审查并结合相关事实，确信待证事实的存在具有高度可能性的，应当认定该事实存在。

对一方当事人为反驳负有举证证明责任的当事人所主张事实而提供的证据，人民法院经审查并结合相关事实，认为待证事实真伪不明的，应当认定该事实不存在。

法律对于待证事实所应达到的证明标准另有规定的，从其规定。

《中华人民共和国电子商务法》

第六十二条　在电子商务争议处理中，电子商务经营者应当提供原始合同和交易记录。因电子商务经营者丢失、伪造、篡改、销毁、隐匿或者拒绝提供前述资料，致使人民法院、仲裁机构或者有关机关无法查明事实的，电子商务经营者应当承担相应的法律责任。

39. 电子商务平台需要提供交易记录吗？

——侯某与某网信息技术有限公司网络购物合同纠纷[①]

案情简介

原告：侯某

被告：某网信息技术有限公司

原告侯某在被告自营的网上店铺购买一件“当当优品四件套60s纯棉贡缎双人床单款件套桃粉”。下单后，被告平台对该货物相关销售页面进行了两次修改，分别为“修改主图信息”和“编辑主图视频或动图”。侯某收到货物后，认为颜色与支付时商品主页描述的颜色不符，被告对商品主页信息进行修改的行为属于欺诈行为，遂请求人民法院：（1）判令当当网退货退款，依法进行3倍赔偿500元；（2）判令本案诉讼费由被告承担。

庭审中，法庭组织当事人双方对某网信息技术有限公司网站商品信息管理系统进行了

① 案例摘自北京市第四中级人民法院（2020）京04民终535号二审判决书。

勘验，证实 2019 年 5 月 14 日 19 时 15 分 04 秒，某网信息技术有限公司同时对相关销售页面进行过两次修改，分别为“修改主图信息”和“编辑主图视频或动图”，即对商品页面的主图进行了修改。某网信息技术有限公司对此予以认可，但坚持认为只修改了商品主图，未修改商品详情页图片。经询，某网信息技术有限公司不能提供侯某购买商品当时的商品详情页面，仅能提供商品当前销售页面情况。在当前销售页面中，商品主图颜色与商品详情颜色信息一致。侯某提供与客服的聊天记录，内含一幅涉案商品图片。侯某认为，该图片与其购买商品当时的图片相符。

◉ 审理结果

人民法院审理后认为，根据侯某提供的与客服聊天记录中的图片，侯某购买商品颜色为较深的粉色，但实际收到商品颜色为较浅的粉色，某网信息技术有限公司交付的商品颜色与其承诺不符。某网信息技术有限公司辩称商品存在色差问题，但某网信息技术有限公司不能提供侯某当时购买的订单详情信息。根据《电子商务法》第 62 条之规定可知，某网信息技术有限公司作为经营者，负有保留交易信息的义务，在与侯某提供的页面信息不一致的情况下，应承担相应举证不能的后果。此外，虽然某网信息技术有限公司在向侯某发货前变更了商品信息，但是该变更未取得侯某同意，对侯某不发生效力。合同欺诈的认定要件包括欺诈人的欺诈故意、欺诈行为、被欺诈人因欺诈而产生错误认识而为意思表示。本案中，某网信息技术有限公司虽然在向侯某发货前变更了商品颜色信息，但是商品颜色的变化没有导致商品价格的变化，某网信息技术有限公司无法从涉案商品颜色变化中获得利益，某网信息技术有限公司并无欺诈的必要，因此，不能认定某网信息技术有限公司具有欺诈的主观故意，故不构成欺诈，判决：（1）本判决生效之日起 10 日内，被告某网信息技术有限公司向原告侯某退还货款 178 元，原告侯某向被告某网信息技术有限公司退回相应商品，不能返还的部分，按照原价折抵；（2）驳回原告其他诉讼请求。之后，二审维持原判。

◉ 法理评析

电子商务平台与消费者之间因网络购物合同发生纠纷时，电子商务平台是否提供交易记录，涉及举证责任的分配问题。

根据《中华人民共和国民事诉讼法》第 67 条、《最高人民法院关于适用〈中华人民共和国民事诉讼法〉的解释》第 108 条规定的一般的举证责任分配来看，消费者起诉时就自己主张的事实，举示的证据一般为当时的商品详情网页截图、与客服的聊天记录截图等。此时，如被告反驳原告主张的事实，则为了证明其反驳主张的事实应当提供交易记录，但在被告拒绝提供的情况下：（1）原告提交的初步证据如已经完全证明了其主张的事实，或者证明了主张的事实存在具有高度可能性，则认定原告主张的事实存在；（2）如果原告提交的初步证据仅能使待证事实真伪不明，则应当由原告承担举证不能的责任，认定待证事实不存在。

《电子商务法》第 62 条明确规定：“在电子商务争议处理中，电子商务经营者应当提供原始合同和交易记录。因电子商务经营者丢失、伪造、篡改、销毁、隐匿或者拒绝提供前述资料，致使人民法院、仲裁机构或者有关机关无法查明事实的，电子商务经营者应当承担相应的法律责任。”故作为电子商务经营者，负有保留交易信息的义务，无法提供交易记录的则应承担相应的举证不利的法律责任。因此，该条规定与前述一般的举证责任分配并不一致，系《最高人民法院关于适用〈中华人民共和国民事诉讼法〉的解释》第 108 条规定的“法律对于待证事实所应达到的证明标准另有规定的，从其规定”中特别规定的情况。经营者在侵权纠纷发生后应有关机关要求而未能提供交易信息的，该条规定的适用效果相当于设定了举证责任倒置规则。[①]比如本案中，原告作为消费者并未提交商品详情页面的证据，而仅仅提供了与客服聊天记录中的图片，来证明被告交付的商品颜色与其承诺不符，属于间接证据，如果按照一般的举证责任分配情况，该间接证据并未有页面详情（交易详情）与之进行对比核实，且聊天记录也一般为原告单方面陈述，待证事实到底是真伪不明还是有高度可能性，还是一个值得商榷的问题。但被告因不能提供原告当时购买的订单详情信息，根据该条举证规则，法院可直接按照该条规定对涉案商品存在商品详情描述的颜色与所售商品颜色不符的事实予以确认。

在网络购物已成为人们主要购物方式之一的今天，2022 年全国网上零售额 13.79 万亿元，同比增长 4%。[②]《电子商务法》第 62 条规定的价值首先在于解决举证难问题。电子商务经营者具有获取、保存交易信息的技术优势和成本优势，交易信息的核验、保存法律义务由电子商务经营者承担，无疑有利于降低社会交易成本，因此这一制度设计具有正当性。

◉ 法条点击

《中华人民共和国电子商务法》

第六十二条　在电子商务争议处理中，电子商务经营者应当提供原始合同和交易记录。因电子商务经营者丢失、伪造、篡改、销毁、隐匿或者拒绝提供前述资料，致使人民法院、仲裁机构或者有关机关无法查明事实的，电子商务经营者应当承担相应的法律责任。

《中华人民共和国民事诉讼法》

第六十七条　当事人对自己提出的主张，有责任提供证据。

《最高人民法院关于适用〈中华人民共和国民事诉讼法〉的解释》

第一百零八条　对负有举证证明责任的当事人提供的证据，人民法院经审查并结合相关事实，确信待证事实的存在具有高度可能性的，应当认定该事实存在。

对一方当事人为反驳负有举证证明责任的当事人所主张事实而提供的证据，人民法院

---

① 徐卓斌.《电子商务法》对知识产权法的影响［J］. 知识产权，2019（3）：35.

② 数据引用自我国商务部《2022 年中国网络零售市场发展报告》。

经审查并结合相关事实，认为待证事实真伪不明的，应当认定该事实不存在。

法律对于待证事实所应达到的证明标准另有规定的，从其规定。

40. 通知何以“有效”？

——敖某某与乔某某侵权纠纷案①

◉ 案情简介

原告：敖某某

被告：乔某某

原告敖某某是某电商平台“英语××”店铺的经营者，店铺主要经营内容是提供雅思、托福考试等在线培训课程，并获得英国文化教育协会颁发的“雅思考试合作伙伴项目铜级合作伙伴”；被告乔某某是某电商平台“考×××”店铺的经营者，店铺主要经营内容是提供雅思考试在线培训课程，被告主编有《雅思××××考题训练》一书。2020年8月25日，被告以原告店铺产品雅思考题中某篇考题与被告主编的《雅思××××考题训练》中的某篇考题一致为由，向某电商平台投诉原告商品为假冒或盗版商品，并提交了自制的《鉴定报告》。某电商平台判定原告产品“售假违规”并对原告店铺进行处罚，处罚内容为：特种类目的清退；店铺的搜索屏蔽；店铺及全部商品的搜索屏蔽；商品的删除；禁止参加促销活动；限制创建店铺并持续若干小时；限制发送站内信并持续若干小时；限制发布商品并持续若干小时；扣相关平台商户积分12分。

2020年8月31日，原告委托律师向被告发出律师函，要求其及时撤销投诉。被告签收后，未予撤销。2020年10月，原告向广州互联网法院起诉被告，请求法院认定被告的投诉行为为恶意投诉，要求被告赔礼道歉、赔偿损失。

◉ 审理结果

广州互联网法院认为，在涉案投诉中，被告在明知自己非权利人且无鉴定资质的情形下，仍通过自制鉴定意见“维权”，并在鉴定报告中保证该鉴定能够作为认定被投诉商品是否为假货的判断依据，承诺承担因鉴定报告导致的法律风险，致使电商平台作出错误删除、屏蔽链接措施，在收到原告律师函后，仍不向电商平台申请撤销投诉，被告投诉行为属主观恶意。法院认为，网络店铺作为网络空间的经营活动载体，具有财产属性。网络店铺因经营而产生信用等级、销量排行、客户度、商业信誉、用户大数据等无形资产，可以给经营主体带来经济利益，致使上述无形资产减损之行为，必然造成经营主体的经济利益损失。但在损失计算上，网店关闭期间内的利润损失并不具有确定性和可

① 案例摘自广州互联网法院（2020）粤0192民初46339号民事判决书。

预见性，故此，法院根据原告网络店铺的资信状况、被告的过错程度、具体侵权行为和方式、造成的后果和影响等因素对经济损失酌情确定。故认定，被告的投诉行为构成恶意投诉，该投诉构成对原告的财产权侵权，应承担相应的法律责任。遂判决被告向原告赔偿经济损失。一审判决后，原告、被告均未上诉，该判决已生效。

◉ 法理评析

“通知—删除”规则被认为是推动各国平台经济发展最为重要的一条法律规则，为平台经济打造了一个“安全港”。但同时，实践中恶意利用“通知—删除”规则打压竞争对手、谋取不当利益的行为也时有发生，扰乱了正常的经济秩序。如本案被告乔某某的这种恶意投诉行为，不仅给当事人带来实质上的损失，亦不利于维护互联网经济的健康发展。那么如何避免这种平台的恶意投诉，也就是通知如何初步认定有效，是值得我们思考的问题。

我国《电子商务法》第 42 条之规定“通知应当包括构成侵权的初步证据”，该条规定是对通知者或平台投诉者的要求，“包括提交材料的范围和程度。知识产权权利人在向电子商务平台经营者发送通知时，应当符合一定的要件，包括构成侵权的初步证据以及权利人的身份信息等。《电子商务法》没有对通知的其他要件作出规定，实践中可以参考《信息网络传播权保护条例》以及相关的司法实践中关于著作权人发送通知的规定”。[①]其中，《信息网络传播权保护条例》第 14 条规定“通知书应当包含下列内容：（一）权利人的姓名（名称）、联系方式和地址；（二）要求删除或者断开链接的侵权作品、表演、录音录像制品的名称和网络地址；（三）构成侵权的初步证明材料。权利人应当对通知书的真实性负责”。结合本案而言，被告乔某某向平台提供的构成侵权的初步证明材料系其自制的《鉴定报告》，形式上而言，该通知确实系有效通知，但实质上，《鉴定报告》系自制。因此，对通知何以有效，应当着重考虑构成侵权的初步证明材料的范围和程度，虽然越详细规范越有利于平台作判断，从而预防恶意投诉。比如本案中，如果被告乔某某还提供了以下材料，或者平台审核通知时让被告提供了以下材料，很大程度上就会避免此次纠纷的产生：（1）自己系案涉产品的权利人的材料；（2）出具《鉴定报告》主体的相关资质证明材料。

综上，电子商务中的知识产权侵权问题大致可以分为以下三类：一是假货问题，二是盗版问题，三是专利侵权问题。针对不同的侵权问题，需要提供的有效通知的材料并不一致，但一般包括：（1）权利人材料；（2）被侵权的事实材料（可以是具有鉴定资质的鉴定报告，也可以是公证相关侵权事实的公证文书等）。在“通知—删除”规则下，法律既要保护通知人的利益，又要保护被通知人的利益。任何一方利益的失衡，均无法达到法律的目标，也无法达到规制社会秩序的目的。对电子商务中恶意投诉行为的规制，是法律保护互联网经济秩序的规则之一，也只有在这样的规制下，互联网经济才能健康发展。

---

① 刘晓春.《电子商务法》知识产权通知删除制度的反思与完善［J］. 中国社会科学院研究生院学报，2019（2）：125.

◉ 法条点击

《中华人民共和国电子商务法》

第四十二条 知识产权权利人认为其知识产权受到侵害的，有权通知电子商务平台经营者采取删除、屏蔽、断开链接、终止交易和服务等必要措施。通知应当包括构成侵权的初步证据。

电子商务平台经营者接到通知后，应当及时采取必要措施，并将该通知转送平台内经营者；未及时采取必要措施的，对损害的扩大部分与平台内经营者承担连带责任。

因通知错误造成平台内经营者损害的，依法承担民事责任。恶意发出错误通知，造成平台内经营者损失的，加倍承担赔偿责任。

《信息网络传播权保护条例》

第十四条 对提供信息存储空间或者提供搜索、链接服务的网络服务提供者，权利人认为其服务所涉及的作品、表演、录音录像制品，侵犯自己的信息网络传播权或者被删除、改变了自己的权利管理电子信息的，可以向该网络服务提供者提交书面通知，要求网络服务提供者删除该作品、表演、录音录像制品，或者断开与该作品、表演、录音录像制品的链接。通知书应当包含下列内容：

（一）权利人的姓名（名称）、联系方式和地址；

（二）要求删除或者断开链接的侵权作品、表演、录音录像制品的名称和网络地址；

（三）构成侵权的初步证明材料。

权利人应当对通知书的真实性负责。

41. 恶意投诉何时了？

——王某诉江某等不正当竞争纠纷案①

◉ 案情简介

原告：王某

被告：江某

2016 年 12 月 31 日，江某假冒某公司的名义在阿里巴巴知识产权保护平台以王某经营的“雷恩体育”销售的涉案商品经其购买鉴定为假货且侵犯“安德玛”商标权为由，向淘宝公司进行投诉。江某投诉所依据的商标权为第 8205764 号 Under Armour 商标，且

① 案例摘自杭州铁路运输法院（2018）浙 8601 民初 868 号。

向淘宝公司提交了涉案商标的商标注册证书。随后，淘宝公司根据江某的投诉，于 2017 年 1 月 13 日删除了涉案商品的商品链接，并于 2017 年 3 月 14 日对王某的淘宝店铺进行了降权处罚，其被投诉之后的营业额大幅下降。王某网店 2017 年 2 月的销售额为 11 708 823.1 元，3 月为 8 434 433.99 元，4 月下降至 4 820 346.72 元，此后一直未恢复至降权前的销售额。后江某因涉嫌销售假冒安德玛注册商标服饰被四川省德阳市公安局立案侦查，经侦查发现江某使用的与“安德玛”有关的印章系其通过淘宝网找他人私刻用于投诉卖家。原告王某认为江某的恶意投诉行为构成不正当竞争，故诉请被告江某赔偿王某经济损失 800 万元及合理费用 3 万元。

◉ 审理结果

杭州铁路运输法院经审理认为，江某的恶意投诉行为违反了诚信原则和公认的商业道德，该行为损害了同行业竞争者王某的合法利益，破坏了正常的竞争秩序，具有明显的不正当性，已构成不正当竞争，王某的侵权指控成立，法院予以支持。至于损害赔偿数额，法院认为，在本案江某恶意投诉期间减少的营业额应当作为本案加倍赔偿数额的重要参考因素。其中，王某经营的雷恩体育 Solestage 公司销售额遭投诉后累计下降 300 万余元，王某在庭审中自述服装行业利润率约为 47%，江某在庭审中自述服装行业利润率约为 30%等。故法院酌情认定其赔偿王某经济损失 210 万元（包括为制止侵权所支出的合理费用），故判决被告江某赔偿原告王某经济损失 210 万元（包括原告王某为制止侵权行为所支付的合理开支）。

◉ 法理评析

本案系全国首例因恶意发出错误通知，造成平台内经营者损失、承担加倍赔偿责任的案件。“通知—删除”规则最早被用于互联网版权的保护，后被移植到《电子商务法》中，用于规范电子商务环境下的知识产权保护，《电子商务法》第 42 条即规定了电商平台的知识产权保护责任。虽然“通知—删除”规则有效地打击了电商环境中的知识产权侵权行为，但在实践中也带来了一系列问题，其中最主要的体现便是行为人滥用投诉权利，恶意投诉竞争对手并阻碍其正常经营的行为。[①]恶意投诉者利用良好的知识产权保护机制，获取非法利益，不仅影响消费者对商品的认可和购买力，更直接影响到商家的经济效益，从而对整个电子商务行业产生负面影响，对这种恶意投诉行为以民事责任予以制裁，是维护经营秩序和诚信道德所必需。具体而言，在法律认定上主要从以下两个方面分析。

一方面，知识产权恶意投诉作为侵权行为的一种，法院在认定该类行为时应考虑主观恶意、客观行为、损害后果和因果关系这四个方面构成要件：一是主观恶意，正当维权和权利滥用的区别在于投诉者的主观状态，恶意是指行为人进行投诉时不正当或不诚信的心理状态，其具有直接侵害他人权利的动机。二是客观行为，恶意投诉者要有

---

① 孔祥俊，毕文轩. 电子商务平台知识产权恶意投诉的规制困境及其化解——以 2018—2020 年已决案例为样本的分析［J］. 山东大学学报（哲学社会科学版），2022（01）：107.

通过电子商务平台向其他商家发起投诉的行为。本案中王某经营涉案淘宝店铺销售商品形成的商业利益属于《反不正当竞争法》所保护的权益，而江某编造虚假材料通过平台恶意投诉，损害竞争对手的商业信誉，使得涉案淘宝店铺一再被平台处罚甚至最终降权，江某经营的店铺攫取了涉案淘宝店铺可以获取的商业机会，获取了商业利益与竞争优势，明显有悖公认的商业道德。故江某的被诉涉嫌投诉行为是一种恶意投诉行为，不具有正当性。三是损害后果，知识产权恶意投诉侵害的是复杂客体，损害后果可以分为财产性损害和非财产性损害，本案中王某经营的淘宝店铺销售额呈断崖式下跌，遭受了财产性损害。四是因果关系，只要以一般社会经验和知识水平能够判断恶意投诉行为和损害结果之间存在引起与被引起的因果关系，恶意投诉即成立。

另一方面，关于赔偿的数额认定上，我国目前的知识产权赔偿主要是补偿性赔偿，数额的确定依据是权利人实际损失、侵权获益、许可使用费等，无法举证证明前述计算依据的情况下，由法院依法酌情确定赔偿金额。引入加倍赔偿制度，正是考虑到知识产权权利人维权成本过高而侵权成本过低的司法现实，通过提供充分赔偿、加重惩罚侵权人，以重新恢复侵权人和权利人之间对等的价值关系，有效维护公平公正的市场经济秩序。本案中王某主张以减少的营业额作为实际损失额的主张未被采纳，但王某经营的涉案淘宝店铺营业额在江某的恶意投诉后呈现出大幅度下降，至今仍未恢复到投诉前的状态，结合江某关于服装行业利润率的陈述，王某主张的涉案淘宝店铺的经济损失高达 900 万余元，因此江某恶意投诉期间减少的营业额应当作为本案加倍赔偿数额的重要参考因素。同时该案中江某多次重复投诉，使用伪造印章等投诉行为的恶意程度已经超过错误通知与客观事实不符所呈现的一般过错程度，因此不再限于《中华人民共和国电子商务法》第 42 条第 3 款中的“错误通知”而应属于“恶意发出错误通知”情形，故法院以法定赔偿方式并充分考虑恶意因素确定加倍赔偿的数额。

近年来，随着网络平台经济的飞速发展，各大网络购物 App、电商小程序、微店等依托于互联网而生的交易平台迅速崛起，吸引了大批商家、个人入驻，平台交易规模也随之飞速攀升。然而，平台经济业态欣欣向荣的同时，电商平台中经营者恶意竞争的现象却日趋严重。本案认定利用电商平台投诉机制恶意投诉其他经营者商品的行为构成不正当竞争，并援引《电子商务法》第 42 条加倍赔偿条款进行判决，从重制裁经营者通过恶意投诉谋取竞争优势的行为，维护公平竞争市场秩序。

◉ 法条点击

《中华人民共和国电子商务法》

第四十二条 知识产权权利人认为其知识产权受到侵害的，有权通知电子商务平台经营者采取删除、屏蔽、断开链接、终止交易和服务等必要措施。通知应当包括构成侵权的初步证据。

电子商务平台经营者接到通知后，应当及时采取必要措施，并将该通知转送平台内经营者；未及时采取必要措施的，对损害的扩大部分与平台内经营者承担连带责任。

因通知错误造成平台内经营者损害的，依法承担民事责任。恶意发出错误通知，造成平台内经营者损失的，加倍承担赔偿责任。

《中华人民共和国反不正当竞争法》

第十七条　经营者违反本法规定，给他人造成损害的，应当依法承担民事责任。

经营者的合法权益受到不正当竞争行为损害的，可以向人民法院提起诉讼。

因不正当竞争行为受到损害的经营者的赔偿数额，按照其因被侵权所受到的实际损失确定；实际损失难以计算的，按照侵权人因侵权所获得的利益确定。经营者恶意实施侵犯商业秘密行为，情节严重的，可以在按照上述方法确定数额的一倍以上五倍以下确定赔偿数额。赔偿数额还应当包括经营者为制止侵权行为所支付的合理开支。

经营者违反本法第六条、第九条规定，权利人因被侵权所受到的实际损失、侵权人因侵权所获得的利益难以确定的，由人民法院根据侵权行为的情节判决给予权利人五百万元以下的赔偿。

42. GUCCI腰带真假如何辩？

——跨境电子商务零售进口商品合法性的认定[①]

◉ 案情简介

原告： 曹某

被告： 广州某电子商务有限公司

2021 年 3 月 18 日，曹某在唯品会公司自营电子商务平台上购买古驰（GUCCI）腰带一件。唯品会公司客服在与曹某的在线沟通中表示该腰带为古驰（GUCCI）正品。曹某收到案涉商品后向“得物”平台邮寄案涉商品进行寄售，但被得物平台退回，原因为“鉴别为假”。2021 年 4 月 6 日，“优奢易拍在线”对案涉商品的“鉴定评估报告”显示“此商品经在线初审结论为不通过”。曹某认为，唯品会的行为构成欺诈，遂向人民法院提起诉讼，请求判令被告退货款并赔偿等。

唯品会公司辩称，案涉 GUCCI 皮带为合法正品，并在庭审过程中，对商品来源进行说明：案涉商品由 GUCCI 品牌公司关联的瑞士公司销售给保加利亚某某公司，再由保加利亚某某公司销售给意大利某某公司，意大利某某公司再销售给唯品会公司，整个过程由海外第三方机构进行背景和信用调查，合同方签署承诺书，案涉商品通过德铁信可物流由某某运抵中国郑州，存放于新郑综合保税区。且唯品会公司提供发票、电子邮件、物流单据等外文文件和广东省广州市广州公证处于 2021 年 5 月 11 日就上述文件出具的翻译件以及《中华人民共和国海关进口货物报关单》、中华人民共和国海关总署知识产权

① 案例摘自广州互联网法院（2021）粤 0192 民初 10203 号民事判决书。

备案信息查询、“全球溯源查询服务平台”的信息查询证明上述事实。

◉ 审理结果

法院经过审理认为，一方面，唯品会公司提交了足以证明案涉商品来源合法正当的证据。根据唯品会公司所举证据，案涉商品在“唯品国际”自营电子商务平台销售，由GUCCI品牌公司关联的瑞士公司销售给保加利亚某某公司，再由保加利亚某某公司销售给意大利某某公司，意大利某某公司再销售给唯品会公司，可见案涉商品来源清晰，属于合法销售的跨境电子商务零售进口商品，并非假冒品牌商品。另一方面，曹某提交的得物App、优奢易拍平台的相关鉴别意见或者“鉴定评估报告”不足以证明案涉商品为假冒商品。相关鉴别意见或者“鉴定评估报告”并非由具备相应资质的鉴定机构出具，当事人未提交证据证明上述第三方平台具有鉴定资质以及鉴定人员具备鉴定能力，相关鉴别意见或者“鉴定评估报告”缺乏中立性、客观性、权威性，不足以证明案涉商品为假冒的“古驰”品牌商品。同时，在唯品会公司已经举证证明案涉商品属于来源合法正当的“古驰”品牌商品的情况下，曹某提交的通过实物或者图片对比的方式对案涉商品进行“鉴别”或者“鉴定”的结论不足以否定唯品会公司举证证明的关于商品来源的事实。综上所述，曹某关于案涉商品为假冒的“古驰”品牌商品的主张与事实不符，本院不予采信。唯品会公司不存在告知消费者虚假情况或者隐瞒真实情况的情形。曹某关于唯品会公司对其存在欺诈行为的主张缺乏事实依据，本院不予采纳，对曹某据此提出的各项诉讼请求，本院不予支持。

◉ 法理评析

跨境电商商品与传统进口商品相比，在产品款式、质量标准上可能存在差异，容易被消费者质疑是否为正品，这点在奢侈品方面表现得尤为明显。相关奢侈品品牌几乎都不设立鉴定部门，而国内目前尚无奢侈品鉴定行业标准，鉴定领域缺乏权威第三方机构，该案纠纷便是因此而起。因此，跨境电子商务零售进口商品的真假如何辨别，即跨境电子商务零售进口商品合法性如何认定，本案的审理为解决该问题此提供了思路。

根据《中华人民共和国电子商务法》第26条“电子商务经营者从事跨境电子商务，应当遵守进出口监督管理的法律、行政法规和国家有关规定”之规定，法院认为，跨境电子商务零售进口商品合法性判定主要依据系证明商品来源正当合法，故在本案中，法院根据跨境电商平台提供的海外购买流程和相关凭据、进口货物报关单、知识产权备案信息等证明案涉商品具有合法来源的证据，认定案涉商品来源合法，肯定了跨境电子商务零售进口商品的合法性。当然，在此情况下，如有相反证据，也可举证对其进行抗辩，只是本案中第三方平台的相关鉴别意见或者“鉴定评估报告”一方面并非由具备相应资质的鉴定机构出具，当事人未提交证据证明上述第三方平台具有鉴定资质以及鉴定人员具备鉴定能力，相关鉴别意见或者“鉴定评估报告”缺乏中立性、客观性、权威性。另一方面，系通过实物或者图片对比的方式对案涉商品进行“鉴别”或者“鉴定”，故该结论不足以否定关于商品来源的事实。因而，如果当事人提供的系中立、客观、权威的具有鉴定资质以及鉴定人员具备鉴定能力，且鉴定方式并非简单地通过实物或者图片对比的鉴定报告，那么仍可以动摇通过来源合法确认的跨境电子商务零售进口商品合法性。

综上，本案对规范跨境电商行为具有重要意义，也提示电子商务经营者应按照《电子商务法》第26条，遵守进出口监督管理的法律、行政法规和国家有关规定，确保产品的合法性和可追溯性。

法条点击

《中华人民共和国电子商务法》

第二十六条 电子商务经营者从事跨境电子商务，应当遵守进出口监督管理的法律、行政法规和国家有关规定。

《中华人民共和国民法典》

第一百四十八条 一方以欺诈手段，使对方在违背真实意思的情况下实施的民事法律行为，受欺诈方有权请求人民法院或者仲裁机构予以撤销。

43. 告那“职业吃货”！

——某宝网络有限公司诉周某某网络侵权责任纠纷案[1]

案情简介

原告： 某宝网络有限公司

被告： 周某某

周某某系某宝平台注册会员，其用自己身份信息注册了淘宝账号“哆啦a梦5580”及“同舟共济1951”，并经常在淘宝平台买入商品后不久，即以“假货”“商品品牌与实际不符”等理由向卖家发起仅退款申请。经初步统计，2018年6月7日至2018年7月31日短短1个月期间，周某某发起了624笔仅退款申请，退款总金额32 697.07元。其中“哆啦a梦5580”账号在2018年7月1日至2018年7月5日期间下单344笔，在2018年7月4日至2018年7月31日期间申请退款343笔，退款成功335笔，实际退款金额18 842.53元，退款申请率99.7%，退款成功率97.4%；“同舟共济1951”账号在2018年6月7日至2018年6月16日期间下单289笔，2018年6月11日至2018年6月29日申请退款281笔，退款成功277笔，实际退款金额3 854.54元，退款申请率97.2%，退款成功率95.8%。其退款过程中，某宝网平台显示存在相关卖家反馈的周某某案涉账号有发虚假

① 本案选自杭州市中级人民法院（2019）浙01民终10553号二审民事判决书。

物流的情形，也有卖家反馈给某宝网平台的微信聊天记录截图，反映周某某的案涉账号有通过微信向卖家索要金额不等的钱财的情形。某宝网络有限公司起诉至法院，要求周某某赔偿经济损失 1 元、合理支出（律师费）1 万元。

◉ 审理结果

法院认为，周某某注册成为某宝网的会员，即表示其知悉并接受《某宝平台服务协议》的全部内容。《某宝平台服务协议》第 4.3 条规定："您的购买行为应当基于真实的消费需求，不得存在对商品及/或服务实施恶意购买、恶意维权等扰乱淘宝平台正常交易秩序的行为。"该条系对消费者诚信购物和维权的要求。通过上述某宝平台规则的约束，某宝网引导消费者和平台经营者有序开展交易，逐步构建起良性的网络购物生态。本案周某某利用其注册的两个某宝网账户在短短一个月的时间内先后发起了共 600 余笔仅退款申请，订单退款申请率高达 99.7%和 97.2%。因此，结合周某某的订单退款率、退款申请理由、退款举证情况、购置用途等因素，周某某的行为不仅不符合正常消费者的消费和维权习惯，其利用某宝网规则肆意申请仅退款的行为还违反了《某宝平台服务协议》的约定，违背了作为交易买方亦应遵循的诚实信用原则，不但影响平台内经营者正常交易活动的开展，更侵害了某宝平台规范有序的经营管理秩序，破坏了平台内健康的网络购物生态，并导致某宝网络有限公司为处理其大量频繁发起的仅退款申请耗费了额外的人力物力资源，造成了客观的损失，周某某应当为此承担相应的侵权责任。一审法院判决：被告周某某赔偿原告浙江某宝网络有限公司经济损失 1 元，并赔偿原告合理支出（律师费）1 万元。被告不服上诉后，二审法院维持原判。

◉ 法理评析

本案系全国首例"职业吃货"案。"职业吃货"是指批量买入商品后短时间内发起仅退款不退货、威胁商家进行不当投诉而获取非法利益的职业买家。与电子商务的发展同步，以"职业吃货"为代表的网络黑灰产业也随之兴起，严重危及互联网商业生态环境的健康发展。

从法律角度来讲，"职业吃货"的行为属于侵权行为，根据《中华人民共和国民法典》第 1165 条"行为人因过错侵害他人民事权益造成损害的，应当承担侵权责任"之规定，在认定该侵权行为时需要重点考量其主观上有过错，客观上存在侵权行为并造成了损失。结合本案而言，周某某注册某宝会员时，《某宝平台服务协议》第 4.3 条规定告知了消费者应诚信购物和维权，但其仍恶意维权，主观上有过错；客观上，周某某在短短一个月的时间内先后发起了共 600 余笔仅退款申请，订单退款申请率高达 99.7%和 97.2%，且其退款申请理由、退款举证情况不符合正常消费者的消费和维权习惯，并因此导致平台为处理其大量频繁发起的仅退款申请耗费了额外的人力物力资源，造成损失。

但在认定"职业吃货"的侵权行为时，通常会遇到当事人抗辩称其系正常消费者维权行为。在电子交易中，消费者在收到标的物或接受服务之前，无法像在传统交易中一样获得对标的物、服务直观、具体的信息。为应对买卖双方信息严重不对称而造成的消费者意思表示不真实、不准确的情况，调整这种交易双方因信息地位差异而失衡的缔约关系，我国《消费者权益保护法》第 25 条赋予了消费者 7 日内的任意解除权。本案被告周某某正是对这种任意解除权的滥用，恶意退货才产生本案纠纷。但认定是否恶意、滥用任意解除权，除了客观上的短时间大量退货，更重要的是周某某并未将商品“完璧归赵”。《消费者权益保护法》第 25 条第 3 款规定，消费者退货的商品应当完好，而周某某却发送虚假退货物流。

本案通过支持第三方平台的诉讼维权行动，判决恶意的“职业吃货”败诉，充分体现了人民法院服务和保障数字经济健康发展，推动构建诚信、有序互联网营商环境的重要作用，但更让我们进一步思考：面对层出不穷的新型消费样态，如果我们一直固守保护弱者的思路和架构，仅仅简单地在消费者和经营者之间做利益分配和倾斜保护，可能不仅在事实上达不到保护消费者的目的，反而会使商家的利益也受到损害，最终依旧导致消费者利益受损。①

◉ 法条点击

《中华人民共和国民法典》

第七条 民事主体从事民事活动，应当遵循诚信原则，秉持诚实，恪守承诺。

第五百零九条 当事人应当按照约定全面履行自己的义务。

第一千一百六十五条 行为人因过错侵害他人民事权益造成损害的，应当承担侵权责任。

《中华人民共和国消费者权益保护法》

第二十五条 经营者采用网络、电视、电话、邮购等方式销售商品，消费者有权自收到商品之日起七日内退货，且无需说明理由，但下列商品除外：

（一）消费者定作的；

（二）鲜活易腐的；

（三）在线下载或者消费者拆封的音像制品、计算机软件等数字化商品；

（四）交付的报纸、期刊。

除前款所列商品外，其他根据商品性质并经消费者在购买时确认不宜退货的商品，不适用无理由退货。

消费者退货的商品应当完好。经营者应当自收到退回商品之日起七日内返还消费者支付的商品价款。退回商品的运费由消费者承担；经营者和消费者另有约定的，按照约定。

---

① 吴林昊. 重思消费者反悔权：权利基础与保护架构［J］. 甘肃政法学院学报，2022（1）：156.

44. 卖家标注“签收则默认完好无损”后必然免责吗？

——王某诉麟某公司买卖合同纠纷案[①]

◉ 案情简介

原告： 王某

被告： 麟某公司

2018年9月24日，王某在京东商城由麟某公司经营的网上店铺“喜莱盛旗舰店”购买了一台石磨磨浆机，订单原价2 688元，优惠后2 378元，2018年9月26日，王某补差价980元换购容量为50升的同款商品，两次订单合计3 358元。涉案商品由麟某公司负责包装并交由百世快运运输，运费由麟某公司承担。王某在2018年10月5日收到涉案石磨磨浆机，在快递底单上签署“外包装完好”并签名。随后，王某拆开货物包装后发现涉案石磨磨浆机破损，遂于当天告知麟某公司客服破损情况，并要求退货退款。麟某公司称，王某在快递底单上的签字表明王某在收货之前已经确认货物完好无损，拒绝了王某的退货申请。双方就此引发纠纷，王某诉至广州互联网法院，请求（1）被告退还原告购买石磨磨浆机的费用3 358元；（2）被告赔偿原告占地费6 000元，精神损失费642元。麟某公司辩称：物流提供了原告王某正常签收的单据，写明是无破损签收的。此外，商家在详情页已经再三强调，一旦签收就证明货物外观是无破损没问题的。所以有理由相信，王某在搬运时致使货物受损后，再向商家要求退货退款。

◉ 审理结果

法院审理后认为，王某通过京东商城向麟某公司下单购物、支付货款，麟某公司向王某发送货物，双方成立网络购物合同关系。王某在购物后发现涉案石磨磨浆机存在破损情况，认为是麟某公司的原因，从而要求麟某公司承担退还货款及占地费、精神损失费的责任。从本案证据看，涉案货物于2018年10月5日签收，王某于当天即告知麟某公司客服涉案货物破损情况，且涉案货物外表包有多层塑料薄膜，薄膜外钉有木制框架，需打开多层薄膜才能看到内装的货物情况，王某举证证明了快递员表示要先签字再验货，王某在运输单证上也注明“外包装完好”而非产品完好。综合以上情况看，王某陈述的快递人员因着急送货而要求其先签名再验货，收货后王某拆开货物包装后才发现涉案石磨磨浆机破损的情况具有高度可能性，人民法院确认涉案货物在交付给王某之前就已经破损。虽然麟某公司在涉案商品的销售页面商品介绍中标注“请在签收前务必开箱验

① 案例摘自广州互联网法院（2019）粤0192民初1151号民事判决书。

货……若您已签收，则默认机器完好无损，事后再发现破损要退货，则需要承担来回运费”，麟某公司客服与王某的聊天记录中，麟某公司客服也曾告知“如果不仔细检查直接签收导致经济损失和我们无法追踪物流责任，需由买家单方面承担”，但这些条款是当事人为了重复使用而预先拟定，并在订立合同时未与对方协商的条款，属于格式条款。“签收则默认机器完好无损”和“直接签收导致经济损失由买家单方面承担”的约定，不合理地免除了卖方责任、加重了买方的责任、排除了买方基于实际情况要求卖方承担责任的权利，以上条款属无效条款。为此，法院判决，被告佛山市麟某公司向原告王某返还货款 3 358 元，并赔偿损失 1 800 元，合计支付 5 158 元；原告王某返还石磨磨浆机。

◉ 法理评析

网络合同中包含大量格式条款，其以不引人注意的表达方式使用户难以将无害的格式条款与需要更多理解与思考的其他格式条款进行区分，且由于条款之间具有的不可分性或对整体同意的认定，导致用户同意某些条款的行为迫使其承认另一些条款的效力。[①]虽然电商平台的格式条款对于维护、规范网络交易的秩序起到了积极的作用，但确实也存在经营者经常利用其优越的经济地位，制定有利于己、不利于消费者的条款，对合同上的危险及负担进行不合理的分配。因此，《电子商务法》《消费者权益保护法》《民法典》均对格式条款进行了规定，主要内容集中在对格式条款的提示义务和效力问题上。

《民法典》和《消费者权益保护法》均明确约定有提示注意义务，且《消费者权益保护法》细化该义务为“以显著方式提请消费者注意商品或者服务的数量和质量、价款或者费用、履行期限和方式、安全注意事项和风险警示、售后服务、民事责任等与消费者有重大利害关系的内容，并按照消费者的要求予以说明”，且“不得以格式条款、通知、声明、店堂告示等方式”。实践中如何判断网站商家是否已经切实尽到了合理地提请消费者注意的义务，目前法律对此并无具体的规定，通常从以下几个方面进行考量认定：网页的外在表现形式；电子交易具体环境中商家提请注意的方式；提醒消费者注意的文字语言的清晰明白程度；提请注意的时间应当在合同订立之前或过程当中；提请注意的程度必须足以引起消费者的注意。根据《民法典》第 496 条规定，如果未尽到提示义务，致使对方没有注意或者理解与其有重大利害关系的条款的，对方可以主张该条款不成为合同的内容。

结合本案来看，商家在详情页标注类似“请在签收前务必开箱验货……若您已签收，则默认机器完好无损，事后再发现破损要退货，则需要承担来回运费”“如果不仔细检查直接签收导致经济损失和我们无法追踪物流责任，需由买家单方面承担”等内容，属于格式条款，确实也尽到了提示义务，故系双方达成的合同内容一部分。但是，网络商家作为条款的提供方，对于合理提醒注意义务的履行并不意味着格式条款必然有效，即合同虽然成立了，但并不一定有效。《民法典》第 497 条、《电子商务法》第 49 条、《消费者权益保护法》第 26 条均规定了哪些情况下，格式条款属于无效条款，主要包括以下情形：（1）一方不合理地免除或者减轻其责任、加重对方责任、限制对方主要权利；（2）

---

① 夏庆锋. 网络合同格式条款提示说明义务的履行瑕疵与完善措施［J］. 清华法学，2022（06）：133.

排除对方主要权利；（3）不得以格式条款等方式约定消费者支付价款后合同不成立。本案中，对“签收则默认机器完好无损”和“直接签收导致经济损失由买家单方面承担”的约定，不合理地免除了卖方责任、加重了买方的责任、排除了买方基于实际情况要求卖方承担责任的权利，以上条款属无效条款。

◉ 法条点击

《中华人民共和国民法典》

第四百九十六条 格式条款是当事人为了重复使用而预先拟定，并在订立合同时未与对方协商的条款。

采用格式条款订立合同的，提供格式条款的一方应当遵循公平原则确定当事人之间的权利和义务，并采取合理的方式提示对方注意免除或者减轻其责任等与对方有重大利害关系的条款，按照对方的要求，对该条款予以说明。提供格式条款的一方未履行提示或者说明义务，致使对方没有注意或者理解与其有重大利害关系的条款的，对方可以主张该条款不成为合同的内容。

第四百九十七条 有下列情形之一的，该格式条款无效：

（一）具有本法第一编第六章第三节和本法第五百零六条规定的无效情形；

（二）提供格式条款一方不合理地免除或者减轻其责任、加重对方责任、限制对方主要权利；

（三）提供格式条款一方排除对方主要权利。

《中华人民共和国电子商务法》

第四十九条 电子商务经营者发布的商品或者服务信息符合要约条件的，用户选择该商品或者服务并提交订单成功，合同成立。当事人另有约定的，从其约定。

电子商务经营者不得以格式条款等方式约定消费者支付价款后合同不成立；格式条款等含有该内容的，其内容无效。

《中华人民共和国消费者权益保护法》

第二十六条 经营者在经营活动中使用格式条款的，应当以显著方式提请消费者注意商品或者服务的数量和质量、价款或者费用、履行期限和方式、安全注意事项和风险警示、售后服务、民事责任等与消费者有重大利害关系的内容，并按照消费者的要求予以说明。

经营者不得以格式条款、通知、声明、店堂告示等方式，作出排除或者限制消费者权利、减轻或者免除经营者责任、加重消费者责任等对消费者不公平、不合理的规定，不得利用格式条款并借助技术手段强制交易。

格式条款、通知、声明、店堂告示等含有前款所列内容的，其内容无效。

45. 网络在线交易中介具有“仲裁者”身份资格吗?

——某新能源有限公司诉某信息技术有限公司网络服务合同纠纷案[1]

案情简介

原告：某新能源有限公司

被告：某信息技术有限公司

被告某信息技术有限公司系A电子商务平台经营者，原告某新能源有限公司系A平台内经营者，在A平台开设网店。2020年4月6日，案外人消费者朱某在原告开设在A平台的店铺购买电瓶车锂电池，支付货款1 898元（免运费），收货地为北京。该商品详情页面描述有“退货包运费”“15天内免费试用”等内容。消费者收货后，向原告反馈电池质量存在问题，原告未持异议，向消费者表示可选择补贴消费者200元或退货。消费者选择退货，并通过A平台以“商品质量问题”为由提交退货申请，但同日原告以“商品不存在质量问题”为由驳回消费者的退货申请。后被告介入双方退货纠纷，通过A平台操作批准消费者退货申请，并通知消费者先行垫付退货运费，如届时原告未能处理该笔运费，可联系被告客服处理。

因锂电池属特殊物品，运费高昂。消费者向原告反馈，原告要求消费者联系被告客服协助处理，并在消费者再次就物流运费350元征求其意见时，还要求消费者隐瞒交寄商品为电池并设法逃避拆箱检查。后消费者自行委托物流公司承运退回商品，实际支付运费300元，并将运费凭证上传A平台，备注说明运费情况。原告则通过A平台留言“严重超过正常物流费用”“消费者通过A退货诈骗快递费”，并表示“我公司会直接拒收商品，不会签收此商品”。当退回商品运达原告所在地后，原告拒收导致商品被物流公司转回至其他仓库，消费者再次将商品运送至原告指定的退货地址，为此支付运费357元，但原告仍拒收。2020年5月至6月期间，被告经消费者申请，从原告货款账户划扣357元和300元，划扣理由为退运费，同时将货款1 898元操作返还至消费者账户。原告因不满被告对本次纠纷的处理，遂起诉要求被告某信息技术有限公司依法返还货款及运费共计2 555元。

审理结果

法院审理后认为，某新能源有限公司系A平台内经营者，其与某信息技术有限公司签署了《A平台合作协议V4.0》，也认可《A平台争议处理规则》，即应遵守相关约定。

---

① 案例摘自上海市第一中级人民法院（2021）沪01民终4422号民事判决书。

消费者在线发起维权申请后，由被告平台官方客服介入并居中调处消费者及原告之间的信息网络买卖合同纠纷，根据消费者及商家在线向平台官方客服进行的陈述、举证、申诉以及与之相关的信息及证明材料，作出相应处理意见或判定争议结果，该程序符合法律规定及双方约定，即被告平台有权介入本案原告与消费者之间的纠纷，且在介入后有权适用各方一致接受的规则。具体到本案，原告在对被告平台处理结果持有异议时有提起诉讼的权利，被告对本案处理结果是否具有合法依据且满足公平、公正之要求，应结合相应事实进行实质性判断。具体而言，第一，原告在涉案商品详情页面承诺“退货包运费、15天内免费试用”等，上述承诺属于消费者与原告之间信息网络买卖合同的内容。在消费者收货后及时向原告提出退货要求时，原告对此并无异议。第二，被告在消费者与商家就退货及运费问题发生争议时，根据消费者申请，有权介入纠纷处理并适用平台规则作出处理。被告在充分听取消费者与原告双方的意见后，依据平台规则、信息网络买卖合同具体履行情况及争议内容，以原告未主动服务为由判定由其承担退货运费并返还货款，符合公平公正要求。同时，被告根据其与原告之间《A平台合作协议V4.0》中的相应约定，划扣原告店铺资金用于赔付消费者，亦无不当。第三，原告主张退货运费金额过高，超过合理费用范围。但锂电池系特殊物品，而消费者相较于作为专业卖家的原告对于如何邮寄及选择何种快递公司显然处于信息劣势，消费者为妥善退回涉案商品，已多次联系不同运输企业并多次向原告反馈情况，原告均消极应对，其主张的商品至今未收到，系自身拒收所致。因此，被告对本案处理结果并无不妥。据此，上海市长宁区人民法院一审判决驳回原告某新能源有限公司的全部诉讼请求，后二审维持原判。

◉ 法理评析

根据《电子商务法》第61条“消费者在电子商务平台购买商品或者接受服务，与平台内经营者发生争议时，电子商务平台经营者应当积极协助消费者维护合法权益”和第63条“电子商务平台经营者可以建立争议在线解决机制，制定并公示争议解决规则，根据自愿原则，公平、公正地解决当事人的争议”之规定，电子商务平台争议在线解决程序本质上是被告基于其作为电商平台的法定义务以及具体纠纷中双方的预先授权，按照预先制定的规则对平台内经营者与消费者之间纠纷进行居中处理，并根据其自身的处理意见在纠纷双方授权范围内采取相应措施。基于此，我们可以说此时的网络在线交易中介或平台具有“仲裁者”身份资格，可以对电子商务平台争议作出相应的“裁判”结果。比如，本案原告、被告签署的《A平台争议处理规则》以及被告对消费者与入驻商家之间纠纷的处理程序，性质上属于争议在线解决机制。其中，《A平台争议处理规则》作为原告、被告之间协议的组成部分，且经被告平台公示，属于双方之间真实的一致意思表示，可以作为确定原告与被告平台之间权利义务的依据。与此同时，根据该规则内容，买家发起维权或任一方向A平台投诉处理的，适用该规则。消费者依据该规则发起维权，根据现有证据其未对该规则内容提出异议，由此该规则的适用亦未超出消费者意思表示的范围。在此前提下，本案消费者在线发起维权申请后，由被告平台官方客服介入并居中调处消费者及原告之间的信息网络买卖合同纠纷，根据消费者及商家在线向平台官方客服进行的陈述、举证、申诉以及与之相关的信息及证明材料，作出相应处理意见或判定争议结果。

但是，一方面，被告平台对相应纠纷的介入及判定权限受限于特定的场景及权利边界，而非对平台内争议的终局解决方案，故不得影响当事方依法寻求其他救济途径的权利；另一方面，即使被告的争议在线解决机制符合自愿原则，仍须符合法律规定的“公平、公正地解决当事人的争议”之要求。具体到本案，原告在对于被告平台处理结果持有异议时有提起诉讼的权利，被告对本案处理结果是否具有合法依据且满足公平、公正之要求，应结合纠纷本身进行实质性判断。

当然，电子商务平台这种基于协议授权而扮演解决争议的角色也受到了质疑。比如电子商务平台经营者不是法定的纠纷解决主体，在纠纷的处理上缺乏足够的主体资格和明确的法律授权等。但其实，平台商享有监督平台内知识产权风险防范的权利是一种没有行政或司法性质的内部监管权，而平台本身享有的也只是法律默认的经营自主权和私人自治。因此，不能因为平台本身的私人属性就否定其纠纷裁判和争议解决的合理性和合法性。[①]相反，基于平台服务协议的达成，平台的管理、控制甚至认定行为都具有了权利依据，通过平台自治进行的“约定—同意”下的争议解决，不是司法裁决而是私人选择。它不具有也不可能具有与诉讼、仲裁一样的司法效力。平台自治下争议解决的可能结果是通过电子商务平台的参与和组织让争议解决的前置程序以更低成本风险进行，或者通过平台的审查判断让争议和纠纷的解决面临更小的错误风险和更少的损失可能，减少滥用和恶意通知下的强制措施，减少把握不准的通知后起诉。

◉ 法条点击

《中华人民共和国电子商务法》

第六十一条　消费者在电子商务平台购买商品或者接受服务，与平台内经营者发生争议时，电子商务平台经营者应当积极协助消费者维护合法权益。

第六十三条　电子商务平台经营者可以建立争议在线解决机制，制定并公示争议解决规则，根据自愿原则，公平、公正地解决当事人的争议。

① 兰昊. 电商领域知识产权“通知—删除”规则的困境与出路［J］. 知识产权，2020（04）：63.

第五章

电子商务促进

2022年11月11日，中国国际贸易促进委员会研究院发布了《2022年中国电子商务发展趋势报告：电子商务在经济高质量发展中的重要作用》（以下简称《报告》）。《报告》载明，电子商务成为拉动消费的重要力量。2022年1月至9月，实物商品网上零售额82 374亿元，增长6.1%，远高于同期社会消费品零售总额（以下简称“社零总额”）增速 0.7%；从月度数据看，实物商品网上零售额月度增速均远高于社零总额，在社零总额负增长的3月至5月，实物商品网上零售额仍保持了较高的增长速度。中国电子商务在网络零售市场、网购人数、数字化快递业务以及移动支付规模方面稳居世界第一位。

电子商务使得商品交易地点从传统市场转移到互联网空间站，消费场景从线下转化为线上。电子商务的发展，为消费者提供了更多更丰富的购物方式和消费体验，同时也带动了工业生产环节的升级与优化，更好地满足了消费者多元化、个性化、定制化的消费需求。与此同时，电子商务环境中也存在一些问题，例如用户信息泄露、同行业不良竞争、消费者与经营者权益保护不足、平台数据权益维护失序等，这些问题可能会影响市场秩序和消费者的利益。知识产权法律保护在网络环境中面临着更新、更复杂的挑战。本章中，我们选取了十个不同案例进行梳理和总结，以期在电子商务提供更加良好的用户体验、高质高效的产品与服务、安全的支付手段与隐私保护等方面，为相关方提供参考路径和解决方案，进一步保护消费者、经营者及电子商务平台的权益，促进电子商务的健康发展。

46. 传统商业方法进入网络就具有了可专利性吗？

——某网络公司诉某在线书店侵害411专利案[①]

◉ 案情简介

上诉人（原审被告）：某在线书店

被上诉人（原审原告）：某网络公司

“一次点击”专利的申请于1997年9月12日向专利商标局提出，1999年9月28日获得授权并转让给某网络公司，专利号为5960411（以下简称“411号专利”）。该项专利的权利要求如下：一种通过顾客系统用于预订某物品的方法，该方法由以下步骤组成：（1）显示某特定物品并显示一个单个行为的指示，该单个行为发出是用于预订该特定物品的；（2）发出的单个行为将一个接受预订该特定物品的信息发给服务商系统；（3）在服务商接受该单个行为发出的信息之后，该被预定的物品可单独从货架上被标注，从而完成购买该特定物品的行为。[②]

在该项专利被授予不到一个月，即1999年10月21日，某网络公司就以该专利被侵权为由将其竞争对手某在线书店诉至华盛顿西区联邦地区法院。同年12月1日，该法院作出判决，发布临时禁令，禁止被告在其网上书店使用“快速通道”（Express Lane）网上购物技术。被告提出许多抗辩理由，最主要的一点是一次点击购物方法的组成成分已经落入在先技术范围，没有非显而易见性，因而不具有可专利性。为此，其提出了相关的在先技术，主要包括在线订购技术和电子文件传递技术。原告针对被告的抗辩进行了反驳，并提交了其专利具有非显而易见性的证明，以证明一次点击技术无论是在商业领域还是计算机技术领域的确存在技术创造，而且一次点击技术在使用中能够吸引更多的顾客，具有重大的商业价值，被告使用其一次点击技术给其造成了巨大的损失。为支持该结论，地区法院对被告公司的技术专家罗克伍德博士（John Lockwood）的证词进行了重点分析。罗克伍德博士证明，尽管他对网上购物筐（Web Basket）很在行，也对其他网上购物程序很熟悉，但他从来没有想过用单一的行为方式进行网上购物，虽然这种软件的修改很容易实现。最后，地区法院同样也因为该技术取得了商业上的成功而被其他网站进行复制和模仿而认定一次点击技术具有非显而易见性。根据上述理由，地区法院认定该专利具有创造性，确定某网络公司已经充分证明了侵权的存在，因此作出了有利于某网络公司的判决。原审被告不服，向联邦巡回上诉法院提起上诉。

---

① 李晓秋．信息技术时代的商业方法可专利性研究［M］．北京：法律出版社，2012：48．

② 该项专利申请的权利要求请参见 Amazon.com，Inc. v. Barnesandnoble.com，Inc.，239 F.3d 1343（2001）。

◉ 审理结果

联邦巡回上诉法院肯定了上诉人（即原审被告）提出的对专利有效性，尤其是针对非显而易见性的根本质疑，并撤销了临时禁令，将案件发回地区法院重审。[①]该案最后以和解结案，和解内容并未向外界公布。

◉ 法理评析

本案争议的焦点之一是某网络公司的“一次点击”商业方法软件是否具有可专利性。商业方法的可专利性一直是一个备受争议的话题，不同国家和地区的法律规定也不尽相同。在传统专利法中，商业方法被认为不具有可专利性，因为商业方法被看作是抽象的经济行为，不属于专利法中保护的范畴。但随着知识经济时代的到来以及信息技术革命的推动，商业方法的可专利性重新受到了关注。

实践中，美国在1908年“酒店安全检查公司”案[②]中正式确立了“商业方法除外原则”。该原则在许多国家或地区的专利法或实施细则、审查指南中均有明文规定。例如《欧洲专利公约》（European Patent Convention，EPC）第52条（2）c项明文指出“商业活动的方案、规则和方法”不可专利。但是，这一原则也遭到了质疑。在知识经济时代的背景下，专利权不仅是民事权利，还是企业的竞争工具和国家发展战略中的重要举措。随着20世纪80年代的计算机及网络为代表的信息技术革命的到来，商业方法的可专利性被推到了争论中心。1998年，美国联邦巡回上诉法院审理了“州街银行”案[③]，确立了判定商业方法可专利性的“有用的、有形的、具体的结果”标准。2010年美国联邦最高法院在审理“世纪专利法大案——比尔斯基案”中否认了“州街银行”案的标准，但再次确认了商业方法的可专利性。美国法院认为，一些商业方法，特别是信息技术时代中的商业方法，如果具有新颖性、创造性和实用性，满足可专利性标准，可以授予专利权。这一做法受到加拿大、日本等国的追随。[④]传统商业方法如果已经公开，并原封不动地移入网络，没有创造性，当然不具有可专利性，不能授予专利权。但如果对传统商业方法进行创造性的改进，这样的商业方法未必不能具有可专利性。根据中国现行专利制度，纯商业方法属于智力规则，不能获得专利保护。但在西门子股份公司、中华人民共和国国家知识产权局专利行政管理（专利）二审行政判决书[⑤]中，最高人民法院对于判断一项涉及商业方法的解决方案是否构成专利法意义上的技术方案作出了新的裁判要旨，认为应当整体考虑权利要求限定的全部内容，从方案所解决的是否是技术问题、方案是否通过实现特定技术效果来解决问题、方案中手段的集合是依靠自然规律还是人为设定的规则获得足以解决问题的效果等方面综合评估。

本案中，“一次点击”模式对于技术人员来说并非显而易见，具有创造性，在互联网

---

① Amazon.com，Inc. v. Barnesandnoble.com，Inc.，239 F.3d 1343（2001）.

② Hotel Security Checking Co. v. Lorraine Co.，160 F. 467，469（2d Cir. 1908）.

③ State Street Bank & Trust Co. v. Signature Financial Group，149 F.3d 1368（Fed. Cir. 1998）.

④ 李晓秋. 析商业方法的可专利性［J］. 政法论坛，2011（2）：128.

⑤ 参见最高人民法院（2021）最高法知行终382号行政判决书。

上使用，具有新颖性，可为某网络公司、网络用户提供极大便利，具有实用性，综合而言，这项商业方法具有可专利性。

◉ 法条点击

《美国专利法》

（U.S. Patent Act，found in Title 35 of the United States Code）

35－101 条　可予专利之发明

任何人发明或发现新而有用之方法、机器、制品或物之组合，或新而有用之改良者，皆得依本法所定之规定及条件下获得专利。

35－102 条　可专利性之条件；新颖性及专利权之丧失

无下列情形之一者，得获得专利：

（a）在专利申请人发明及申请之前，已在本国为他人习知或使用，或在国内外已获准专利或在印刷刊物上公开发表者，或

（b）在美国申请专利一年前，该发明已在国内外获准专利或在印刷刊物上公开发表，或在国内为公开使用或销售者，或

（c）已声明放弃该项发明者，或

（d）在美国申请专利或发明证书十二个月前，该发明由申请人或其法定代理人或受让人，在他国已先取得专利，或即将取得专利，或取得发明证书上之标的者，或

（e）在专利申请人发明之前，该发明已见于他人在美国申请且核准之专利，或他人之国际申请案，符合第 371 条（c）项第（1）（2）及（4）款之规定要件者，或

（f）欲取得专利者并非该项发明标的之发明人，或

（g）在专利申请人发明之前，该项发明已在本国由他人完成且其未在本国放弃、禁止发行或隐藏者。在决定发明之优先性时，不仅需考虑该发明之构想及实施日期之关联，并且需顾及先于他人构想而晚于付诸实施者，在该他人构想前之合宜之努力。

35－103 条　可专利性之条件；非显而易知之主题标的

发明虽无依第 102 条规定，相同地被揭露或叙述之情事，惟请求专利主要标的与先前技术间之差异，为申请时熟悉该项技术具有通常技艺人士所显而易知者，该申请案仍未能获取专利，可专利性不可因为实施该发明之方式而遭否定。

专利之主题标的只有在依第 102 条之（f）或（g）款而作为先前技艺时，若该主要技术及所请求之发明，在发明完成时系由同一人所拥有，或经合法权利移转给同一人时，即不得排除其发明申请之可专利性。

47. 假“山寨”，真诋毁？

——上海某数据系统有限公司诉上海某信息科技有限公司商业诋毁纠纷案[①]

案情简介

上诉人（原审被告）：上海某信息科技有限公司

被上诉人（原审原告）：上海某数据系统有限公司

上诉人上海某信息科技有限公司（以下简称“信息科技公司”）因与被上诉人上海某数据系统有限公司（以下简称“数据系统公司”）商业诋毁纠纷一案，不服一审判决，向上海市第二中级人民法院提起上诉。

原审法院经审理查明，数据系统公司经营的BG网主要为公众提供商品信息比较服务和购物返利等，信息科技公司经营的FL网主要为公众提供网购向导服务和购物返利等。信息科技公司于2011年12月在网上发布了名为《FL网发官方声明谴责山寨FL网》的文章，该文中称：“今日，FL网向社会发布官方声明，称BG等公司虚假标高返利比例、诱骗网名注册的非法行为已影响了行业正常秩序的发展，并公布非法和山寨FL网站第一期黑榜……”文中转载了FL网官方声明全文，主要内容为：“近日，FL网接到北京、上海等多地消费者反映，网络上散布着大量诱导消费者到非法山寨FL网站消费的促销信息，很多会员被骗注册并消费后拿不到返利。同时对FL网商业信誉、商业形象构成诋毁。经了解，诱导信息为BG等非法山寨FL网站所为……在此，FL网提醒消费者注意防范，并发表如下声明：作为返利行业的领导企业，FL网是一家严谨和负责任的公司……但是，BG等多家FL网站利用虚假标高返利比例的非法行为诱骗消费者注册，而且常常遭到消费者投诉返利金额拿不到；同时用粗制滥造、断章取义等恶劣手段混淆视听，对FL网返利金额、注册奖励、提现金额等内容进行恶意解读，并通过微博大号等工具诱导不知情消费者。对此，我们认为，BG等多家FL网站不但损害了FL网正面的企业形象，造成了极为恶劣的行业影响，更粗暴地伤害了FL网近500万注册会员和40%网购人群的感情……为进一步规范返利行业秩序，进一步提升FL网客户体验质量，FL网倡议发起‘非法和山寨FL网站网络通缉令’大行动，FL网将定期在官方微博刊登非法山寨FL网名单……”

原审法院认为，数据系统公司经营的BG网和信息科技公司经营的FL网均系向公众提供网络购物信息服务和购物返利的网站，属于同业竞争关系。信息科技公司在其官方声明中表明自己网站是一家严谨和负责任的网站，却指称数据系统公司的网站为“非法

---

① 案例摘自上海市第二中级人民法院（2012）沪二中民五（知）终字第81号民事判决书。

山寨 FL 网站”，利用虚假标高返利比例的非法行为诱骗消费者注册，而且常常遭到消费者投诉返利金额拿不到；用粗制滥造、断章取义等恶劣手段混淆视听，对信息科技公司网站的返利金额、注册奖励、提现金额等内容进行恶意解读，并通过微博大号等工具诱导不知情消费者等，但对此未提供相应证据予以证实，属于捏造事实。信息科技公司将含有上述内容的涉案文章通过其官方微博进行转发，任何能够登录互联网的计算机用户均有机会接触到该信息，其行为属于向不特定的公众散布虚伪事实。上述虚伪陈述的内容表明信息科技公司网站的服务质量和信誉优于数据系统公司网站，在一定程度上贬低了数据系统公司网站的服务，会使相关公众对该公司的服务质量和企业形象产生不良印象，损害了数据系统公司的商业信誉，使数据系统公司的社会评价度降低，故信息科技公司的行为构成对数据系统公司的商业诋毁。

◉ 审理结果

2012 年 12 月 12 日，上海市第二中级人民法院作出判决：驳回上诉，维持原判。

◉ 法理评析

本案双方争议的焦点在于，信息科技公司在网上发布的《FL 网发官方声明谴责山寨 FL 网》一文中所载内容，对数据系统公司是否构成商业诋毁。

根据我国《反不正当竞争法》的相关规定，商业诋毁行为的核心是编造、传播虚假信息或者误导性信息。这些信息以损害竞争对手的商业信誉和商品声誉为目的，内容包括关于竞争对手的商品或服务的虚假描述、虚假的比较或对比、虚假或误导性的宣传等。一般认为，商业诋毁侵犯的对象是商誉。商誉是通过经营者长期辛勤付出（包括时间、精力、金钱等）而逐渐形成的。良好的商誉一经形成，能够增强经营产品或服务的竞争力，能够促进消费者的选择，从而给经营者带来极大的经济利益。商业诋毁行为可能导致消费者对竞争对手的产品或服务失去信任，从而影响竞争对手的销售和经营状况。从这个角度讲，商誉是一种无形财产权，理应得到保护，经营者应当享有因商誉而产生的排他性利益。最高人民法院在湛江市苏萨食品有限公司、江苏苏萨食品有限公司等不正当竞争纠纷再审一案中明确商业诋毁行为应当符合下列要件：（1）商业诋毁的主体是经营者；（2）商业诋毁的对象是竞争对手，竞争对手既包括同行业竞争对手也包括具有其他竞争关系的竞争对手；（3）编造、传播虚假信息或误导性信息；（4）商业诋毁产生损害竞争对手商业声誉、商品声誉的后果，损害后果既包括对特定竞争对手造成损害，也包括对特定行业、特定商品造成损害。[①]

本案中，信息科技公司与数据系统公司均为提供网购返利等服务的经营者，二者之间具有竞争关系。信息科技公司虽然辩称官方声明并非由其发布，但也承认因过失转发涉案文章链接。原审判决在信息科技公司未能提供相反证据的情况下认定系信息科技公司在互联网上发布了《FL 网发官方声明谴责山寨 FL 网》一文并无不当。信息科技公司系

① 参见最高人民法院（2021）最高法民申 301 号民事裁决书。

《FL 网发官方声明谴责山寨 FL 网》一文的直接受益者，其编造、传播虚假及误导性信息对数据系统公司进行诋毁，使得 BG 网仅仅因为从事返利行业便被贴上山寨 FL 网的标签。不仅如此，FL 网还公开宣称 BG 网误导消费者、虚假承诺等。因 FL 网未提供相关证据，法院认定其编造虚假信息，并已通过微博向不特定公众传播。信息科技公司的行为对数据系统公司造成了实际的经济损失，数据系统公司的商业信誉受到了影响，可能导致潜在客户和合作伙伴的流失，对企业的发展产生不利影响，已在事实上损害竞争对手数据系统公司的商业信誉。信息科技公司的行为属于不正当竞争行为，构成商业诋毁。为了维护市场秩序和公平竞争，应当对这种不正当竞争行为进行打击，采取必要的法律制裁。

◉ 法条点击

《中华人民共和国反不正当竞争法》

第十一条　经营者不得编造、传播虚假信息或者误导性信息，损害竞争对手的商业信誉、商品声誉。

48. 如何认定垂直搜索的不正当竞争行为的性质？

——上海某信息咨询有限公司诉某（北京）科技有限公司不正当竞争纠纷上诉案[①]

◉ 案情简介

上诉人（原审原告）：上海某信息咨询有限公司

上诉人（原审被告）：某（北京）科技有限公司

上诉人上海某信息咨询有限公司（以下简称“信息咨询公司”）原审诉称，其是 DZ 点评网的网站所有者和经营者。DZ 点评网的商户介绍和用户点评已经成为中国消费者选择相关商家和服务的重要参考资料，并为公司取得了良好的社会效益和经济效益。某（北京）科技有限公司（以下简称“科技公司”）是 AB 网的经营者。AB 网与 DZ 点评网构成同业竞争。科技公司通过 AB 网长期大量复制 DZ 点评网站内容的“搭便车”不正当竞争行为，获取不当的浏览量和竞争优势等。

① 案例摘自北京市第一中级人民法院（2011）一中民终字第 7512 号民事判决书。

科技公司原审辩称，信息咨询公司对 DZ 点评网站内容不享有排他性的独占使用权，科技公司作为搜索引擎提供商使用搜索结果中的摘要内容，不构成不正当竞争。

原审法院经审理查明，信息咨询公司是 DZ 点评网的经营者，其网站主要经营模式是对美食、购物、休闲、娱乐等生活服务类商户进行推介，网友可以通过其网站搜索不同地区的相关商户，也可以对美食、购物、休闲、娱乐等生活服务类商户进行点评。科技公司是 AB 网的经营者，其经营模式是为网友提供生活信息查询，并可获取其他用户的评价和体验。AB 网使用了 DZ 点评网上的商户简介和用户点评部分内容，在用户点评内容上方均注有发布者昵称和“在 DZ 点评发表”字样及链接标识。比较 AB 网和 DZ 点评网展示的商户简介，两者内容基本相同；AB 网展示的用户点评中，源自 DZ 点评网的内容比例较大，且两者内容基本相同。科技公司称该公司提供的是垂直搜索服务，符合搜索服务行业的通用展示模式。

原审法院认为，AB 网和 DZ 点评网都为用户提供分类信息查询服务，其网站展示的商户简介和用户点评的数量和质量直接影响其服务的水平和质量，进而影响其商业信誉和商业利益。DZ 点评网的商户简介和用户点评，是信息咨询公司搜集、整理和运用商业方法吸引用户注册而来。信息咨询公司为此付出了人力、财力、物力和时间等经营成本，由此产生的利益应受法律保护。对于 DZ 点评网的商户简介和用户点评，科技公司未付出劳动、未支出成本、未做出贡献，却直接利用技术手段在 AB 网上展示，并以此获取商业利益，属于反不正当竞争法理论中典型的“不劳而获”和“搭便车”的行为。科技公司的这一经营模式违反公平原则和诚实信用原则，违反公认的商业道德，构成不正当竞争。

AB 网使用的源于 DZ 点评网的内容中，商户简介和 DZ 点评网完全一致，用户点评和 DZ 点评网也没有实质性区别。通过 AB 网，用户可直接获取商户简介的全部内容和用户点评的绝大部分内容，基本实现获取信息的目的。虽然 AB 网注有“在 DZ 点评发表”字样和链接标识，但 AB 网已对全部商户简介内容和绝大部分点评内容进行了充分展示，网络用户一般不会再选择点击 DZ 点评链接标识。因此，AB 网的商户简介和用户点评已经构成对 DZ 点评网相应内容的实质性替代，必将不合理地损害信息咨询公司的商业利益。AB 网对商户简介的展示是原文展示，不可能属于摘要。因此，科技公司关于垂直搜索和摘要的抗辩依据不足。科技公司使用 DZ 点评网商户简介和用户点评，构成不正当竞争。

二审法院经审理查明的事实、所持观点与原审法院查明的事实、所持观点相同。

◉ 审理结果

2011 年 7 月 5 日，北京市第一中级人民法院对该案作出终审判决：驳回上诉，维持原判。

法理评析

随着互联网技术和网络经济的不断发展，垂直搜索引擎①作为一种新兴的网络服务模式，不断涌现并得到广泛应用。垂直搜索引擎可以为特定领域、特定人群或特定需求的用户提供更为准确的信息搜索服务，从而满足用户的多样化需求，具有很高的实用价值和市场价值。然而，随着垂直搜索引擎的普及和应用，一些不法经营者利用垂直搜索技术手段获取其他网站信息，侵犯了其他经营者的合法权益，扰乱了网络环境下正常的经济秩序，严重影响了网络经济的健康发展。

当前，我国调整网络经济秩序的法律法规相对滞后，不够明确、具体，这就给一些不法经营者留下了可乘之机。在此情况下，一些法律原则的恰当运用为解决诉讼争议起到了重要作用。本案即为一个典型，双方争议的焦点是，AB 网和 DZ 点评网都是提供分类信息查询服务的网站，科技公司和信息咨询公司存在直接竞争关系，科技公司提供垂直搜索使用 DZ 点评网商户简介和用户点评，是否构成不正当竞争。

根据《反不正当竞争法》第 2 条第 1 款之规定，经营者在生产经营活动中，应当遵循自愿、平等、公平、诚信的原则，遵守法律和商业道德。法院认为，科技公司辩称其系垂直搜索，从技术上分析具有较高的可信度。垂直搜索引擎技术客观上会为网络用户提供更为准确的搜索服务，会促进搜索引擎行业的发展，因此该技术本身并不具有违法性。但技术的合法性并不表明垂直搜索网站在使用该技术时可以不受任何限制。作为一种便捷的搜索技术，垂直搜索在实施过程中仍须遵守《反不正当竞争法》的相关规定。使用垂直搜索技术的网站对于特定行业网站的信息的利用，应控制在合理的范围内，不得对该网站造成市场替代的后果。换言之，垂直搜索引擎的经营者应当自觉遵循合法、公正、透明的经营方式，不得通过不正当手段获取其他经营者的信息，不得对其他经营者的合法权益造成不良影响和损害。就本案而言，AB 网和 DZ 点评网都是提供分类信息查询服务的网站，二者之间具有同业竞争关系。科技公司经营的 AB 网使用信息咨询公司经营的 DZ 点评网所收集的信息没有付出必要的劳动成本，在未取得信息咨询公司同意的情况下直接利用垂直搜索技术手段获取 DZ 点评网上的信息，并以此获得商业利益。该行为属于《反不正当竞争法》中“搭便车”的行为，违背了公认的商业道德，扰乱了网络环境下正常的经济秩序，对市场竞争公平性产生了损害，属于不正当竞争行为。法院的判决再一次警示网络经营者，无论网络技术如何发展，都不能违背公平原则、诚实信用原则和公认的商业道德。

---

① 垂直搜索（一般指垂直搜索引擎）是针对某一个行业的专业搜索引擎，是搜索引擎的细分和延伸，是对网页库中某类专门的信息进行一次整合，定向分字段抽取出需要的数据进行处理后再以某种形式返回给用户。垂直搜索是相对通用搜索引擎的信息量大、查询不准确、深度不够等提出来的新的搜索引擎服务模式，通过针对某一特定领域、某一特定人群或某一特定需求提供的有一定价值的信息和相关服务。其特点就是“专、精、深”，且具有行业色彩，相比较通用搜索引擎的海量信息无序化，垂直搜索引擎则显得更加专注、具体和深入。

◉ 法条点击

《中华人民共和国反不正当竞争法》

第二条 经营者在生产经营活动中，应当遵循自愿、平等、公平、诚信的原则，遵守法律和商业道德。

本法所称的不正当竞争行为，是指经营者在生产经营活动中，违反本法规定，扰乱市场竞争秩序，损害其他经营者或消费者的合法权益的行为。

本法所称的经营者，是指从事商品生产、经营或者提供服务（以下所称商品包括服务）的自然人、法人和非法人经济组织。

49. 电子商务平台为何狠磕职业差评？

——某网络有限公司诉杜某、邱某、张某侵害民事权益纠纷案[①]

◉ 案情简介

原告：某网络有限公司

被告 1：杜某

被告 2：邱某

被告 3：张某

2017 年 4 月，杜某、邱某、张某三人共谋利用恶意差评向某网站商家索取钱财。三人分工明确，杜某负责选择店铺、后续谈判并索要钱款、删除差评，邱某、张某负责购物给差评，先后五次敲诈店家，涉案价值人民币 20 400 元。落网前，三人敲诈勒索了多个商家，每笔获利 600 元至 8 800 元不等。2017 年 11 月，江苏省南通市海门区人民法院以敲诈勒索罪判处杜某等三人缓刑，并处罚金。

后某网络有限公司以三人恶意评价涉嫌侵权为由，向江苏省南通市海门区人民法院提起民事诉讼。原告诉称，经（2017）苏 0684 刑初 587 号刑事判决书确认：三被告以谋取不当利益为目的，在某网站上购物后通过恶意写入虚假的差评，利用卖家非常在意差评的心理向某网站卖家索取钱财，以此作为删除差评的要挟，三被告的行为构成敲诈勒索罪。同时，三被告这种虚假的评价数据对原告评价系统中多年来基于真实的消费而形成的评价数据构成了污染。这种侵害数据信息的行为构成了侵权，侵害了评价数据的完整性和真实性。

---

① 案例摘自江苏省南通市海门区人民法院（2018）苏 0684 民初 5030 号民事判决书。

被告邱某辩称：愿意向原告道歉，但主要行为是杜某实施的，主要责任在于杜某，而且差评已经删除。被告张某辩称：其本身对某网站商家上卖的东西不满意才给的差评，并不是恶意针对原告，愿意对原告道歉，而且差评已经删除。杜某未进行答辩。

南通市海门区人民法院认为某网站平台上的销量、评价等数据经过长期交易积累而形成，信用评价体系系某网站核心竞争利益。某网站作为中国目前规模最大的网络零售交易平台，有理由相信该平台上的消费者在网络购物决策过程中已养成对信用评价数据的依赖和习惯。三被告以敲诈为目的对商家进行恶意差评，客观上造成某网站平台上相关数据的不真实，直接影响并破坏了其构建的信用评价体系，亦即损害了某网络有限公司合法的民事权益，三被告的行为显然存在过错。某网络有限公司要求三被告共同对某网站赔偿 1 元符合法律规定。对其主张的合理开支部分，有证据证明某网络有限公司为本案诉讼实际支出律师费 20 000 元，应属合理支出，亦予以支持。

◉ 审理结果

南通市海门区人民法院依据《中华人民共和国民法总则》第 127 条、《中华人民共和国侵权责任法》第 6 条、第 15 条，判决被告杜某、邱某、张某分别赔偿原告某网络有限公司经济损失（含合理费用）10 001 元、6 000 元、4 000 元。案件受理费 400 元，由被告杜某负担 200 元、邱某负担 120 元、张某负担 80 元。

◉ 法理评析

本案的争议焦点在于三被告恶意在某网站平台上发布虚假差评的行为是否对某网络有限公司构成侵权。依据《民法典》主张侵权责任，应当具备下列条件：（1）行为人的行为违反法定义务或者违背善良风俗，具有违法性；（2）受害人的民事权益受到实际损害；（3）行为人的侵权行为与损害之间具有因果关系；（4）行为人具有故意或过失。本案当中，某网络有限公司并非以其法人名誉权受侵害而主张侵权责任，而是以“三被告对其评价系统注入不可信数据，损害了其对评价数据所享有的权利”为由主张侵权责任，故考虑三被告的行为是否构成侵权主要在于某网络有限公司的民事权利是否受到实际损害。

由于我国大数据产业是“在权属未明的前提下做大了蛋糕”，数据利益的归属和保护规则这一上层建筑的构建至今仍存在滞后性，致使数据权属纠纷频繁发生。产业的勃兴和纠纷的频发共同倒逼立法对此进行回应。在这一背景下，我国 2017 年颁布的《民法总则》第五章“民事权利”对“数据”保护进行了总括性规定，后《民法典》沿用了这一规定。[①]该规定是关于数据、网络虚拟财产保护的引致性规定，内容虽然简单，但意义重大，弥补了我国法律在虚拟财产保护问题上的空白，明确了数据、网络虚拟财产的财产属性。

数据是指具有可分析性、可统计性、有使用价值的信息的总和，不仅包括原生数据，

---

① 沈浩蓝. 法益抑或财产权利？——《民法典》规定的“数据”的法律性质认定 [J]. 科技与法律（中英文），2021（3）：17－25，54.

即计算机直接产生的数据，也包括这些数据被记录、储存、编辑、计算后形成的具有使用价值的衍生数据，某网站评价系统即在此列。数据作为一种特殊类型的物，在大数据、云计算、数据革命的时代，应该得到法律的保护。本案中，某网站平台上的销量、评价等数据经过长期交易积累而形成，信用评价体系系某网站核心竞争利益。在某网站平台上，销量和评价等数据是商家和消费者进行交易的基础，也是某网站作为中国最大的网络零售交易平台的核心竞争利益之一。某网站建立了一个完整的信用评价体系，消费者通过评价商家的商品和服务，为其他消费者提供了有用的参考信息，同时也为商家赢得了声誉和信任，法院有理由相信该平台上的消费者在网络购物决策过程中已养成对信用评价数据的依赖和习惯。三被告以敲诈为目的发布恶意差评的行为，显然存在过错。且该行为客观上也造成了某网站平台上相关数据的不真实，直接影响并破坏了其构建的信用评价体系，亦即损害了某网络有限公司合法的民事权益，依法应承担侵权损害赔偿。

保护数据的真实、安全和完整性，维护信用评价体系的可靠性和公正性，对于某网站和整个电商行业来说都至关重要。惩治三被告的恶意差评行为，不仅可以维护某网站的合法权益，还可以促进电商市场的健康发展，为消费者提供更加安全、可靠、透明和公正的购物环境。

◉ 法条点击

《中华人民共和国民法典》

第一百二十七条 法律对数据、网络虚拟财产的保护有规定的，依照其规定。

第一千一百六十五条 行为人因过错侵害他人民事权益造成损害的，应当承担侵权责任

50. 快递员泄露用户信息为何要严惩?

——宋某某、曹某某、黄某、李某某侵犯公民个人信息罪①

◉ 案情简介

原公诉机关：深圳市南山区人民检察院

上诉人（原审被告）：曹某某

原审被告人：黄某

原审被告人：宋某某

---

① 案例摘自广东省深圳市中级人民法院（2016）粤 03 刑终 2515 号刑事裁定书。

原审被告人：李某某

深圳市南山区人民检察院指控原审被告人宋某某、曹某某、黄某、李某某犯侵犯公民个人信息罪一案，深圳市南山区人民法院原判认定，自2015年8月开始，被告人宋某某利用其系湖南省长沙市某速运有限公司员工身份，获得同事的公司操作平台员工账号和密码后，与自己的VPN权限与公司账户、密码一同提供给被告人曹某某用于获取xx速递的客户身份信息。其后，曹某某通过外网登录某速递VPN服务器访问运单查询系统下载客户运单信息，并交由被告人李某某贩卖获利。黄某则以人民币1 000元的价格向李某某购买公民个人信息100万条，用于发送信息宣传其网店。截至被抓之日，宋某某收取曹某某给予的报酬人民币38 000元，曹某某贩卖公民个人信息获利人民币60 000多元，李某某分得约人民币5 000多元。

◉ 审理结果

原判认为，被告人曹某某、宋某某、李某某向他人出售公民个人信息，被告人黄某非法获取公民个人信息，情节严重，其行为均已构成侵犯公民个人信息罪，判决如下：（1）被告人曹某某犯侵犯公民个人信息罪，判处有期徒刑2年，并处罚金人民币3万元。（2）被告人宋某某犯侵犯公民个人信息罪，判处有期徒刑1年3个月，并处罚金人民币2万元。（3）被告人李某某犯侵犯公民个人信息罪，判处有期徒刑11个月，并处罚金人民币1万元。（4）被告人黄某犯侵犯公民个人信息罪，判处有期徒刑8个月，缓刑1年6个月，并处罚金人民币5 000元。（5）缴获的作案工具由扣押机关依法予以没收，退缴的赃款依法上缴国库。二审驳回上诉，维持原判。

◉ 法理评析

当下数字化社会中，个人信息的收集、传输和处理已经成为日常生活中不可缺少的一部分。随之，个人信息的泄露、滥用和不当处理等问题也蜂拥而来。在刑法领域，2009年，《刑法修正案（七）》增设非法获取公民个人信息罪，并将出售、非法提供公民信息罪作为第253条之一。2015年，为了进一步加强对公民的个人信息保护，《刑法修正案（九）》将两罪合二为一，不仅取消了个人信息犯罪的主体限制，还增设情节特别严重的量刑规定。2017年，《最高人民法院、最高人民检察院关于办理侵犯公民个人信息刑事案件适用法律若干问题的解释》第5条对获取、出售、购买个人信息的“情节严重”“情节特别严重”情形均作出了具体规定。本案中曹某某、宋某某、李某某三人非法出售、黄某非法获取个人信息达100万余条，已构成“情节特别严重情形”，若此案发生在2017年以后，四人面临的刑罚将会更加严重。

在民法领域，我国作出了更细致的规定，进一步健全了个人信息安全法律制度。2016年，《网络安全法》聚焦个人信息泄露，明确网络产品服务提供者、运营者的责任，严厉打击出售贩卖个人信息的行为，对保护公众个人信息安全起到积极作用。2021年，《民法典》第 111 条对自然人的个人信息保护进行了明确的规定和说明。第四编第六章从隐私和民事领域的个人信息保护角度，对个人信息的概念、处理个人信息的原则、条件、免责事由、权利义务内容及关系也作出了规定。同年 8 月，《个人信息保护法》重磅出台，确立了个人信息保护的民事法律制度，打通了个人信息保护法律体系。个人信息保护的请求权基础为《民法典》第 995 条规定的人格权保护，只要个人信息权利受到侵害或侵害即将发生，即可请求行为人承担停止侵害、排除妨碍、消除危险等民事责任，在构成要件上无须考虑个人信息处理者的主观过错和造成实际损害之要件，其目的在于保障个人信息权利的行使和排除对个人信息权利的妨害，从而为个人信息权利提供一种防御性的保护。司法实践中，前述法律出台后，当事人的诉请更加明确，案件数量明显上升。此前，因缺乏明确法律依据，个人信息权益受到侵害时，当事人多以侵犯隐私权、侵犯一般人格权、侵犯商业秘密等方式提起诉讼，但传统上隐私权、一般人格权侵权有较为严格的构成要件，无法完全囊括互联网时代个人信息被大规模收集利用，而可能对自然人造成的风险和危害。

随着人类生产生活向数字空间迁移，我国在个人信息保护方面的工作，可谓一步一个台阶，法网越织越密。如今个人信息受保护有了明确的法律依据，待裁判规则进一步丰富和细化，未来能更好地维护个人信息主体在数字时代的合法权益，更稳妥地平衡个人信息权益保护和数字经济健康发展。

◉ 法条点击

《中华人民共和国刑法修正案（九）》

第十七条 将刑法第二百五十三条之一修改为："违反国家有关规定，向他人出售或者提供公民个人信息，情节严重的，处三年以下有期徒刑或者拘役，并处或者单处罚金；情节特别严重的，处三年以上七年以下有期徒刑，并处罚金。"

违反国家有关规定，将在履行职责或者提供服务过程中获得的公民个人信息，出售或者提供给他人的，依照前款的规定从重处罚。

窃取或者以其他方法非法获取公民个人信息的，依照第一款的规定处罚。

《最高人民法院、最高人民检察院关于办理侵犯公民个人信息刑事案件适用法律若干问题的解释》

第五条 非法获取、出售或者提供公民个人信息，具有下列情形之一的，应当认定为刑法第二百五十三条之一规定的"情节严重"：

（一）出售或者提供行踪轨迹信息，被他人用于犯罪的；

（二）知道或者应当知道他人利用公民个人信息实施犯罪，向其出售或者提供的；

（三）非法获取、出售或者提供行踪轨迹信息、通信内容、征信信息、财产信息五十条以上的；

（四）非法获取、出售或者提供住宿信息、通信记录、健康生理信息、交易信息等其他可能影响人身、财产安全的公民个人信息五百条以上的；

（五）非法获取、出售或者提供第三项、第四项规定以外的公民个人信息五千条以上的；

（六）数量未达到第三项至第五项规定标准，但是按相应比例合计达到有关数量标准的；

（七）违法所得五千元以上的；

（八）将在履行职责或者提供服务过程中获得的公民个人信息出售或者提供给他人，数量或者数额达到第三项至第七项规定标准一半以上的；

（九）曾因侵犯公民个人信息受过刑事处罚或者二年内受过行政处罚，又非法获取、出售或者提供公民个人信息的；

（十）其他情节严重的情形。

实施前款规定的行为，具有下列情形之一的，应当认定为刑法第二百五十三条之一第一款规定的“情节特别严重”：

（一）造成被害人死亡、重伤、精神失常或者被绑架等严重后果的；

（二）造成重大经济损失或者恶劣社会影响的；

（三）数量或者数额达到前款第三项至第八项规定标准十倍以上的；

（四）其他情节特别严重的情形。

51. 拿什么维护电子商务经营者的数据权益？

——深圳市某计算机系统有限公司、某科技（深圳）有限公司诉浙江某网络技术有限公司、杭州某科技有限公司不正当竞争纠纷案①

◉ 案情简介

原告1：深圳市某计算机系统有限公司

原告2：某科技（深圳）有限公司

被告1：浙江某网络技术有限公司

被告2：杭州某科技有限公司

两原告诉称，浙江某网络技术有限公司、杭州某科技有限公司群控软件恶意破坏微信的用户体验和数据安全。（1）浙江某网络技术有限公司开发和运营的群控软件干扰微信

① 案例摘自浙江省杭州铁路运输法院（2019）浙 8601 民初 1987 号民事判决书（2020 年中国法院 10 大知识产权案件）。

正常运营，破坏微信用户体验。浙江某网络技术有限公司是某某通网站的经营者，同时也是涉案某某通“微信管理系统”群控软件的开发者、经营者，杭州某科技有限公司通过某某通网站实际向使用群控软件的用户收取费用。两被告分工协作通过某某通网站大量推销“定制手机”，诱导或误导用户通过该手机内置的群控软件监测、抓取其微信聊天记录、转账记录等数据至自己的后台服务器，并通过所谓“微信管理系统”群控软件，实现在PC端集合操控多个账号、集中查看微信数据、自动分流客户、点赞回评等功能效果。而上述功能势必会激增大量给其他用户发送的恶意营销信息，严重影响微信苦心营造的产品体验和用户基础，并势必造成微信商誉受损。（2）两被告开发和运营的群控软件影响微信的数据安全。用户基于对微信的信任，通过微信进行信息沟通和分享，这些信息始终被两原告给予高度的私密性保护，这也是用户信赖微信的重要原因，而两被告通过技术措施直接抓取其他微信用户的微信通信内容，并将这些私密信息上传到自己的服务器进行分析和使用，严重危害了微信用户信息安全。综上所述，两原告认为，两被告的某某通“微信管理系统”群控软硬件产品通过干扰和破坏微信产品原有功能及运行规则的方式实现了批量获取微信用户信息、监控用户行为、自动与用户进行各类互动、管理用户信息等恶意功能，这些功能加重了微信的运营负担，严重危及微信产品所营造的优质用户体验和信息安全环境，与微信倡导的“合法、真实、善意、负责、开放、拒绝骚扰、尊重权益”的生态规则背道而驰进而造成极大的损失和恶劣影响，分别构成《反不正当竞争法》第2条和第12条规定的不正当竞争行为，两被告理应承担相应的民事责任，故起诉要求二被告立即停止侵权行为、连带赔偿两原告经济损失及合理支出500万元、发表赔礼道歉声明，消除影响。

浙江某网络技术有限公司、杭州某科技有限公司答辩称：（1）两原告的涉案微信产品系提供即时社交通讯服务的软件，两被告的涉案产品专注于电商服务领域为微商或电商的店铺运营与订单管理提高效率的工具支持，故两款软件并非作用于同一领域，本身不具有竞争关系。（2）两原告并未禁止微商的运营，而涉案软件的使用是基于微商场景实现高效率的经营手段和方式，其本质以技术创新推动高效，与微信产品的理念一致，不存在不正当竞争的故意。（3）涉案软件未妨碍破坏微信产品的正常运行。涉案软件虽部分突破了微信产品未实现的功能，但其目的是为了提升用户使用微信进行经营的效率，正好契合了社交电商提升自身管理与运营效率的需求，属于技术创新，且该种突破没有妨碍或破坏微信正常运行的程度。（4）涉案群控软件未影响微信的数据安全，涉案软件所获得的微信用户信息均来自用户网络交易后留下的数据，涉案软件用户借此添加好友并等待对方同意确认，均是基于微信的使用规则。用户的社交数据权益应当归用户自行所有，微信不享有任何数据权益。答辩人未对该些数据进行分析和使用，仅是作为存储通道为软件用户进行存储备份，且上传的服务器为阿里云服务器，符合数据安全的存储条件。故涉案软件未对微信的数据安全产生影响。（5）涉案软件的被诉功能仅为软件功能的十分之一，即便构成不正当竞争，最多也是删除部分宣传功能，而无须关闭全部网站。

◉ 审理结果

本案主要争议焦点为：（1）涉案被诉行为是否构成不正当竞争，是否损害了两原告的合法权益；（2）若涉案被诉行为构成不正当竞争，损害了两原告的合法权益，两被告应如何承担侵权责任。

（1）涉案被诉行为是否违反了《反不正当竞争法》第 12 条的规定？

第一，两被告的被控侵权软件作为经营性用户运用于个人微信平台中的商业化营销工具，已异化了个人微信产品作为社交平台的基本功能，破坏了两原告个人微信平台的正常运行秩序。两原告通过《腾讯微信软件许可及服务协议》等约定，明确禁止对微信产品进行干扰，不得实施影响用户体验、危及平台安全及损害他人合法权益的行为。同时，两原告坚持在个人微信产品功能的设计上尽可能简化，尤其严格禁止采用技术手段自动地向用户批量推送营销信息及自动加群、加好友、点赞等行为。本案中，两被告的被控侵权软件突破了个人微信产品既有的功能设置，新增了诸多自动化、批量化发布信息的功能。相对于多数社交性一般用户而言，被控侵权软件的应用会给其带来无必要干扰的增多。

第二，两被告的被控侵权软件突破了微信产品的技术限制，具有了收集、存储及监控微信产品数据的功能。虽然这部分新增功能的实现或许经过了微信平台中相关经营性用户的授权许可，但被控侵权软件所涉及的聊天、支付等信息系经营性用户与其他用户交互完成的，并非经营性用户的单方信息，其中涉及其他用户的第三方信息安全。微信用户向微信平台提供信息是基于其对微信平台信息安全保护能力的信赖，两被告的被控侵权软件擅自将不知情的微信用户信息移作由自己存储或使用，超出了相关微信用户对自身信息安全保护的原有预期，违反了《网络安全法》相关规定，已威胁到微信平台的安全运行。

第三，从微信产品运行的稳定与效率方面看，被控侵权软件自动化、批量化操作与发布信息的运作方式会增加微信运行的数据量和数据流，导致微信产品的运行负担增加，减损微信产品运行的稳定性和运行效率，进而妨碍微信平台的正常运行。

综上所述，法院认为，两被告利用 Xposed 外挂技术，将被控侵权软件中的“个人号”功能模块以嵌套于两原告个人微信平台方式运行，异化了个人微信产品作为社交平台的服务功能，给用户使用微信产品造成了干扰，同时危及微信平台的安全、稳定、效率，已妨碍、破坏了两原告合法提供的网络产品与服务的正常运行，属于《反不正当竞争法》第 12 条第 2 款第 4 项所规定的“妨碍、破坏其他经营者合法提供的网络产品或者服务正常运行”的行为，构成不正当竞争。

（2）涉案被诉行为是否违反了《反不正当竞争法》第 2 条的规定？

第一，关于两原告对于微信产品数据资源是否享有合法权益。首先，本案中两原告主张享有数据权益的涉案数据均为微信用户的个人身份数据或个人行为数据。该部分数据只是将微信用户提供的用户信息作了数字化记录后而形成的原始数据，并非微信产品所产生的衍生数据。其次，两原告主张数据权益的涉案数据，可以分为两种数据形态：一是单一原始数据个体，二是数据资源整体。就单一原始数据个体而言，数据控制主体只能依附于用户信息权益，依其与用户的约定享有原始数据的有限使用权。使用他人控制的单一原始数据只要不违反“合法、必要、征得用户同意”原则，一般不应被认定为侵权行为，数据控制主体亦无赔偿请求权。就数据资源整体而言，因系网络平台方经过长期经营积累聚集而成，且能够给网络平台方带来开发衍生产品获取增值利润和竞争优势的机会，网络平台方应当就此享有竞争权益。如果未经数据控制主体许可，规模化、破坏性使用其数据资源的，数据控制主体有权要求获得赔偿。

第二，关于原告、被告之间是否有竞争关系，且两被告前述被诉行为是否有违法律和商业道德，具有不正当性。两被告通过被控侵权软件获取了部分网络数据流量，法院认为，双方之间实际存在的此种网络数据流量此消彼长的或然性对应关系，仍属于市场竞争关系，原被告双方存在竞争关系。两原告的个人微信产品作为社交平台，其主要功能是帮助用户便利地进行社会交际。由于社交活动具有较多私密性的特点，且微信用户数据具有用户社交信息与用户身份信息一并记录的特点，微信用户对于其个人微信数据具有很高的敏感性及安全性要求。两被告擅自收集、存储或使用微信平台中作为经营性用户微信好友的其他微信用户的个人数据，将导致该部分微信用户对微信产品丧失应有的安全感及基本信任，减损微信产品对于用户关注度及用户数据流量的吸引力，进而会恶化两原告既有数据资源的经营生态，实质性损害两原告对于微信产品数据资源享有的竞争权益，已构成不正当竞争行为。

第三，关于涉案被诉行为是否属于创新性竞争。本案中，微信产品在国内外拥有巨量的活跃用户，其对于市场的贡献力是显而易见的。被控侵权软件虽然提升了少数经营性用户使用微信产品的体验，但恶化了多数用户使用微信产品的体验，如不加禁止会危及微信产品的整体效能发挥与后续发展，进而会影响广大消费者的福祉。两被告此种所谓创新竞争活动，在竞争效能上对市场整体而言明显弊大于利，难谓系有效率的竞争，并不具有正当性。

（3）本案民事责任应如何确定？

第一，关于两原告要求判令两被告刊登赔礼道歉声明，消除影响的诉请。法院认为，赔礼道歉主要适用于自然人的人身权利或精神权利受到侵害的情形，而本案中两原告受侵害的是企业商业利益与竞争权益。因此，对于两原告提出的赔礼道歉的诉讼请求法院不予支持。因两被告涉案不正当竞争行为恶化了微信产品用户体验，给两原告带来了一定负面影响，故法院对两原告要求两被告刊登声明消除影响的诉请予以支持，刊登声明持续时间酌定为10天。鉴于两被告涉案不正当竞争行为所产生的负面影响基本局限在微信产品用户范围之内，消除影响的范围应与此相对应，故法院决定由两被告在腾讯网首页刊登声明，为两原告消除影响。

第二，关于赔偿数额。本案现有证据尚无法证明侵权人因侵权所获得利益的具体情况以及权利人因被侵权所遭受的实际损失，即侵权获利和实际损失均难以确定，故法院将根据案件事实综合考虑侵权行为发生的范围、侵权所造成的影响、持续时间、市场范围及侵权人的主观过错等酌情予以确定。同时，法院结合注意到的事实：（1）微信产品拥有众多用户，能给两原告带来可观的市场收益。同时，微信产品能够稳定地吸引巨量用户数据，能给两原告带来可观的增值利润。（2）两被告的涉案侵权行为不仅损害了微信产品的经营生态，造成了两原告经济损失，还给微信产品带来了维护成本的增加。（3）两被告的被控侵权软件虽然销售报价较高，但其中被诉“个人号”功能模块在该软件各个功能模块中占比较小，且实际经营时间不长，其用户数有限。（4）结合某某通软件报价单、两被告自认的售卖指定手机数量及个人号功能占比等情节考量其销售利润。（5）两被告的涉案侵权行为造成的负面影响尚不足以必然导致两原告用户数量与用户数据流量的流失。（6）两原告为本案诉讼采取了多次公证证据保全措施，并委托律师参加诉讼，需要支付合理维权费用。

杭州铁路运输法院于 2020 年 6 月 2 日作出（2019）浙 8601 民初 1987 号民事判决：第一，两被告立即停止涉案不正当竞争行为；第二，两被告共同赔偿两原告经济损失及为制止不正当竞争行为所支付的合理费用共计 260 万元；第三，两被告在腾讯网等网站刊登声明为两原告消除影响；第四，驳回两原告其他诉讼请求。

浙江某网络技术有限公司、杭州某科技有限公司不服一审判决，提起上诉，后又申请撤回上诉。浙江省杭州市中级人民法院于 2020 年 8 月 25 日作出（2020）浙 01 民终 5889 号民事裁定，准予撤回上诉。

◉ 法理评析

随着互联网经济的蓬勃发展，数据被不断运用于各个领域，数据的价值性、安全性、流动性等问题也随之涌现。如何合理划分个人信息权益和企业对于数据资源竞争性权益之间的边界，平衡数据资源的权益分配，已经成为数据时代最为重要的法律前沿问题之一。本案判决明确了就电子商务经营者所控制的用户信息，电子商务经营者与用户享有不同性质的数据权益，对电子商务经营者的数据权益提出了新的保护路径。

数据本身具有多重属性，用户信息权益与电子商务经营者对整体数据所拥有的权益，其法律性质往往依赖于具体应用场景。目前，我国法律并没有一个关于“数据权”或者“数据权益”的界定，仅《民法典》第 127 条规定“法律对数据、网络虚拟财产的保护有规定的，依照其规定”。我们可以借鉴法院的判决思路作出如下数据权益归属的裁判思路总结：第一，用户数据权益归于个人，经营者只能依其与用户的约定享有原始数据的有限使用权。对于用户数据权益本身，数据控制主体无赔偿请求权。第二，经营者经过长期经营，投入了大量人力、财力、物力加以维护，随之能够给经营者带来商业利益和竞争优势的整体数据资源，经营者对数据资源整体具有相对控制权，应确认经营者享有竞争性权益。第三，对经营者整体数据资源的“搭便车”行为的定性，应该实质考量“搭便车”行为的恶意和破坏程度。如果“搭便车”行为与他人经营理念背道而驰，破坏他人既有数据资源的经营生态或影响了多数消费者的体验，应被认定为不正当竞争。

本案的引申问题为第三人获取网络平台上存储的个人数据应遵循何种规则。大数据时代下，经营平台以庞大用户规模为基础，拥有了大量数据资源，建立起了难以逾越的市场竞争壁垒。后来的竞争者在竞争过程中利用优势企业的平台数据，其正当性如何界定，因缺乏系统法律规制而成为数据竞争中的一个突出问题。对此问题，可通过已有案例所归纳的“三重授权原则”尝试回答。为解决互联网巨头之间擅自抓取和利用他人数据引起的不正当竞争纠纷，司法实践总结出了“三重授权原则”。在新浪微博诉脉脉交友软件不正当竞争纠纷案①中，北京知识产权法院就第三人从网络平台获取用户个人数据时应当遵循的法律规则作出了解释：网络服务提供者收集、利用用户信息应当遵循合法、正当、必要的原则并经被收集者同意，在 Open API 开发合作模式中，第三方通过 Open API 获取网络平台用户信息时应坚持“用户授权”+“平台授权”+“用户授权”的“三重授权原则”。依照该原则，第三人若欲获取网络平台上的用户数据，仅获得用户的授权是不够的，还必须获得网络平台的同意，该原则亦承认了网络平台对用户数据的控制权。

◉ 法条点击

《中华人民共和国反不正当竞争法》

第二条 经营者在生产经营活动中，应当遵循自愿、平等、公平、诚信的原则，遵守法律和商业道德。

本法所称的不正当竞争行为，是指经营者在生产经营活动中，违反本法规定，扰乱市场竞争秩序，损害其他经营者或者消费者的合法权益的行为。

本法所称的经营者，是指从事商品生产、经营或者提供服务（以下所称商品包括服务）的自然人、法人和非法人组织。

第十二条 经营者利用网络从事生产经营活动，应当遵守本法的各项规定。

经营者不得利用技术手段，通过影响用户选择或者其他方式，实施下列妨碍、破坏其他经营者合法提供的网络产品或者服务正常运行的行为：

（一）未经其他经营者同意，在其合法提供的网络产品或者服务中，插入链接、强制进行目标跳转；

（二）误导、欺骗、强迫用户修改、关闭、卸载其他经营者合法提供的网络产品或者服务；

（三）恶意对其他经营者合法提供的网络产品或者服务实施不兼容；

（四）其他妨碍、破坏其他经营者合法提供的网络产品或者服务正常运行的行为。

---

① 参见北京知识产权法院（2016）京 73 民终 588 号民事判决书。

52. 微信朋友圈的“自黑”可以有多黑？

——酒泉某食品有限责任公司诉酒泉某商贸有限责任公司商业诋毁纠纷案[①]

案情简介

原告：酒泉某食品有限责任公司

被告：酒泉某商贸有限责任公司

2018年6月，酒泉某食品有限责任公司发现酒泉某商贸有限责任公司在微信朋友圈发表了一则落款为“酒泉某商贸有限责任公司”的“郑重声明”。该声明载明：经由老味道饮料厂生产的杏香园牌杏皮茶现有非常严重的产品质量问题，我厂要求市场全部撤回，请各店方务必重视，立即联系配货人员无条件将产品如数退回，如无视此声明出现的任何相关问题，均由店方承担，本厂概不负责。同时我厂老味道牌杏皮茶、独壹品牌杏皮茶无问题正常使用。后酒泉某食品有限责任公司向工商部门举报酒泉某商贸有限责任公司诋毁其商誉。同年11月14日，甘肃省酒泉市肃州区工商局作出肃工商罚（2018）30号《行政处罚决定书》，该决定书载明：2018年6月26日，肃州区工商局接到省工商局12315申诉举报中心举报登记，酒泉某食品有限责任公司法定代表人朱某投诉酒泉某商贸有限责任公司盗用其“杏香源”注册商标。肃州区工商局执法人员遂于同年6月27日对上述投诉内容进行核查。经查证，“杏香源”为酒泉某食品有限责任公司注册商标，酒泉某商贸有限责任公司法定代表人、会计等人在无事实依据的情况下在朋友圈编造并发送内容包含“经由老味道饮料厂生产的杏香园牌杏皮茶现有非常严重的产品质量问题”的“郑重声明”，并被其朋友圈部分朋友转发，此行为足以构成其他经销商和消费者对“杏香源”杏皮茶商品的误解，给酒泉某食品有限责任公司的产品销量和市场地位造成了不良的社会影响，违反了《反不正当竞争法》第11条的规定，构成损害竞争对手商品声誉的行为，决定对酒泉某商贸有限责任公司罚款人民币1万元。后酒泉某食品有限责任公司向法院提起诉讼，要求酒泉某商贸有限责任公司停止侵权、消除影响并赔偿损失60万元。

审理结果

一审法院认为，“郑重声明”内容系酒泉某商贸有限责任公司自行编造，其中所涉及的“杏香园牌杏皮茶”与酒泉某食品有限责任公司享有商标专用权的“杏香源”注册商标仅一字之差，且读音一致，形成高度近似，足以引起公众误解，该“郑重声明”中所

① 案例摘自甘肃省高级人民法院（2019）甘民终591号民事判决书（2021年互联网十大典型案例）。

述“杏香园牌杏皮茶现有非常严重的产品质量问题”的内容，足以使公众对酒泉某食品有限责任公司所生产的“杏香源”杏皮茶产生误导性的不良影响，构成对其商誉的侵害。

鉴于酒泉某商贸有限责任公司已删除信息，停止侵权行为，但其在微信朋友圈发布虚假信息的行为已导致相关公众的误解并损害了酒泉某食品有限责任公司的商誉，考虑到案涉侵权信息是通过微信朋友圈发布的，故判令酒泉某商贸有限责任公司在其微信朋友圈中刊登声明即能达到消除相应影响的效果。关于赔偿数额，酒泉某食品有限责任公司并未举证证明其因被侵权所受到的实际损失及酒泉某商贸有限责任公司因侵权所获得的利益，故一审法院结合具体案情，综合考量酌定由酒泉某商贸有限责任公司赔偿酒泉某食品有限责任公司经济损失 3 万元。后酒泉某食品有限责任公司针对经济损失赔偿数额提起上诉请求，二审法院改判由酒泉某商贸有限责任公司赔偿酒泉某食品有限责任公司经济损失 8 万元。

◉ 法理评析

社交平台对于推动信息传播起到了巨大作用，同时也成为经营者在商业竞争中打压对手的工具。本案中被告利用微信朋友圈发布声明，捏造本厂某品牌产品存在“非常严重的产品质量问题”，实际上该品牌并不存在。被告还对该声明进行了转发传播，导致此声明在更大范围内扩散。此番“自黑”中，捏造的品牌恰好与竞争对手经营产品的品牌同音，真正意图是对竞争对手的产品和商誉加以诋毁。

本案争议焦点为：（1）酒泉某商贸有限责任公司的行为是否构成诋毁商誉的不正当竞争行为；（2）若酒泉某商贸有限责任公司构成侵权，应如何承担侵权责任。

根据《反不正当竞争法》第 11 条，对商业诋毁行为的认定应当符合两个条件：第一，经营者实施了编造、传播虚假信息或者误导性信息的行为；第二，该行为足以达到损害竞争对手的的商业信誉、商品声誉后果。本案中，酒泉某商贸有限责任公司通过其微信朋友圈发布的“郑重声明”信息系编造的虚假信息，且该信息中载明的品牌“杏香园”牌杏皮茶与酒泉某食品有限责任公司所持涉案商标高度近似，损害了酒泉某食品有限责任公司的商业信誉、商品声誉，故法院认定酒泉某商贸有限责任公司的行为构成商业诋毁。

根据《反不正当竞争法》第 17 条，因不正当竞争行为受到损害的经营者的赔偿数额，按照其因被侵权所受到的实际损失确定；实际损失难以计算的，按照侵权人因侵权所获得的利益确定。赔偿数额还应包括经营者为制止侵权行为所支付的合理开支。关于赔偿数额，酒泉某食品有限责任公司并未举证证明其因被侵权所受到的实际损失及酒泉某商贸有限责任公司因侵权所获得的利益，故一审法院结合具体案情，综合考量案涉侵权行为的时间、情节、过错程度及造成的损害后果等因素，酌定由酒泉某商贸有限责任公司赔偿酒泉某食品有限责任公司因案涉不正当竞争行为导致的经济损失 3 万元。酒泉某食品有限责任公司提出上诉，意图证明其实际经济损失约 20 余万元，但其举示的《2017—2019年度销售收入明细》及出库单系单方制作，二审法院未予以认可。二审法院综合考量酌定由酒泉某商贸有限责任公司赔偿酒泉某食品有限责任公司经济损失 8 万元。

本案判决针对上述争议焦点，从规则和救济两个方面作出了法律回应，对于类案作了有益探索。一方面，明确禁止通过社交媒体平台发布蓄意捏造并易于引起公众误解的信息的行为；另一方面，构成商业诋毁也不要求在捏造的信息中特别提到竞争对手，只要能引起公众对于竞争对手的联想即可。法院判令被告在原微信朋友圈刊登道歉声明，与该侵权行为的具体方式和造成的影响范围相当。本案入选典型案例体现了最高人民法院遏制互联网侵权行为，保障互联网经济健康有序发展的倡导方向。

◉ 法条点击

《中华人民共和国反不正当竞争法》

第十一条 经营者不得编造、传播虚假信息或者误导性信息，损害竞争对手的商业信誉、商品声誉。

第十七条 经营者违反本法规定，给他人造成损害的，应当依法承担民事责任。

经营者的合法权益受到不正当竞争行为损害的，可以向人民法院提起诉讼。

因不正当竞争行为受到损害的经营者的赔偿数额，按照其因被侵权所受到的实际损失确定；实际损失难以计算的，按照侵权人因侵权所获得的利益确定。经营者恶意实施侵犯商业秘密行为，情节严重的，可以在按照上述方法确定数额的一倍以上五倍以下确定赔偿数额。赔偿数额还应当包括经营者为制止侵权行为所支付的合理开支。

经营者违反本法第六条、第九条规定，权利人因被侵权所受到的实际损失、侵权人因侵权所获得的利益难以确定的，由人民法院根据侵权行为的情节判决给予权利人五百万元以下的赔偿。

53. 取巧获利的“网络倒爷”

——杨某诉广州某电子商务有限公司买卖合同纠纷案①

◉ 案情简介

原告： 杨某

被告： 广州某电子商务有限公司

原告诉称：其购买某电商平台自营活动海外购奶粉，购买后迟迟没有收到收货通知，查询某电商平台账号发现已经签收，咨询客服后被告知“正常配送”。其向客服反馈后，客服称经过与物流公司核实，物流公司反馈“正常配送”。后来某电商平台打电话称他们不处理，让杨某找物流协商处理。期间向 12315 及国家邮政局投诉，受理部门均表示无执法权。电商平台客服坚持不处理，属于典型的欺诈消费者，应当按照消费者的要求增

① 案例摘自广州互联网法院（2019）粤 0192 民初 48412 号民事判决书。

加赔偿其受到的损失，增加赔偿的金额为消费者购买商品的价款或者接受服务的费用的3倍。故要求某电商平台退还其支付的346元，并赔偿1 038元，共计1 384元。

被告辩称，第一，杨某消费行为异常，有证据显示其为邹某某组织的刷单买手之一。杨某在2019年2月10日至11日分6个订单共计购买了30罐“澳洲爱他美白金版幼儿配方奶粉3段”。上述涉案订单的收货地址均是“杭州市江干区九堡镇昆盛肖邦国际南15栋三单元1908”，而该地址为虚拟收货地址。邹某某在（2019）浙0104民初4130号判决书中答辩陈述：“2018年起，邹某某通过QQ组织买手在某电商平台等电商平台下单购买奶粉，买手填写的送货地址为邹某某指定区域的虚拟地址，由邹某某联系该区域快递员，并由邹某某实际收货，向买手支付约定的款项。”同时该判决中浙江品骏物流有限公司（以下简称品骏公司）的证据材料“货物明细及价值”也包含本案杨某的6个订单。杨某消费行为与邹某某在判决中陈述事实一致，应当确认杨某为邹某某组织的买手之一。第二，杨某应当按照其与邹某某之间的约定就涉案商品结算款项。邹某某在（2019）浙0104民初4130号判决书中陈述：“因被告上家未能向被告支付货款，导致被告未能向买手支付足额款项，已支付10万元左右。”杨某在购买涉案商品前，已明知其购买商品并非为自身消费使用。即使邹某某实际上未按约定给杨某结算，也应由杨某自行承担参与有组织刷单活动的法律后果。

◉ 审理结果

法院经审理查明：2019年2月，杨某通过某电商平台购买幼儿配方奶粉2罐，实付款共计346元，收货地址为不存在的虚拟地址。另外，2019年2月10日至11日，杨某分6个订单（含本案订单）在某电商平台购买上述奶粉共30罐，并以类似的事实与理由向法院提起6起诉讼（含本案诉讼）。同时间内其丈夫杨某某分6个订单在某电商平台平台购买上述奶粉12罐，并向法院提起6起诉讼，配送地址均是上述虚拟地址。某电商平台主张杨某系邹某某组织的买手购买奶粉，虽未能提供直接证据予以证明，但其提供的生效判决、订单信息、诉讼情况等证据证明了存在涉案订单发生的3日内，有多人购买多批次涉案奶粉，并要求送到九堡区域的虚拟地址，相关订单涉及的奶粉均由案外人邹某某签收，案外人邹某某亦确认其于2019年2月在品骏公司九堡站点提走的奶粉系组织买手采购的货物。

且本案中，杨某解释其购买目的是某电商平台商品有优惠，女儿需要食用奶粉，故短时间内购买多罐奶粉。而在法院另案（2019）粤0192民初24532号庭审过程中，其丈夫杨某某所称有关获知优惠信息来源途径、购买目的、奶粉食用情况等事实与杨某所称的事实不一致。结合广州某电子商务有限公司已经举证证明的事实，应认定广州某电子商务有限公司主张的事实存在具有高度可能性，故判决驳回原告杨某的全部诉讼请求。

◉ 法理评析

电商经营者通常会不定期推出产品优惠活动，这催生了一批专门利用优惠活动低价购入产品，而后再加价卖出的“网络倒爷”。网络倒爷招募买手买入优惠产品，并指定买手填写地址（通常为虚拟地址），由其统一收货后再将货款返还给买手。本案中的杨某即为邹某某招募的买手之一，其下单后由邹某某收货，但因邹某某未向杨某结算所购产品费用，杨某为追回损失，另辟蹊径起诉电商平台。本案所涉及法律关系为二，一是杨某与邹某某之间的委托关系，二是杨某与电商经营者之间的买卖合同关系。杨某接受邹某某的委托，代邹某某购买相关产品并直接由邹某某收货，邹某某应向杨某支付受托费用及相关产品费用，二人之间成立委托关系。随后，杨某和电商经营者订立买卖合同，其付款后要求电商经营者向第三人邹某某履行发货义务，邹某某收到货后，杨某作为买方付款，电商平台作为卖方交货，双方的合同义务均已经履行完毕。杨某自始并非收货人，电商平台按杨某要求履行合同义务后，无须向杨某退还货款，且电商平台亦不存在欺诈消费者的情形，无须对杨某作出 3 倍赔偿。

另案中，浙江品骏物流有限公司，即上述案件中为某电商平台配送快递的企业，在某电商平台接到杨某等客户投诉未收到货物后，品骏公司曾对邹某某提起诉讼，要求邹某某支付被其提走的奶粉价款 256 746 元。[①]但法院认为品骏公司未提供证据证明案涉货物的实际权利人归属问题，也未提供证据证明其因本案争议产生了实际损失，故尚不能确定邹某某提走案涉货物的行为侵犯了他人的合法权益。法院驳回了品骏公司的诉讼请求。前述两案的引发原因系邹某某实际收取了货物，但未向其委托的买手全额支付货款，杨某意图追回其垫付的货款，其应以委托关系为基础起诉邹某某。

“网络倒爷”的存在对正常的电商经营活动的确存在不利影响。“网络倒爷”利用电商平台的优惠活动从中获利，导致电商平台的优惠活动不能达到其预期推广效果。同时，由于“网络倒爷”及其买手下单数量多，一旦发生纠纷，多个买卖合同独立成诉，便会引发批量案件，对于司法资源也是一种浪费。但是，现阶段没有专门的法律对“网络倒爷”的行为进行规制，其协助购买行为也仅是取巧获利的手段之一，尚不存在违法问题，电商平台很难通过现有法律获得权利救济，只能自行采取防范措施。电商平台所采取的积极治理措施主要有二：一是每个 ID 仅限拍下一件，且多个 ID 不能采用相同设备下单；二是对送货地址进行甄别，若有多个订单收货地址为虚拟地址，则该订单可被取消。但由于“网络倒爷”隐蔽性强、发展人数较多，治理效果并不理想。电商平台只能不断提升技术手段，以遏制“网络倒爷”现象，从而保证商家让利的积极性。

◉ 法条点击

《中华人民共和国民法典》

第五百九十五条　买卖合同是出卖人转移标的物的所有权于买受人，买受人支付价款的合同。

第一百八十六条　因当事人一方的违约行为，损害对方人身权益、财产权益的，受损害方有权选择请求其承担违约责任或者侵权责任。

---

① 案例摘自浙江省杭州市江干区人民法院（2019）浙 0104 民初 4130 号民事判决书。

54. 如何从法律上定性网络代购行为？

——于某诉阮某买卖合同纠纷案[1]

◉ 案情简介

原告： 于某

被告： 阮某

原告诉称：2019年6月22日，原告在被告经营的某网站店铺购买了奶粉一罐，并付款138元。收货后，原告发现案涉商品产地为日本。原告认为，根据国家质量监督检疫检验总局2011年第44号《关于进一步加强从日本进口食品农产品检疫检验监管的公告》，自2011年4月8日起，我国禁止从该地区进口食品，故被告销售的案涉商品不符合食品安全标准。据此，请求判令被告支付价款10倍赔偿1 380元并承担本案诉讼费用。

被告阮某至本案庭审辩论终结前未在法院诉讼平台进行关联认证，未提交答辩意见及证据，亦未对原告的证据发表质证意见，视为自行放弃相应的诉讼权利。

法院经审理查明：2019年6月22日，原告在被告经营的某网站店铺购买了案涉“日本明治二段”奶粉一罐，并支付款项138元，被告于同日发货。2019年6月24日，原告收到货物。收货后，原告发现案涉商品产地为日本，认为该地属受核辐射影响地区，故于2019年6月25日向被告客服人员询问。根据原告提交的与被告客服的聊天记录，被告客服称：“本店代购产品一旦下单不能退款，代购商品都是下单后专门为亲代购的。”“日本明治公司将每一批次的奶粉辐射测试数据公布在日本明治的官方网站上，用真实的数据来向每一个妈妈们证明，食用日本奶粉是绝对安全放心的。此外中国海关也绝不会让有问题的奶粉进入到中国市场……”

案涉商品交易快照显示有“上海直发”“日德宝专业代购店”“此商品性质不支持7天退货”字样，宝贝详情显示商品品名为“Meiji/明治”，原产地日本，生产日期为2018年12月1日至2018年12月18日。根据原告提供的案涉商品外包装图片，案涉商品生产者为明治株式会社，产地位于日本。在线庭审中，原告表示已食用案涉奶粉，身体并无不适。

◉ 审理结果

法院认为，被告向原告提供商品的行为并非系原告委托的网络代购行为，而是直接向原告销售商品的行为。而案涉商品产地位于日本，属国家明令禁止进口食品和食用农产品的地区，故案涉产品存在食品安全隐患，为不符合食品安全国家标准的食品。被告销售不符合食品安全标准食品，未提供证据证明其不知情，原告与其客服的聊天记录亦显

---

① 案例摘自广州互联网法院（2019）粤0192民初23368号民事判决书。

示被告知晓案涉产品可能存在核辐射污染隐患，故法院认定被告明知案涉产品不符合食品安全标准而销售，应向原告支付价款10倍赔偿1 380元。

◉ 法理评析

《中华人民共和国食品安全法》第148条第2款规定："生产不符合食品安全标准的食品或者经营明知是不符合食品安全标准的食品，消费者除要求赔偿损失外，还可以向生产者或者经营者要求支付价款十倍或者损失三倍的赔偿金。"而《食品安全法》第2条载明食品经营系指食品销售和餐饮服务，故原告主张10倍价款赔偿的前提是被告明知案涉商品不符合食品安全标准而销售。如果将被告认定为代购商的话，则其并非《食品安全法》中所规定的销售主体，无须作出对应的赔偿。故本案争议焦点为：（1）原告与被告成立委托代购合同还是买卖合同法律关系；（2）案涉商品是否符合食品安全标准。

关于原告与被告成立委托代购合同还是买卖合同法律关系的问题。案涉商品为境外进口商品，代购商从法律上讲，相当于中介转售，其所支出的是服务、劳动力或者其他供需信息，其所获取的是境外商家为其支付的佣金、提成、代理费、服务费。被告客服称系从日本代购，网络代购即属于委托合同范畴，表现为委托方通过网络向代购方下单，由代购方在海外购买商品后依法交由委托方，代购方从中收取报酬，具备依委托方指示购买、收取代理报酬两项特征。若成立买卖合同，表现应为被告从国外购买商品后在网络上架销售，具备被告已取得案涉商品的所有权、收取商品出卖费用两项特征。具体到本案：第一，被告店铺虽标注有"代购"字样，但从案涉商品的发货时间来看，被告在原告付款当天即从上海发出案涉货物，故可推断案涉商品为现货，并非依原告指示从日本代购后发货。第二，案涉商品销售页面明确标明了商品的货款，而未标明代理费或标明货款由购买成本与代理费构成，故应认为原告支付的款项是应被告发出的买卖合同要约而支付的货款，故双方成立买卖合同关系，被告系《食品安全法》所规定的销售主体。

关于案涉商品是否符合食品安全标准的问题。根据国家原质量监督检验检疫总局《关于进一步加强从日本进口食品农产品检验检疫监管的公告》有关"禁止从日本福岛县、群马县、枥木县、茨城县、宫城县、山形县、新潟县、长野县、山梨县、埼玉县、东京都、千叶县等12个都县进口食品、食用农产品及饲料……"之规定，案涉商品产地位于日本，属国家明令禁止进口食品和食用农产品的地区，故案涉产品存在食品安全隐患，为不符合食品安全国家标准的食品。被告销售不符合食品安全标准食品，未提供证据证明其不知情，原告与其客服的聊天记录亦显示被告知晓案涉产品可能存在核辐射污染隐患，故法院认定被告明知案涉产品不符合食品安全标准而销售，应向原告支付价款10倍赔偿。

◉ 法条点击

《中华人民共和国食品安全法》

第二条 在中华人民共和国境内从事下列活动，应当遵守本法：

（一）食品生产和加工（以下称食品生产），食品销售和餐饮服务（以下称食品经营）；

……

第一百四十八条第二款 生产不符合食品安全标准的食品或者经营明知是不符合食品安全标准的食品，消费者除要求赔偿损失外，还可以向生产者或者经营者要求支付价款十倍或者损失三倍的赔偿金；增加赔偿的金额不足一千元的，为一千元。但是，食品的标签、说明书存在不影响食品安全且不会对消费者造成误导的瑕疵的除外。

55. 平台在特定条件下冻结用户账户的措施是否正当？

——吴某某诉广州某电子商务有限公司网络服务合同纠纷案①

◉ 案情简介

原告：吴某某

被告：广州某电子商务有限公司

原告诉称：其于 2014 年 7 月 13 日在被告经营的“某电商平台商城”注册账户并使用至今，为该商城会员。2018 年 4 月 7 日，原告在被告举行的“生鲜大卖场”活动中一次性购买了 1 852.08 元的商品。在购买商品时，被告的系统上未显示需要承担运费，但在商品配送过程中，被告却私自将原告所购买的商品拆分为 4 个订单配送，并由原告支付全部快递费用。原告知悉后拒收了该快递，并申请办理退货退款手续，但被告无正当理由予以拒绝。此后，原告登入账户后发现其账号已经被被告限制使用。原告电话询问被告客服原因后，其回复“因原告退还货物的次数过多，违反其公司的相关规定，故才被限制使用，且没有任何办法能办理解封”。被告宣传“七天无理由放心退”，存在明显的虚假宣传。故起诉要求判决被告立即恢复原告注册的该商城账户的完整使用权限和对应功能，并作出赔偿和赔礼道歉。

被告广州某电子商务有限公司辩称：（1）原告违反其与我方签订的电商平台商城服务条款（以下简称《服务条款》）中有关用户守则的约定，侵害我方合法权益，我方有权依据《服务条款》的约定冻结其平台账户。《服务条款》第 15 条“用户守则”第 15.8 款规

① 案例摘自广州互联网法院（2019）粤 0192 民初 939 号民事判决书。

定："您同意在符合法律法规及本条款规定的情况下使用个人账户，本平台有可能在某些情况（包括但不限于您违反有关法律法规规定或本协议和/或其他公开规则，或者您严重违背社会公德、提供虚假注册身份信息、经本平台判定认为存在恶意退货或不合常理的高退货率等情形、或其他损害或经本平台判定认为可能损害平台利益的不正当行为等）下暂时冻结、永久冻结、修改、删除您的个人账户或者采取其他处理措施。"原告自2015年5月1日至2018年4月12日，在该商城共购买537件商品，退货、拒收454件，原告高达84.54%的退拒率已经严重违反用户守则的相关约定，侵害了该商城及其他正常消费者的合法权益，我方有权依据服务条款约定冻结原告账户，维护自身合法权益。（2）电商平台超级VIP用户协议是《服务条款》的补充协议，"电商平台超级VIP"是电商平台商城提供的增值服务，我方冻结原告电商平台商城账户后，原告亦同时无法享受超级VIP服务；且我方在冻结原告超级VIP账户后已经将原告支付的服务款退还原告，未侵害原告权益。（3）我方在原告2018年4月7日的所购商品订单中清晰注明了其应承担的运费金额、所购商品分属不同商家须分开配送、生鲜商品不支持7天无理由退货等事项，不存在欺诈情形。综上，请法院驳回原告全部诉讼请求。

◉ 审理结果

吴某某作为"某电商平台商城"的会员，虽然购买了"超级VIP"服务，但从权利的名称和规则来看，"超级VIP"享有的"免费退货"权利只是对部分可以由广州某电子商务有限公司免费上门取件的商品，不等于"无限退货"。吴某某退货、拒收率高达84.54%，结合日常生活经验判断，此确属不合常理的高退货率。网络购物的用户虽然依法享有退货的权利，但吴某某较长时期内维持如此高的退货率反映其在购物时未能尽到起码的谨慎义务，在行使退货权利时又过于随意，这种做法不合理地增加了企业和社会的成本，有悖于诚实信用原则，是对自身权利的滥用。广州某电子商务有限公司根据用户注册会员时须同意的《服务条款》中"经本平台判定认为存在恶意退货或不合常理的高退货率等情形""本平台有可能……永久冻结……您的个人账户或者采取其他处理措施"的约定，冻结了吴某某的该商城账户，有合同依据。吴某某认为此系不合理的格式条款，经审查，该条款虽为格式条款，但并无提供格式条款一方免除其责任、加重对方责任、排除对方主要权利的情形，也无其他违反法律规定的情形，故属于有效条款。广州某电子商务有限公司依此约定行使管理权利，维护该电商平台商城的正常交易秩序并无不当。故判决驳回原告吴某某的全部诉讼请求。

◉ 法理评析

本案所反映的问题系涉及电商平台经营者与消费者之间的权益冲突和平衡问题。无理由退货系电商平台经营者对消费者网购的权益保障，为减少消费者的顾虑，各大电商平台更相继推出免费退货、退货运费险赔付等多项权益。但部分消费者利用"七天无理由退换""超级VIP"等各类平台权益进行肆意退货的行为会不合理地增加企业和社会成本，有悖于诚实信用原则，是对自身权利的滥用。

当部分消费者滥用自身权利时，电商平台经营者是否能依据服务协议、交易规则等行使管理权利暂停或者终止服务，须考察平台服务协议和交易规则是否为有效条款。虽平台服务协议和交易规则系为了重复使用而预先拟定，在订立合同时未与对方协商，消费者要使用平台即必须同意所有条款、相应协议和规则为格式条款，但若提供格式条款的一方遵循公平原则确定当事人之间的权利和义务，并采取合理的方式提示对方注意免除或者减轻其责任等与对方有重大利害关系的条款，按照对方的要求，对该条款予以说明，同时避免不合理地免除或者减轻其责任、加重对方责任、限制对方主要权利，则格式条款亦可属于有效条款。

本案中，吴某某在注册某电商平台商城会员时，须同意《服务条款》。该条款第 15 条“用户守则”第 15.8 款约定的“本平台有可能在某些情况……暂时冻结、永久冻结、修改、删除您的个人账户或者采取其他处理措施”的文字内容在条款中是加粗和加下划线的。因此，虽然该条款为电商平台提供的格式条款，但电商平台进行了着重提示，且该条款并未不合理地限制吴某某的权利，故该条款对吴某某发生法律效力。当吴某某的退货率过分高于一般消费者的退货率时，电商平台经营者便可采取相关处理措施。

这也提示电子商务平台经营者，一方面，尽管其可以依据交易规则等对平台消费者履行一定的管理职责，维护平台的交易秩序，但须尽到事先告知义务，使得消费者知情，如在显著位置持续公示相关规则或者上述信息的链接标识，并保证消费者能够便利、完整地阅览和下载。另一方面，在对消费者的权利进行限制时，须与消费者签订服务协议并征得消费者的同意，并对限制消费者权利或与消费者有重大利害关系的条款采取加黑、加粗等特别提示方法进行说明，同时须注意不得设置不合理的限制，否则对应条款将因为违反《民法典》第 497 条、《电子商务法》第 35 的规定，被认定为无效条款。依据《电子商务法》第 36 条的规定，当电商平台经营者依据前述条款对平台内经营者违反法律、法规的行为实施警示、暂停或者终止服务等措施的，还应当及时公示。

◉ 法条点击

《中华人民共和国电子商务法》

第三十五条 电子商务平台经营者不得利用服务协议、交易规则以及技术等手段，对平台内经营者在平台内的交易、交易价格以及与其他经营者的交易等进行不合理限制或者附加不合理条件，或者向平台内经营者收取不合理费用。

《中华人民共和国民法典》

第六条 民事主体从事民事活动，应当遵循公平原则，合理确定各方的权利和义务。

第七条 民事主体从事民事活动，应当遵循诚信原则，秉持诚实，恪守承诺。

第四百九十六条 格式条款是当事人为了重复使用而预先拟定，并在订立合同时未与对方协商的条款。采用格式条款订立合同的，提供格式条款的一方应当遵循公平原则确定当事人之间的权利和义务，并采取合理的方式提示对方注意免除或者减轻其责任等与对方有重大利害关系的条款，按照对方的要求，对该条款予以说明。提供格式条款的一方未履行提示或者说明义务，致使对方没有注意或者理解与其有重大利害关系的条款的，对方可以主张该条款不成为合同的内容。

第四百九十七条 有下列情形之一的，该格式条款无效：

（一）具有本法第一编第六章第三节和本法第五百零六条规定的无效情形；

（二）提供格式条款一方不合理地免除或者减轻其责任、加重对方责任、限制对方主要权利；

（三）提供格式条款一方排除对方主要权利。

第四百九十八条 对格式条款的理解发生争议的，应当按照通常理解予以解释。对格式条款有两种以上解释的，应当作出不利于提供格式条款一方的解释。格式条款和非格式条款不一致的，应当采用非格式条款。

第六章

法律责任

电子商务中的法律责任，是指电子商务活动的参与主体，在违反法律、法规或者违反法定、约定义务，对国家、集体、他人的合法权益造成侵害时，须承担的相应法律后果。

责任承担主体范围是参与电子商务活动的所有主体，包括电子商务平台经营者（包含具有平台职能的非平台公司）、平台内经营者以及通过自建网站、其他网络服务销售商品或者提供服务的电子商务经营者。主体范围与《电子商务法》的立法目的保持一致，旨在规范电子商务交易活动的所有行为，维护市场秩序，保障电子商务各方主体的合法权益。

关于电子商务法规定的法律责任，总体分为民事责任、刑事责任和行政责任。民事法律责任又主要由合同违约责任和侵权责任组成。在我国的电子商务交易活动中，交易大多数是以合同方式进行，尤其是相关服务提供方单方提供的格式合同居多。大量存在的非公平的电子格式合同是造成合同违约责任的重要因素之一，而对于电子合同相对方对格式合同的不同理解以及对重要条款的提示义务履行不当亦是产生合同违约的重要原因。我国对于合同责任大多采用严格责任，一旦证明存在违约行为，无论参与主体是否存在过错，只要受损一方能够证明损害与违约之间具有因果联系，违约方就必须承担违约责任。而在电子商务交易活动中，往往提供格式条款一方占有优势地位，其对于整个交易过程的还原有更高的举证责任，一旦举证不利，极容易被认定违约。

这也是电子商务合同纠纷不同于一般合同纠纷的重要区别之一。而关于电子商务民事责任的具体承担方式，则分布在多个法律之中，以《民法典》中的合同编和侵权责任编为基础，辅以《专利法》《商标法》《著作权法》《消费者权益保护法》《产品质量法》《食品安全法》在内多部法律具体规定，电子商务法本身并未规定特殊的民事责任承担方式。

本章将主要从平台特殊信息保存义务、平台服务规则效力问题、新用工形态下平台责任等几个方面，结合精选的11个典型案例，通过对电子商务经营者的特殊义务履行不当产生的法律责任进行分析，进一步深刻理解电子商务主体的法律责任，更好地指导我们合理恰当地处理相关法律责任问题，以便推动电子商务这种新兴交易活动在规范化前提下促进社会经济进步。

56. 电子商务平台违反了完整交易记录的保存义务应承担何种民事责任？

——郑某诉上海某信息技术有限公司“砍价免费拿”悬赏广告纠纷案[①]

◉ 案情简介

原告： 郑某

被告： 上海某信息技术有限公司

2021 年 4 月 16 日，原告在被告上海某信息技术有限公司（以下简称 A 公司）经营的拼多多 App 参加“砍价免费拿”活动，领取了一张“超级免单卡”，根据拼多多平台规则“砍价商品免费拿，邀请好友一起砍”，并按照平台提示的操作挑选了一款价值 4 099 元的 OPPO A72 手机进行砍价。在砍价期间，拼多多页面曾分别显示“已砍 4 066.21 元，仅差 32.79 元免费拿”“再邀请 10 人，可砍至 4 094 元”“新用户多砍 8.25 元，仅剩 0.5%”“预计再拉 2 个新用户一刀砍成”“即将砍成”“送你砍价金 10 000.00 元”的信息，引导原告进行后续的砍价。原告花费大量努力和精力邀请了 28 位用户参与该次砍价，其中包括 7 名新用户，并且在拼多多电子商务平台记录之外还邀请数名用户参与，却被其隐藏了相关的记录，没有相关砍价的数据，且后续有记录的邀请用户也被限制砍成极低价，而最终使原告无法完成砍价至 0 元，无法达成“砍价免费拿”的要求，造成价值 4 099 元的 OPPO A72 手机的损失。原告认为，被告经营的拼多多电子商务平台发布“砍价免费拿”活动，是向不特定多数群体发布内容具体明确的要约，只要原告按活动规则参与砍价即视为承诺，且实质上原告通过领取该平台的砍价金和广邀用户共同砍价，是以虚拟货币的形式通过该平台给付 OPPO A72 商品的价金，原被告双方成立网络买卖合同关系。在原被告双方的合同关系中，被告违背诚实信用原则，通过单方面变更合同内容和设置格式条款限制原告履行合同义务和限制原告向被告主张免费商品的权利，致使原告履行了邀请大量用户参与砍价的义务却无法达成领取 OPPO A72 的合同目的。实际上，被告一方是以此种行为明确表明其不履行合同义务的意思，因此构成违约。原告因此诉请判令被告赔偿原告 4 099 元。

被告 A 公司辩称：原告与被告不成立信息网络买卖合同关系。原告未按照活动规则的要求在 24 小时内通过邀请好友的方式砍至 0 元，未完成砍价任务。原告要求被告按照违约损害赔偿责任，赔偿其 4 099 元，无任何事实及法律依据。

---

① 案例摘自广州互联网法院（2021）粤 0192 民初 14112 号民事判决书。

◉ 审理结果

法院经审理查明，首先认为案涉“砍价免费拿”活动属于 A 公司发布悬赏广告的单方法律行为，一经作出即对 A 公司发生法律约束力，完成了特定行为之人即享有向 A 公司请求给付商品的请求权。故本案应为悬赏广告纠纷，并非信息网络买卖合同纠纷。本案郑某在领取砍价金、参加砍价过程中，A 公司每次发布的砍价指令应视为活动规则的一部分，应当有明确具体的要求，系统提示“邀请新用户帮砍，可以砍更多金额哦”，“更多金额”显然属于一种模糊性信息，且系统未予提示新用户的数量，A 公司此时的程序指令、算法已经对郑某的砍价行为产生了实质性的影响，导致郑某诚信期待的落空，有损郑某的信赖利益。本案中，A 公司虽然可以通过具体的用户账号信息查询到相应的砍单记录，但无法提供郑某就案涉商品邀请用户砍价的完整砍价记录，不利于完整地还原用户参与“砍价免费拿”活动的全部轨迹，违反了电子商务平台经营者信息保存完整性的法定义务，同时也违反了《消费者权益保护法》第 8 条关于消费者知情权的规定，一定程度上也引发了本案的纠纷。

最终法院判决：（1）A 公司于本判决发生法律效力之日起 3 日内，向原告郑某赔偿损失 500 元；（2）驳回原告郑某的其他诉讼请求。

◉ 法理评析

与传统的实体商业不同，电商经营者依附于网络，互联网也催生出全新的竞争方式：电子商务经营者提供产品和服务，长期积累之下获得更高的商业排名、信誉度、用户流量及其转化率。用户流量成为各大电商经营者的竞争关键，用户流量越大，代表着交易机会越多，用户交易率越高，产生的交易量和利润越高。为此，电商平台设立了多种奖励机制来吸引用户，“邀请好友砍价免单”“邀请好友给予奖励金”“成单返现”等模式是常见的激励措施。对于该种激励措施，法律并不禁止，但是限于网络推广的篇幅及平台经营者的利益诉求，推广承诺往往与实际操作出入较大，导致了消费者预期与现实相差甚远，从而产生纠纷。

《电子商务法》第 31 条规定了电子商务平台经营者应当记录、保存平台上发布的商品和服务信息、交易信息，并确保信息的完整性、保密性、可用性；商品和服务信息、交易信息保存时间自交易完成之日起不少于 3 年。前述法律规定对于电子商务平台经营者设置了特殊的信息保存义务，该保存义务系强行性法律规范[①]，不以电商平台经营者的意志为转移，不要求电商合同双方有明确约定，属于电商平台必须履行的法定义务之一。

在前述规定下，一旦电子商务平台经营者违反信息保存义务，便容易被认定构成违约行为。一旦有损害用户人身权益、财产权益的情形发生，受损害方便有权请求电子商务

---

① 强行性法律规范，是指规定明确、肯定，人们只能依照规定作为或不作为，不允许人们自行变更和选择。义务性法律规范和禁止性法律规范都属于强行性法律规范。

平台经营者承担违约责任或者侵权责任。

在该类纠纷处理过程中，大致存在两种纠纷模式：一种是直接违约责任，即信息保存义务本身与损害之间存在直接的因果联系。例如电子商务经营者违反的信息保密性要求，直接泄露了用户的个人信息，导致用户的相关权利受到损害，从而产生诉权，要求电子商务平台经营者承担民事赔偿责任。该类民事纠纷法律关系相对简单，争议不大，仅需要证明受损与信息保存不当有因果联系即可。另一种是间接违约责任，即信息保存义务本身与损害之间不存在直接的因果联系，仅是由于电商平台举证责任特殊分配时，由于电子商务平台经营者未能提供完整、有效的交易记录，导致举证不利，无法还原原始的交易过程，从而承担举证不利的风险。以前述郑某与A公司“砍价免费拿”悬赏广告纠纷为例，郑某因A公司基于自动化决策系统优势地位下，通过发送“再邀请10人，可砍至4 094元”“预计再拉2个新用户一刀砍成”等模糊性语言或容易引发误解、歧义的语言和指令，对郑某的砍价行为产生了实质性的影响，导致郑某诚信期待的落空，损害了郑某的信赖利益。在此纠纷中，信赖利益的损害与信息保存义务履行不当并未有直接的因果联系，系双方对合同履行的主要条款存在争议，郑某认为其砍价活动已经完成，要求A公司按约免单，A公司认为其砍价存在违规，砍价过程不合规则，并未实际完成砍价活动，因此拒绝兑现免单。针对是否完成砍价活动这一争议焦点，由于A公司仅提供了郑某砍单记录，但是无法提供完整的砍单记录用以证明其通过自动化决策系统推送的指令信息准确无误，不存在误解或者歧义，存在一定过错，故法院最终判令其承担500元的赔偿责任。在间接违约责任模式中，存在一个关键点便是举证责任的分配。我国民事诉讼法中规定了“谁主张，谁举证”的基本原则，在电子商务相关交易合同中，由于信息保存义务的规定，导致电子商务平台经营者对于整个交易过程有更重的举证责任，原本应由受害者举证的部分转嫁给电子商务平台，一旦举证不利，就要承担相应的不利后果。

综上，如果电子商务经营者未能履行信息保存义务，极有可能承担因履行不当导致的违约责任或者侵权责任。

◉ 法条点击

《中华人民共和国电子商务法》

第三十一条 电子商务平台经营者应当记录、保存平台上发布的商品和服务信息、交易信息，并确保信息的完整性、保密性、可用性。商品和服务信息、交易信息保存时间自交易完成之日起不少于三年；法律、行政法规另有规定的，依照其规定。

第七十四条 电子商务经营者销售商品或者提供服务，不履行合同义务或者履行合同义务不符合约定，或者造成他人损害的，依法承担民事责任。

《中华人民共和国民事诉讼法》

第六十七条 当事人对自己提出的主张，有责任提供证据。

当事人及其诉讼代理人因客观原因不能自行收集的证据，或者人民法院认为审理案件需要的证据，人民法院应当调查收集。

人民法院应当按照法定程序，全面地、客观地审查核实证据。

57. 平台内经营者应该承担违约金责任吗?

——厦门某服装有限公司与浙江某技术有限公司、浙江某网络有限公司技术服务合同纠纷案[①]

◉ 案情简介

原告： 厦门某服装有限公司

被告： 浙江某技术有限公司

被告： 浙江某网络有限公司

原告公司于2011年4月入驻两被告经营的网上商城，开设数码专营店网店。各方签订《商城服务协议》，原告向两被告交纳保证金人民币5万元。《商城服务协议》约定："一、协议内容及生效：（一）本协议内容包括协议正文及所有商城已经发布的或将来可能发布的各类规则。所有规则为协议不可分割的一部分，与协议正文具有同等法律效力。（二）商户在使用商城提供的各项服务的同时，承诺接受并遵守各项相关规则的规定。商城有权根据需要时不时地制定、修改本协议或各类规则，如本协议有任何变更，商城将在网站上以公示形式通知商户。如商户不同意相关变更，必须立即以书面通知的方式终止本协议……（十七）其承诺接受商城对其出售商品是否具有合法进货来源的不定期检查，其有义务保留其商品具有合法进货来源的相关凭证。对于无法提供合法进货来源凭证的，商城将根据实际情况对商品的真伪作出判断并根据本协议以及商城相关规则进行处理，商户对此承担举证不利的后果。（十八）其承诺接受商城基于商品品质控制需求对其在售商品进行的质量抽检，检测报告由专业的第三方质检机构出具，其承诺对商城选择的第三方质检机构作出的检测结果不持有异议。对于经检测证明存在质量瑕疵的商品，检测费用由商户承担。……十一、保证金：……2）商城可在以下情况发生时，处置保证金：……b. 如商户违反商城规则，且根据规则规定应当向商城和/或消费者支付违约金，

---

① 案例摘自浙江省杭州市西湖区人民法院（2014）杭西知民初字第322号民事判决书，浙江省杭州市中级人民法院（2014）浙杭知终字第207号民事判决书。

商户同意商城根据规则直接通知支付宝公司划扣商户保证金。……十三、协议的终止：……（三）商城单方解除权：如商户违反商城的任何规则或本协议中的任何承诺或保证，包括但不限于本协议项下的任何约定，商城都有权立刻终止协议，且按有关规则对商户进行处罚。如商户销售假冒他人商标（版权）的商品、外贸商品，二手商品，或第三方多次投诉其商品质量或服务质量，则商城除有权立即终止或中止本协议外，还有权自商户支付宝账户全额划扣其所有保证金，作为商户的违约金。”

后在经营过程中，被告两公司经抽检，发现原告公司在销售假货，遂要求其关停网店店铺，并划扣其 5 万元保证金。原告以抽检流程不合格、不存在售假行为以及违约金过高为由，向法院提起诉讼，请求判令两被告：第一，退还保证金 5 万元；第二，恢复其商城店铺的经营；第三，承担诉讼费用。

◉ 审判结果

浙江省杭州市西湖区人民法院审理后认为，两被告对抽检流程的控制尽到了审慎、合理的注意义务，根据现有证据足以认定原告销售了经鉴定为假货的涉案产品。原告公司售假对两被告造成的损失导致商城交易平台社会评价的降低，在没有证据证明本案违约金数额明显不公平的情况，该院对该数额不予调整。遂判决驳回原告公司的诉讼请求。

原告上诉至浙江省杭州市中级人民法院后，被驳回上诉，维持原判。

◉ 法理分析

电子商务平台交易模式中，一般是由电子商务平台经营者制定平台服务协议和交易规则，明确进入和退出平台、商品和服务质量、消费者权益保护、个人信息保护等方面的权利和义务。平台内经营者在接受前述协议和交易规则后，进入平台内进行经营。一旦发生协议约定的违规事项后，电子商务平台经营者依据协议约定，即可要求平台内经营者承担违约金。关于该违约金是否应当支付以及金额是否合理，存在以下考量点。

第一，用以援引违约金条款的平台服务协议及交易规则的约束范围是否仅限于主协议正文？

在电子商务活动中，电子商务平台服务协议主要规范调整平台经营者与平台内经营者之间的法律关系。随着平台规则的复杂化，其往往作为一个系统、全面的规则体系，成为平台经营者对平台内各类行为进行治理的主要依据。从类型上看，平台为保证内部活动的有序进行，会制定交易规则、评价规则、争议解决规则、知识产权保护规则等；从数量上看，一个具有一定规模的、较为成熟的网络平台往往会制定总计数十部甚至上百部平台规则，有的堪比国家某些领域的法律体系；就内容而言，平台规则往往存在结构性失衡的问题，义务性条款明显多于权利性条款。总体上，网络平台通过规则的形式为限制用户在平台内的活动提供了正当性理由。[①]如果没有相反证据，平台内经营者很难以对复杂的平台规则不知情为由，拒绝纳入双方的网络服务合同范围，从而用以抗辩违约

① 罗英，谷雨. 网络平台自治规则的治理逻辑［J］. 学习与实践，2021（8）：35.

金条款缺乏合同依据。

第二，平台服务协议和交易规则是否会在双方地位不对等的前提下，以格式条款排除平台内经营者主要权利？

在司法实践中，电子商务平台经营者与平台内经营者基于平台服务协议建立的合同关系，一般会认定系双方当事人真实意思的表示，不违反法律、行政法规的效力性、强制性规定，应为合法有效，双方当事人均应恪守。平台内经营者经常会抗辩，由于双方地位不对等，平台服务协议系平台经营者单方提供的格式条款，排除了平台内经营者的主要权利，应当归为无效。关于该争议焦点，首先，尽管平台服务协议系平台经营者单方提供且可以反复使用的格式条款，但是电子商务经营平台的交易属于典型的商事交易活动，双方都是具有一定规模的商事交易主体，应当具有较强的缔约能力和较高的注意义务。其次，电子商务平台并非平台内经营者开展类似交易的唯一选择。综上可以推定平台内经营者系充分了解并同意平台内相关权利义务规则后入驻经营的，平台服务协议应当有效。

另外，电子商务平台服务协议同时具有平台经营者与平台内经营者之间合同条款（具有格式条款的属性），以及平台经营者对平台内经营者的行为规范之要求的双重特点，是电子商务活动得以展开的最主要的法律层面上和合同层面上的依据，也是电子商务法律制度和秩序的重要组成部分。由于电子商务平台经营者在实际运营中往往承担一定的管理性质的职能，设置相关条款和规则系履行管理职能、维护消费者权益和正常市场秩序的必要手段。在认定效力上，需要结合上述特点对相关条款的妥当性以及效力作出判断，并综合当事人之间的地位平等性、平台的管理者属性以及比例原则予以考量，如无明显违反平等、诚信、公平原则之嫌，不宜径行认定无效。

第三，平台内经营者是否构成约定的违约事项？

关于该争议焦点，首先需要审查平台服务协议中对于违约事项是否有明确的约定，如果有明确的合同约定，平台要求经营者承担违约责任便有了法律依据，反之则不然。其次，是否存在违约，应当由平台方承担严格的举证责任。在前述案件中，双方的争议焦点便在于平台的抽检过程是否足以证明经营者销售的是假货，最终平台方通过举证抽检流程，依靠抽检人员的合理性和谨慎性，成功使法院采信经营者所销售货物是假货。

第四，约定的违约金是否合理？

平台要求承担的违约金一般以平台服务协议约定为准，多以“质保金”“押金”等方式扣除。在确定平台内经营者存在违约事项后，如果认为违约金过高，需要平台内经营者举证违约金过分高于平台损失。但在实践中，平台损失除了抽检、查证违约事项所付出的成本外，更多是平台商誉等无形资产的损失，难以直接用财产价值予以衡量，导致平台内经营者举证困难。笔者建议，可以从服务年限、服务内容、违约金与经营者收入关系等方面进行举证。例如常见的网络主播跳槽带来的高额违约金纠纷，如果主播直播带来的收益与违约金严重不成比例，即违约金金额过分高于合同预期收益，便容易请求法院予以调减违约金金额。

◉ 法条点击

《中华人民共和国电子商务法》

第三十二条　电子商务平台经营者应当遵循公开、公平、公正的原则，制定平台服务协议和交易规则，明确进入和退出平台、商品和服务质量保障、消费者权益保护、个人信息保护等方面的权利和义务。

第三十三条　电子商务平台经营者应当在其首页显著位置持续公示平台服务协议和交易规则信息或者上述信息的链接标识，并保证经营者和消费者能够便利、完整地阅览和下载。

《中华人民共和国民法典》

第四百九十七条　有下列情形之一的，该格式条款无效：

（一）具有本法第一编第六章第三节和本法第五百零六条规定的无效情形；

（二）提供格式条款一方不合理地免除或者减轻其责任、加重对方责任、限制对方主要权利；

（三）提供格式条款一方排除对方主要权利。

第五百八十五条　当事人可以约定一方违约时应当根据违约情况向对方支付一定数额的违约金，也可以约定因违约产生的损失赔偿额的计算方法。

约定的违约金低于造成的损失的，人民法院或者仲裁机构可以根据当事人的请求予以增加；约定的违约金过分高于造成的损失的，人民法院或者仲裁机构可以根据当事人的请求予以适当减少。

当事人就迟延履行约定违约金的，违约方支付违约金后，还应当履行债务。

58. 跨境电子商务中经营者未尽查验义务应承担什么责任？

——冯某诉某（中国）有限公司买卖合同纠纷案[①]

◉ 案情简介

原告：冯某

被告：某（中国）有限公司

原告 2019 年 3 月 29 日以 588 元的价格在被告经营的电子商务平台购得“胶原蛋白

① 案例摘自广州互联网法院（2019）粤 0192 民初 31233 号民事判决书。

粉”一盒，订单编号为 19032979584532，并于 2019 年 4 月 4 日收到案涉商品。2019 年 5 月 5 日晚，原告发现商品容器内有白色蠕动小虫，遂于次日将此情况告知被告客服人员，经过长达 20 天的沟通，被告同意退货并向原告补偿 200 元及少量平台代币券。原告认为，被告作为案涉食品的销售者，应当就案涉食品质量问题向原告承担《中华人民共和国食品安全法》第 148 条规定的民事责任，遂向法院起诉要求被告承担退款和 10 倍赔偿责任。

被告辩称，案涉商品为跨境电子商务贸易商品，经郑州保税区清关后送达给原告。商品页面“消费者告知书”已说明被告仅提供协助代为申报并对接郑州海关的服务，并非案涉商品的销售者。此外，从案涉商品的生产工艺流程可以确保在原装情形下不存在虫卵可生长的环境，且案涉商品经检验检疫抽检合格。原告无证据证实产品不符合食品安全标准。据此，请求驳回原告全部诉讼请求。

◉ 审理结果

法院经审理认为，针对被告关于案涉“消费者告知书”已明确被告仅提供协助代为申报并对接郑州海关的服务，非案涉商品的销售者的抗辩意见：首先，案涉“消费者告知书”属于格式条款，未有证据显示原告在购买案涉商品时必然阅读告知内容。其次，“消费者告知书”所称“海外公司通过海外买手深入原产地采购并销售”，因未向原告公示市场主体信息，也没有提供相应发票或其他购物凭证，故无法采信。在本案中，被告既是案涉跨境电子商务商品的境内提供者，亦是跨境电子商务中个人报关服务的提供者，属于消费者权益保护法规定的经营者以及电子商务法规定的电子商务经营者。冯某提交的商品实物图片显示，案涉蛋白粉内确有肉眼可见蠕虫。在冯某已经对案涉商品存在食品安全问题初步举证的情况下，被告作为案涉商品的销售者，应当举证证明其已履行了作为食品经营者的法定义务，其经营的商品符合食品安全标准。案涉商品保质期 2 年，冯某发现案涉商品内有蠕虫时，商品尚处于保质期内。在未有证据显示系因冯某自身原因导致案涉商品生虫的情况下，被告作为经营者，亦应履行法律规定的质量担保义务。因被告未提交有效证据证明案涉商品在销售前已经出入境检验检疫机构检验合格，故不能认定被告已尽上述规定的查验义务，应当推定被告明知案涉商品存在质量问题。最终判令被告向原告冯某退还货款及 10 倍货款赔偿。

◉ 法理分析

第一，被告关于其并非案涉跨境电商商品销售者的抗辩，实质争议焦点在于核查跨境电商经营者的主体身份。

国务院六部门于 2018 年 11 月 28 日联合发文《关于完善跨境电子商务零售进口监管有关工作的通知》（商财发〔2018〕486 号），明确跨境电商四类主体的定义及责任，跨境电商零售进口主要包括以下参与主体：（1）跨境电商零售进口经营者（简称跨境电商企业）。自境外向境内消费者销售跨境电商零售进口商品的境外注册企业，为商品的货权所有人。（2）跨境电商第三方平台经营者（简称跨境电商平台）。在境内办理工商登记，为交易双方（消费者和跨境电商企业）提供网页空间、虚拟经营场所、交易规则、交易撮合、信息发布等服务，设立供交易双方独立开展交易活动的信息网络系统的经营者。

（3）境内服务商。在境内办理工商登记，接受跨境电商企业委托为其提供申报、支付、物流、仓储等服务，具有相应运营资质，直接向海关提供有关支付、物流和仓储信息，接受海关、市场监管等部门后续监管，承担相应责任的主体。（4）消费者。跨境电商零售进口商品的境内购买人。

具体到本案，案涉商品系由被告关联公司向案外人预先采购，被告作为“消费使用单位”办理相应海关进口货物报关手续，将案涉商品存放于郑州仓库，并通过平台网站向原告销售，原告下单并付款后，被告以“电商企业”身份为原告办理个人报关手续，将案涉商品邮寄至原告指定的收货地址。由此可见，被告既是案涉跨境电子商务商品的境内提供者，亦是跨境电子商务中个人报关服务的提供者，属于《消费者权益保护法》第3条规定的经营者以及《电子商务法》规定的电子商务经营者。被告亦应按照《消费者权益保护法》《电子商务法》的有关规定承担经营者义务。

第二，跨境电子商务中经营者就销售商品应当承担何种法定义务？

首先，经营者应当就案涉商品符合质量标准承担举证责任。根据我国食药相关司法解释规定，原告应当就案涉商品不符合合同约定进行初步举证，被告应当就案涉商品符合质量标准承担举证责任。具体到本案，原告提交的商品实物图片显示，案涉蛋白粉内确有肉眼可见蠕虫，原告已经对案涉商品存在食品安全问题初步举证的情况下，被告作为案涉商品的销售者，应当举证证明其已履行了作为食品经营者的法定义务，其经营的商品符合食品安全标准。被告未能提供与案涉商品对应的质量检测报告，无法证明其已经尽到了查验义务。

其次，无论经营者是否已尽到质量查验义务，案涉商品在保质期内，如无证据证明系消费者自身原因或者第三人原因导致产生质量问题，经营者仍然要承担质量担保责任。

最后，跨境电子商务中经营者在未尽查验义务时应当承担退还货款的违约责任和可能的惩罚性赔偿责任。跨境电子商务中经营者未尽查验义务，应当推定其“明知”案涉商品存在质量问题，一旦证明案涉商品“有毒、有害”，便需要承担惩罚性赔偿责任。

◉ 法条点击

《中华人民共和国电子商务法》

第九条　本法所称电子商务经营者，是指通过互联网等信息网络从事销售商品或者提供服务的经营活动的自然人、法人和非法人组织，包括电子商务平台经营者、平台内经营者以及通过自建网站、其他网络服务销售商品或者提供服务的电子商务经营者。

本法所称电子商务平台经营者，是指在电子商务中为交易双方或者多方提供网络经营场所、交易撮合、信息发布等服务，供交易双方或者多方独立开展交易活动的法人或者非法人组织。

本法所称平台内经营者，是指通过电子商务平台销售商品或者提供服务的电子商务经营者。

《中华人民共和国消费者权益保护法》

第三条 经营者为消费者提供其生产、销售的商品或者提供服务，应当遵守本法；本法未作规定的，应当遵守其他有关法律、法规。

第二十六条 经营者在经营活动中使用格式条款的，应当以显著方式提请消费者注意商品或者服务的数量和质量、价款或者费用、履行期限和方式、安全注意事项和风险警示、售后服务、民事责任等与消费者有重大利害关系的内容，并按照消费者的要求予以说明。

经营者不得以格式条款、通知、声明、店堂告示等方式，作出排除或者限制消费者权利、减轻或者免除经营者责任、加重消费者责任等对消费者不公平、不合理的规定，不得利用格式条款并借助技术手段强制交易。

格式条款、通知、声明、店堂告示等含有前款所列内容的，其内容无效。

59. “闪送”时出车祸，平台该担何责？

——李某诉北京某科技有限公司确认劳动合同关系案①

◉ 案情简介

原告：李某

被告：北京某科技有限公司

被告北京某科技有限公司为某“闪送”平台的运营方；原告李某于 2016 年 5 月 27 日注册成为闪送员，自 2016 年 5 月 29 日起开始接单。李某自行购买配送车辆，自置箱子，自行负担油费。对于薪资结构，原被告双方确认李某无底薪，一单一结算，另有接单奖励，被告称接单奖励是为了吸引客户和闪送员。对于工作时间、工作量、在线时长、服务区域，李某确认无工作量要求、无在线时长要求、无服务区域要求，其可自主安排工作、休息时间；自述如果在线时间超过一定时长，会有奖金。对于送达时间，李某自述公司对送达时间有要求，确认一般情况下不会超时，在安全驾驶的正常状态下可以按时送到，超时多发生在交通状况不好或天气不好的情况下；称超时会分情况处理，可能会罚款。对于管理情况，李某称，如果配送超时或者损坏、丢失物品会有惩罚。对于车辆安全及安全教育问题，闪送平台对闪送员的交通工具无强制要求、不审查驾驶员及车辆资质信息。对于能否为其他平台工作，李某自述在闪送工作期间，没有在其他同类平台工作；被告亦确认曾经提出过此类要求，但表示仅能通过技术手段进行处理，不同手机号码仍可注册多家互联网平台从事类似配送业务。

---

① 案例摘自北京市海淀区人民法院（2017）京 0108 民初 53634 号民事判决书。

李某2016年7月24日在进行闪送业务时发生交通事故，李某遂要求确认与被告之间存在劳动关系，并要求被告支付工伤保险待遇。

被告辩称，被告与李某之间系居间合同关系，由被告经营的平台居间撮合闪送员与客户之间的货运需求。被告与李某之间系平等民事主体之间的合作关系，合作过程是间断性、偶然性的，不具有劳动关系所体现的连续性、必然性和从属性。

◉ 审理结果

法院将本案争议焦点定为双方是否存在劳动关系。经审理认为，虽然运送货物的需求信息通过闪送平台发布，但闪送平台的运营公司即被告实际上组织了货物运送的整个过程，平台运营公司收取的费用虽然在每一单合同中比例并不高——只占20%，但平台的整个经营模式是通过大量提供货物运输服务来获取利润。因此，闪送平台的运营公司并不是一家信息服务公司，而是一家从事货物运输业务经营的公司，其关于收取中介费作为居间服务费用的意见不能成立。原告李某在完成送货服务工作过程中，对于闪送平台有明显的人格从属性和经济从属性，且原告提供的送货服务亦是闪送平台的主营业务组成部分，因此原告李某满足劳动关系所要求的从属性特征。最终法院确认李某与被告之间存在劳动关系。

◉ 法理分析

近年来，伴随着社会经济结构的转型升级和新型经济形态的不断涌现，企业的用工形式变得更加多元化。依托于“互联网”的新型用工方式，具有非常明显的“平台性”特征。在此新用工形态下，平台是否需要承担劳动关系用工主体责任的审查因素，与传统用工存在明显区别。

笔者从以下几个方面论述平台应当承担劳动关系用工主体责任的要素：

一是双方具备建立劳动关系的主体资格。

二是双方具备建立劳动关系的合意。

三是双方具备从属性。劳动关系的本质属性是“从属性”，该从属性包含人格从属性、经济从属性和组织从属性，劳动者接受用人单位的管理，劳动者的生活收入依赖于用人单位发放的报酬，劳动者与用人单位之间存在经济从属关系，劳动者提供的劳动属于用人单位的主营业务，双方具有组织从属性。劳动者的劳动给付行为具有高度的人身属性，不能替代履行。

四是平台具有劳动管理职能。平台对送货服务流程明确规定、分配工作任务或派单、在派单过程中进行监督管理等方式，均是属于劳动管理的范畴。尽管平台多以“灵活性”或“自主性”作为抗辩，认为平台没有劳动管理。亦有法院作出类似裁定：“从劳动过程来看，代理公司对于骑手并没有明确的规章制度要求，仅是通过网络平台关注骑手的工作成果作为发放工资报酬的依据，并不关注其工作过程。”“代理公司不会通过点击上下班而计量其考勤，仅是用来计算其一天的工作量，并不构成劳动法项下的‘劳动管理’。”但笔者更认同李某与北京某科技有限公司确认劳动关系一案中的观点，互联网信息技术介入传统劳动供求关系后产生的新工作岗位所呈现之特征，不能够阻却双方劳动关系之判定。其一，闪送员可以自主决定是否接单，但只要其注册成为闪送员，并决定以此谋生，则其必须通过完成一定的工作量来获得维持生活所需之收入，所以尽管从每一单闪送业务来看，闪送员有接单或不接单之选择自主权，但从其整体工作来看，其并无更多的选择自主权。其二，闪送员可以决定自己的工作时间，公司无须考勤。但如果闪送员想保持稳定、可以谋生的收入，每天的接单量和工作时长基本固定，其对工作时间、工作量并无过宽的选择自主权。并且灵活安排工作时间的特点本身并不排斥劳动关系的存在，因为劳动关系项下本身有多种用工的工时形式，包括相对灵活的用工工时形式。其三，尽管闪送员自备交通工具，且交通工具可以自主选择，但在互联网经济下新的用工模式中，所谓的交通工具并不是主要的生产资料，由平台运营方通过互联网技术所掌握的信息才是更为重要的生产资料，这些信息及信息技术手段，是闪送员个人无法掌握的，平台恰借助其对相关信息及技术手段的掌控权，而在与李某的用工关系中处于强势支配地位。

五是报酬结算方式。司法实践中有法院以劳动报酬"按月结算""按单结算""无底薪、无最低工资限制"作为判断是否存在劳动关系的因素之一。[①]对此，笔者持保留意见，认为该考量因素并不能作为依据。在传统工资支付体系下，也存在以件计酬和多劳多得的概念，很难以此作为明确的区分点。在《关于维护新就业形态劳动者劳动保障权益的指导意见》（人社部发〔2021〕56号）文件中根据平台不同用工形式，在劳动关系情形外，还明确了不完全符合确立劳动关系的情形及相应劳动者的基本权益，在该文件指导下，对于非劳动关系的用工，仍然存在最低工资等保障权益措施。

◉ 法条点击

《关于确立劳动关系有关事项的通知》
（劳社部发〔2005〕12号）

一、用人单位招用劳动者未订立书面劳动合同，但同时具备下列情形的，劳动关系成立。

（一）用人单位和劳动者符合法律、法规规定的主体资格；

（二）用人单位依法制定的各项劳动规章制度适用于劳动者，劳动者受用人单位的劳动管理，从事用人单位安排的有报酬的劳动；

（三）劳动者提供的劳动是用人单位业务的组成部分。

《关于维护新就业形态劳动者劳动保障权益的指导意见》
（人社部发〔2021〕56号）

一、规范用工，明确劳动者权益保障责任

（二）符合确立劳动关系情形的，企业应当依法与劳动者订立劳动合同。不完全符合确立劳动关系情形但企业对劳动者进行劳动管理（以下简称"不完全符合确立劳动关系情形"）的，指导企业与劳动者订立书面协议，合理确定企业与劳动者的权利义务。个人依托平台自主开展经营活动、从事自由职业等，按照民事法律调整双方的权利义务。

---

① 裁判观点来自于吉林省白城市中级人民法院（2019）吉08民终169号判决书。

60. 电子商务平台经营者承担商标间接侵权责任的构成要件是什么？

——某时装贸易有限公司诉浙江某网络有限公司、杜某侵害商标权纠纷①

◉ 案情简介

上诉人（原审被告）：浙江某网络有限公司

被上诉人（原审原告）：某时装贸易有限公司

被上诉人（原审被告）：杜某

依兰德有限公司（E.LAND LTD）是第1545520号注册商标和第1326011号注册商标的权利人，依兰德有限公司将上述商标的独占许可使用权授予原告。原告生产的TEENIE WEENIE等品牌服装拥有很高的知名度，曾获得2009年度上海名牌称号。被告杜某在某电商平台销售的服装中使用了TEENIE WEENIE等商标，侵犯了原告享有的注册商标专用权。被告浙江某网络有限公司是案涉电商平台的运营商。自2009年9月开始，原告就电商平台上销售的大量侵权商品向被告公司提出警告，并要求其采取事先审查、屏蔽关键词等有效措施控制侵权行为的蔓延，但被告公司未采取合理措施。自2009年9月开始，原告针对杜某的侵权行为，曾7次发函给被告公司，要求其删除杜某发布的侵权商品信息。被告公司对原告举报的侵权信息予以删除，但未采取其他制止侵权行为的措施。被告公司不顾原告的警告和权利要求，在知道杜某以销售侵权商品为业的情况下，依然向杜某提供网络服务，故意为侵犯他人注册商标专用权的行为提供便利条件，继续纵容、帮助杜某实施侵权行为。故原告请求法院判令：杜某、浙江某网络有限公司共同赔偿原告经济损失3万元；杜某、浙江某网络有限公司共同赔偿原告支出的合理费用，包括公证费4 800元、户籍信息查询费用100元、律师费5万元，共计54 900元；杜某、浙江某网络有限公司在搜狐、新浪或其他同级别门户网站、新闻晨报及电商平台上刊登说明告示并向原告致歉。

被告杜某辩称：其所销售的商品是从其他网站上订购的，其不知这些服装是侵权商品。原告只举证证明其中的一件服装是假货，原告主张的经济损失及合理费用过高，没有依据。故请求驳回原告的诉讼请求。

被告浙江某网络有限公司辩称：（1）原告公司滥用权利。原告投诉量巨大，仅以2009年9月29日至11月3日这段期间为例，原告投诉涉嫌侵权的商品信息累计达105 643条。

① 案例摘自上海市浦东新区人民法院（2010）浦民三（知）初字第426号，上海市第一中级人民法院（2011）沪一中民五（知）终字第40号民事判决书。

根据被告公司的统计，原告投诉的数十万条商品信息中，约有20%的投诉是错误投诉。原告的轻率投诉引起了相关电商平台用户的大量异议，并对被告公司的商誉造成损害。本案所涉及的投诉仅是原告数十万条投诉信息中的个案。原告认定侵权的理由不充分，仅以低价、未经授权销售为由认定侵权。原告除要求被告公司删除涉嫌侵权的信息外，还要求被告公司采取事先审查、屏蔽关键词，以及永久删除用户账户等措施。（2）被告公司采取了合理审慎的措施，保护原告的合法权益。（3）被告公司未侵犯原告的注册商标专用权。

◉ 审判结果

一审法院认为，网络服务提供者接到通知后及时删除侵权信息是其免予承担赔偿责任的条件之一，但并非是充分条件。网络服务提供者删除信息后，如果网络用户仍然利用其提供的网络服务继续实施侵权行为，网络服务提供者则应当进一步采取必要的措施以制止继续侵权。哪些措施属于必要的措施，应当根据网络服务的类型、技术可行性、成本、侵权情节等因素确定。具体到网络交易平台服务提供商，这些措施可以是对网络用户进行公开警告、降低信用评级、限制发布商品信息直至关闭该网络用户的账户等。被告公司作为国内最大的网络交易平台服务提供商，完全有能力对网络用户的违规行为进行管理。被告公司也实际制定并发布了一系列的网络用户行为规则，也曾对一些网络用户违规行为进行处罚。被告公司若能够严格根据其制定的规则对违规行为进行处理，虽不能完全杜绝网络用户的侵权行为，但可增加网络用户侵权的难度，从而达到减少侵权的目的。就本案而言，被告公司接到原告的投诉通知后，对投诉的内容进行了审核并删除了杜某发布的商品信息。根据电商平台当时有效的用户行为管理规则，其在接到原告的投诉并经核实后还应对杜某采取限制发布商品信息、扣分、直至冻结账户等处罚措施，但被告公司除了删除商品信息外没有采取其他任何处罚措施。在7次有效投诉的情况下，被告公司应当知道杜某利用其网络交易平台销售侵权商品，但被告公司对此未采取必要措施以制止侵权，杜某仍可不受限制地发布侵权商品信息。被告公司有条件、有能力针对特定侵权人杜某采取措施，在知道杜某多次发布侵权商品信息的情况下，未严格执行其管理规则，依然为杜某提供网络服务，此是对杜某继续实施侵权行为的放任、纵容。被告公司故意为杜某销售侵权商品提供便利条件，构成帮助侵权，具有主观过错，应承担连带赔偿责任。最终一审法院判令被告公司与杜某承担连带赔偿责任。

后浙江某网络有限公司上诉后，二审法院驳回上诉，维持原判。

◉ 法理分析

本案是电子商务平台经营者承担商标间接侵权责任的典型案例之一，也是《电子商务法》第45条规定的“红旗”原则的直接适用。在电子商务平台经营者知道或者应当知道平台内经营者侵犯知识产权的，应当采取删除、屏蔽、断开链接、终止交易和服务等必要措施；未采取必要措施的，与侵权人承担连带责任。

电子商务平台经营者承担商标间接侵权责任的构成要件，实质上便是探讨何种情形下，电子商务平台经营者知道或者应当知道平台内经营者侵犯知识产权，笔者认为在如下情形下，应当判定商务平台经营者承担商标间接侵权责任。

一是未履行通知—删除义务，即在接到商标权利人通知后，未在合理期限内采取必要措施阻止侵权行为的发生。

二是未履行主动监控删除义务，具体有以下情形。

（1）电商平台未尽到合理的注意义务。在电商平台设置的品牌旗舰店入驻商家资格的审查规则中，仅要求提供商标申请受理通知书，不能视为其尽到了合理的注意义务。特别是一些知名度较高的品牌入驻，其仿冒概率较高，应当施加更高的注意义务。

（2）电商平台的在先行为增加了侵权风险。如果电商平台通过设立“高仿专区”等特殊栏目用以吸引客流，其应当知晓该栏目下侵权风险远高于一般商品销售，需要在一般注意义务之外，特殊审查商品来源、是否经过授权等。又比如以平台名义为平台卖家的商品品质作出保证或者平台在广告中宣传该平台卖家的商品为正品等情形时，电商平台就对该商品和服务有更高的注意和审查义务。①此规则在影视领域运用已经相对成熟，如平台专门设置影视交流区，方便用户上传影视剧，用以吸引网络用户，提高网站点击率，从而得到广告经营的获利机会。在此情况下，法院认定平台经营者应当对该类影视版权问题负有审查义务。同理，在商标侵权领域该规则同样适用。

（3）电商平台中的特定经营者反复实施侵权行为。如果某一经营者在电商平台中多次销售侵权商品，即遭到权利人投诉并被查实或经过工商行政部门处罚、法院判决败诉后，仍然因销售侵权商品而再次遭到同一权利人投诉并被查实，或被处罚、被判决败诉的，说明该经营者实施侵权行为的几率远超其他经营者，此时电商平台应当采取包括监控手段在内的相应措施防止该经营者再次实施侵权行为。在前述案件中，商标权人 7 次投诉平台卖家杜某销售侵犯其注册商标权的商品，平台虽然在接到投诉后每次都移除了侵权商品的信息，但没有对杜某采取进一步制止侵权的措施。法院认为：“如果网络用户仍然利用其提供的网络服务继续实施侵权行为，网络服务提供者则应当进一步采取必要的措施以制止继续侵权。”由于平台没有采取对杜某进行公开警告、降低信用评级、限制发布商品信息直至关闭该网络用户的账户等有效措施，法院认为平台应承担间接侵权责任。

（4）存在监控侵权的有效技术手段。对于电商平台而言，其与平台内的经营者实际上属于利益共同体，通过平台内的商品销售，可以逐步获得更高的知名度、网站访问量、交易佣金抑或是直接收益。在某种情况下，平台内其他经营者实施的侵权行为模式单一，辨识度较高，通过简单的技术手段就可以轻易筛选和监控，从而用很小的成本便可以有效降低侵权风险。例如在商品上架信息中，大量侵权商品通过“仿冒”“高仿”作为关键字诱导交易，电商平台使用软件很容易做到定点监控。电商平台的侵权审查义务应当与其收益是成正比的，如果存在成本合理、技术手段有效的方式可以制止侵害商标专用权的行为时，电商平台应当采用。

（5）对于侵权产品的销售，可以直接获得经济利益。如果电商平台可以从平台经营者销售的侵权商品中直接获得经济利益，应当认定其对该商标侵权行为负有较高的注意义务。

---

① 李伟，李孝娟. 论电商平台知识产权事前审查义务［J］. 中国发展，2019（1）：88.

◉ 法条点击

《中华人民共和国电子商务法》

第四十五条 电子商务平台经营者知道或者应当知道平台内经营者侵犯知识产权的，应当采取删除、屏蔽、断开链接、终止交易和服务等必要措施；未采取必要措施的，与侵权人承担连带责任。

《中华人民共和国商标法》

第五十七条 有下列行为之一的，均属侵犯注册商标专用权：

（一）未经商标注册人的许可，在同一种商品上使用与其注册商标相同的商标的；

（二）未经商标注册人的许可，在同一种商品上使用与其注册商标近似的商标，或者在类似商品上使用与其注册商标相同或者近似的商标，容易导致混淆的；

（三）销售侵犯注册商标专用权的商品的；

（四）伪造、擅自制造他人注册商标标识或者销售伪造、擅自制造的注册商标标识的；

（五）未经商标注册人同意，更换其注册商标并将该更换商标的商品又投入市场的；

（六）故意为侵犯他人商标专用权行为提供便利条件，帮助他人实施侵犯商标专用权行为的；

（七）给他人的注册商标专用权造成其他损害的。

第六十三条 侵犯商标专用权的赔偿数额，按照权利人因被侵权所受到的实际损失确定；实际损失难以确定的，可以按照侵权人因侵权所获得的利益确定；权利人的损失或者侵权人获得的利益难以确定的，参照该商标许可使用费的倍数合理确定。对恶意侵犯商标专用权，情节严重的，可以在按照上述方法确定数额的一倍以上五倍以下确定赔偿数额。赔偿数额应当包括权利人为制止侵权行为所支付的合理开支。

61. 特殊平台须承担的法律责任有多特殊？

——上海某信息技术有限公司、高某某机动车交通事故责任纠纷[①]

◉ 案情简介

上诉人（原审被告）：上海某信息技术有限公司（以下简称A公司）

被上诉人（原审原告）：高某某

被上诉人（原审被告）：王某

① 案例摘自安徽省肥东县人民法院（2016）皖0122民初5716号民事判决书，安徽省合肥市中级人民法院（2017）皖01民终3982号民事判决书。

2016 年 9 月 15 日 23 时许，王某驾驶车牌号为皖 A×××××的小型客车，沿龙泉路由西向东行驶至城关××处，因疏于观察前方，碰撞道路护栏，造成车辆受损及皖 A×××××号乘车人高某某、周某某和高某受伤的道路交通事故。本起事故经安徽省肥东县公安局交通警察大队认定，王某负事故的全部责任，高某某、周某某和高某无责任。

高某某受伤后，被送至肥东县人民医院住院治疗，诊断为：右肱骨骨折。同年 9 月 18 日高某某出院，医嘱：转上级医院继续治疗。当日，高某某转院至合肥市第一人民医院，诊断为：右肱骨骨折。同年 10 月 1 日，高某某出院，医嘱：休息一个月、加强营养和护理。高某某支出医疗费 61 780.59 元。其中，王某已经垫付高某某 6 600 元。

另查明：事故车辆皖 A×××××号的小型客车，系王某所有，事故发生时由王某驾驶。事故发生时，王某受 A 公司指派，搭载乘客高某某后发生了交通事故。

高某某向一审法院起诉请求：请求法院依法判令王某、A 公司赔偿各项损失计 66 193.59 元并承担本案诉讼费。

A 公司辩称，高某某基于侵权法律关系提起诉讼，因此本案的案由定为机动车交通事故责任纠纷，侵权法律关系的当事人应当是侵权方和受害方，本案的车辆所有人及驾驶人均是王某，与 A 公司无关，A 公司不是适格主体。A 公司与王某之间也没有劳务关系，双方仅是合作关系。

◉ 审理结果

一审法院认为，高某某在 A 公司运营的网约车平台上，预约车辆出行，A 公司指派王某驾驶的皖 A×××××号的小型客车予以接单。网约车平台公司是以互联网技术为依托构建服务平台，整合供需信息，使用符合条件的车辆和驾驶员，在运行过程中应当保证车辆运营安全。王某接受网约车出行平台管理，并按照指派予以接单。由平台先收取打车费用后再按一定比例支付给王某。在本起事故中，王某系履行出行平台与高某某的客运合同，在履行合同过程中致乘客受伤，王某属于提供劳务一方致他人损害，其因劳务造成他人损害的，出行平台作为接受王某劳务的一方承担相应的侵权责任。法院遂判令由 A 公司赔偿高某某各项损失计 64 843.59 元。

后 A 公司上诉至二审法院，二审法院驳回上诉，维持原判。

◉ 法理分析

本案核心争议焦点系网约车出行平台在提供出行服务中，处于何种法律地位以及应当承担的法律责任。

首先，出行平台作为运输合同的承运人一方，在发生交通事故时，因其未能按照合同约定将乘客安全送至目的地，应当承担合同违约责任。

《网络预约出租汽车经营服务管理暂行办法》对网络约车的经营模式予以规范，该办法第 16 条规定，网约车平台公司承担承运人责任，应当保证运营安全，保障乘客合法权益。即网约车平台公司系网络预约出租汽车经营者，其身份属于承运人，而非撮合乘客与注册司机的居间平台。结合高某某向平台发布约车信息、车辆由平台指令、运输服务费用向平台进行支付等情形，均可以认定 A 公司与乘客高某某之间形成了网络交易平台服务合同关系，A公司向高某某提供运输服务。在此情况下，平台与乘客之间建立了运输服务合同关系，乘客在途中非因个人原因受到伤害时，平台应当承担合同违约责任。

其次，在侵权责任法律关系中，平台又属于电子商务平台经营者。根据我国相关法律规定，电子商务平台经营者知道或者应当知道平台内经营者销售的商品或者提供的服务不符合保障人身、财产安全的要求，或者有其他侵害消费者合法权益行为，未采取必要措施的，依法与该平台内经营者承担连带责任。对关系消费者生命健康的商品或者服务，电子商务平台经营者对平台内经营者的资质资格未尽到审核义务，或者对消费者未尽到安全保障义务，造成消费者损害的，依法承担相应的责任。因此，出行平台作为电子商务平台经营者，亦负担一定程度的安全保障义务。该安全保障义务包括审核和检查义务，即对申请注册的驾驶员的基本身份信息、资质资格、不良驾驶记录、犯罪记录等驾驶员的适格性条件，以及申请注册车辆的性能、状况、购买保险等车辆的适驾性条件按照相关要求予以审核和检查，对不符合条件的不予注册或强制要求退出。另外还需要平台对驾驶行为进行监管，备案和保存相关数据信息，建立投诉机制，有效处理乘客、驾驶员之间的投诉和建议，在发生纠纷时也便于还原整个服务过程。平台未能尽到安全保障义务时，应当根据过错程度，依法承担连带赔偿责任或者补充赔偿责任。

最后，关于平台与司机之间，存在较大争议的是仅收取服务佣金的合作关系还是提供劳务的雇佣关系。支持雇佣关系的观点认为，网约车平台公司对司机注册准入和解约有单方决定权，司机按照公司的指令提供运输服务，司机对服务费用没有定价权，平台对司机服务水平好评率进行监控等。司机的整个驾驶行为系提供劳务行为，其提供劳务的整个过程实际上是受平台的控制、指挥和监督。而支持合作关系的观点在顺风车打车平台中体现比较明显。顺风车，是由合乘服务提供者事先发布出行信息，出行线路相同的人选择乘坐合乘服务提供者的小客车、分摊部分出行成本或免费互助的共享出行方式。在顺风车业务运行过程中，首先需要由顺风车车主与意欲合乘的乘客自行在网络平台发布出行信息，再经由网络平台通过负责的算法计算而达成合乘合意，网络平台从乘客支付的合乘费用中扣取一定比例作为服务报酬。[①]在该交易模式中，顺风车平台便脱离了承运人的身份，其作为居间人与司机处于平等地位，系合作关系。但无论认定哪种关系，都无法免除出行平台作为电子商务平台经营者的安全保障义务。

◉ 法条点击

《中华人民共和国电子商务法》

第二十七条 电子商务平台经营者应当要求申请进入平台销售商品或者提供服务的经营者提交其身份、地址、联系方式、行政许可等真实信息，进行核验、登记，建立登记档案，并定期核验更新。

---

① 张新宝. 顺风车网络平台的安全保障义务与侵权责任［J］. 法律适用（司法案例）. 2018（12）：99.

电子商务平台经营者为进入平台销售商品或者提供服务的非经营用户提供服务，应当遵守本节有关规定。

第三十八条 电子商务平台经营者知道或者应当知道平台内经营者销售的商品或者提供的服务不符合保障人身、财产安全的要求，或者有其他侵害消费者合法权益行为，未采取必要措施的，依法与该平台内经营者承担连带责任。

对关系消费者生命健康的商品或者服务，电子商务平台经营者对平台内经营者的资质资格未尽到审核义务，或者对消费者未尽到安全保障义务，造成消费者损害的，依法承担相应的责任。

《中华人民共和国民法典》

第一千一百九十一条 用人单位的工作人员因执行工作任务造成他人损害的，由用人单位承担侵权责任。用人单位承担侵权责任后，可以向有故意或者重大过失的工作人员追偿。

劳务派遣期间，被派遣的工作人员因执行工作任务造成他人损害的，由接受劳务派遣的用工单位承担侵权责任；劳务派遣单位有过错的，承担相应的责任。

《网络预约出租汽车经营服务管理暂行办法》

第十六条 网约车平台公司承担承运人责任，应当保证运营安全，保障乘客合法权益。

62. 淘宝店主海外代购保健品食品不符合安全标准也应承担惩罚性赔偿责任吗？

——朱某与深圳某食品商行产品质量纠纷案[①]

◉ 案情简介

原告：朱某

被告：深圳某食品商行

原告于2019年5月27日通过购物平台在被告经营的网店，支付1 640元购买了5盒商品名称为“澳洲unichi玫瑰果精华美白液口服液提亮肤色搭配VC美白丸10瓶/盒”，订单号：XXXX8852；2019年5月28日支付1 490元购买了5盒，订单号：XXXXXX8852；2019年5月30日支付1 640元购买了5盒，订单号：XXXXX8852。原告付款后，被告使用快递发货，中通快递：73113992100924，中通快递：5530167158592，中通快递：

① 案例摘自上海市长宁区人民法院（2020）沪0105民初18031号民事判决书。

73114163663684。原告收到全部包裹后，发现涉案产品包装上没有任何中文标识，被告至今未提供进口检验检疫证明，且涉案产品在订单快照中描述“美白、提亮肤色”的功效，应为保健食品却没有批准文号，原告认为属于不符合食品安全标准。被告销售明知是不符合食品安全标准的食品，给原告造成了损失，要求被告除返还货款外，还需承担 10 倍货款的惩罚性赔偿责任。

被告则辩称，原被告之间系委托代购关系，并非买卖合同关系。且被告已提供购物小票，证明涉案商品来自澳大利亚，来源合法，符合生产地、销售地的食品安全标准。另外，原告多次向被告购买相关产品，其购买动机是否出于真实的消费意思和生活所需存疑，不应当支持 10 倍货款的惩罚性赔偿。

◉ 审理结果

法院经审理认为，被告提供的购物凭证无法证明双方之间系代购关系，双方就代购事宜未能提供沟通信息，仅凭商品详情页已明确记载“代购”等字样为由主张双方存在代购关系，缺乏充分依据。被告并未提供证据证明涉案商品有相关检验检疫证明，其外包装亦无中文标签或说明书，也未提供证据证明涉案商品符合我国的食品安全标准，故在无相反证据的情况下，本院认定涉案商品不符合我国食品安全标准。而根据相关司法解释规定，销售者以购买者明知食品、药品存在质量问题而仍然购买为由进行抗辩的，人民法院不予支持。故最终法院判令被告向原告返还货款并支付 10 倍货款的赔偿金。

◉ 法理分析

本案的核心争议焦点在于案涉代购行为属于买卖合同关系还是委托合同关系。本案系基于网络平台下完成的代购行为，自然受到电子商务法约束，由平台内经营者举证双方具备真实的代购合意，在平台内经营者未能充分举证双方系代购关系时，双方的法律关系成为了买卖合同关系，店主作为销售者，依法承担销售食品的质量保证责任。

在判断双方构成何种合同关系时，通常需要以合同内容判断合同性质，买卖合同内容一般包括标的物的名称、数量、质量、价款、履行期限、履行地点和方式、包装方式、检验标准和方法、结算方式等，而委托合同内容一般包括委托事由、委托事项、委托报酬等。

根据目前的代购交易模式，可以分为“有现货代购”情形和“非现货代购”情形。所谓有现货的代购，是指代购方已购得货物，取得货物所有权，可以随时向选购该商品的消费者发送货物。此种代购行为实则是货物的二次转卖行为，代购方与消费者之间无疑构成买卖合同关系。而对于非现货代购，是指代购方依指示为消费者提供的代购服务，表现为消费者选择代购方和商品后，代购方按照消费者的要求或指示以自己的名义购买商品，再交付于消费者，其符合委托代理中间接代理的法律特征。

在法律实践中，尤其是涉及海外非现货代购中，代购方与消费者法律地位并非完全平等，消费者对于相关信息只能通过代购方才得以知情，通常而言，消费者难以对代购方所告知商品信息真伪进行核实，亦无渠道于商品交付之前对商品是否合格进行检验。在此种情形下，需要重点审查消费者发出的“指示”系对商品本身必要信息，例如“种类”“型号”“品牌”等的选择，还是对购货渠道或选购方式进行了明确指示。前者指示内容符合买卖合同标的中种类物的性质，后者指示内容可以将案涉货物限定为特定物，符合委托合同关系构成要件。具体到本案，朱某在下单时仅选择了商品名称、商品数量，对于购买渠道、选购方式并未有明确指示，仅通过店面页面的“代购”字样，并不能证明店主将代购的方式明确告知了消费者，双方无法建立委托合同关系。

如果双方系委托合同关系，店主仅须承担委托合同义务，完成消费者的委托购买事项。即便最终认定所购商品不符合约定标准，也仅须按过错责任根据合同约定或者消费者实际损失承担合同违约责任。

一旦认定系买卖合同关系，代购店主的法律身份便转变为商品的销售者，受产品质量法、食品安全法等法律约束，依法承担惩罚性赔偿责任。

◉ 法条点击

《中华人民共和国民法典》

第五百九十五条 买卖合同是出卖人转移标的物的所有权于买受人，买受人支付价款的合同。

第五百九十六条 买卖合同的内容一般包括标的物的名称、数量、质量、价款、履行期限、履行地点和方式、包装方式、检验标准和方法、结算方式、合同使用的文字及其效力等条款。

第九百一十九条 委托合同是委托人和受托人约定，由受托人处理委托人事务的合同。

第九百二十二条 受托人应当按照委托人的指示处理委托事务。需要变更委托人指示的，应当经委托人同意；因情况紧急，难以和委托人取得联系的，受托人应当妥善处理委托事务，但是事后应当将该情况及时报告委托人。

《中华人民共和国食品安全法》

第九十二条 进口的食品、食品添加剂、食品相关产品应当符合我国食品安全国家标准。

进口的食品、食品添加剂应当经出入境检验检疫机构依照进出口商品检验相关法律、行政法规的规定检验合格。

进口的食品、食品添加剂应当按照国家出入境检验检疫部门的要求随附合格证明材料。

第九十七条 进口的预包装食品、食品添加剂应当有中文标签；依法应当有说明书的，还应当有中文说明书。标签、说明书应当符合本法以及我国其他有关法律、行政法规的规定和食品安全国家标准的要求，并载明食品的原产地以及境内代理商的名称、地址、联系方式。预包装食品没有中文标签、中文说明书或者标签、说明书不符合本条规定的，不得进口。

第一百四十八条 消费者因不符合食品安全标准的食品受到损害的，可以向经营者要求赔偿损失，也可以向生产者要求赔偿损失。接到消费者赔偿要求的生产经营者，应当实行首负责任制，先行赔付，不得推诿；属于生产者责任的，经营者赔偿后有权向生产者追偿；属于经营者责任的，生产者赔偿后有权向经营者追偿。

生产不符合食品安全标准的食品或者经营明知是不符合食品安全标准的食品，消费者除要求赔偿损失外，还可以向生产者或者经营者要求支付价款十倍或者损失三倍的赔偿金；增加赔偿的金额不足一千元的，为一千元。但是，食品的标签、说明书存在不影响食品安全且不会对消费者造成误导的瑕疵的除外。

63. 平台不合理干预经营者经营的行政责任应如何认定?

——甘肃某供应链管理有限责任公司行政处罚案[①]

◉ 案情简介

处罚机关：某市场监督管理局

被处罚主体：甘肃某供应链管理有限责任公司（以下简称A公司）

当事人A公司于2021年11月9日与北京三快科技有限公司（美团外卖为其注册商标，为商家提供外卖展示及交易的网络服务平台）签订《美团外卖合作协议》，合作期限止于2022年11月30日，合作区域为甘肃省庆阳市，城市等级为E3级城市（非地级市），约定由A公司代理，负责合作区域内美团外卖平台市场开发、商家入驻、商家运营维护、配送及用户投诉处置等各项工作。另查明，本地商家在入驻美团外卖平台时，平台上提供了“美团专送”和“自配送”两种配送方式，“美团专送”为当事人自营的配送服务，“自配送”指商家自主选择其他主体提供的配送服务或者自行配送。经北京市海淀区市场监督管理局协查，美团外卖平台未对选择“自配送”的商家以技术手段在搜索结果展示、店铺排名、缩小配送范围等方面予以限制。A公司作为当地代理商是当地实际运营主体，全权负责当地业务开展及运营，平台总部未要求代理商只与“美团专送”的商家开展合作，且平台明确禁止该行为。再查明，A公司对选择“美团专送”和“自配送”的本地入驻商家在入驻服务方式上区别对待。选择“美团专送”的商家，能够正常入驻平台；选择“自配送”的商家，长时间不能成功入驻平台，且在当事人与商户的沟通过程中，以“疫情影响‘自配送’行动轨迹无法追踪”等为由诱导商家选择“美团专送”配送渠道。

◉ 处罚结果

责令A公司改正违法行为，并给予A公司罚款1万元的行政处罚。

---

① 案例摘自庆阳市市场监督管理局行政处罚决定书〔2022〕48号行政处罚决定书。

◉ 法理分析

本案行政处罚是适用《电子商务法》第 82 条的规定，电子商务平台经营者违反本法第 35 条规定，对平台内经营者在平台内的交易、交易价格或者与其他经营者的交易等进行不合理限制或者附加不合理条件，或者向平台内经营者收取不合理费用的，由市场监督管理部门责令限期改正，可以处 5 万元以上 50 万元以下的罚款；情节严重的，处 50 万元以上 200 万元以下的罚款。

由此核心争议焦点有两个：一是被处罚当事人主体是否适格，即 A 公司是否属于电子商务平台经营者；二是案涉当事人是否存在违法行为。

针对第一个争议焦点，现行《电子商务法》及其他法律并未对电子商务平台经营者作出明确界定。A 公司名义上为非平台公司，如将其认定为电子商务平台经营者，是否存在扩大解释、适用法律错误之争议？笔者认为，电子商务平台经营者的认定，不宜仅限于字面意思解释。现实中，多有非平台公司通过与平台的合作协议、协作框架等方式，取得电子商务平台的部分管理权限、使用权以及一定的后台操作权限，在此情况下，此类非平台公司已经实质上参与了平台经营过程，成为电子商务活动中的一方主体，将其纳入电子商务法的规制范围，符合电子商务法的立法目的，即为了保障电子商务各方主体的合法权益，规范电子商务行为，维护市场秩序，促进电子商务持续健康发展。如果放任非平台公司游离在监管之外，容易产生隐性违法行为，侵害平台内经营者和消费者的合法权益。另外，将此类非平台公司认定为电子商务平台经营者，亦有法律依据支持。尽管《电子商务法》中并没有对电子商务平台经营者进行明确定义，但是在《电子商务法》第二章第二节中，对于电子商务平台经营者的相关权利义务、职能划分进行了详细规定。具体到本案，A 公司负责合作区域内美团外卖平台市场开发、商家入驻、商家运营维护、配送及用户投诉处置等各项工作，分别对应了《电子商务法》第 27 条第 1 款规定的对于平台内经营者身份核验义务[①]以及第 40 条规定的根据商品或者服务的价格、销量、信用等以多种方式向消费者显示商品或者服务的搜索结果。A 公司实质上已经履行了电子商务平台经营者的职能，享受相关权利亦承担相应义务，将其作为电子商务平台经营者进行处罚并无不当。

关于第二个争议焦点，A 公司对于平台内经营者区别对待，通过限制配送方式来不合理限制其正常入驻平台，严重侵犯了平台内经营者的市场公平竞争权利，破坏了正常的市场秩序，最终损害的是消费者的合法权益。因此，A 公司被处以整改和罚款并无不当。

◉ 法条点击

《中华人民共和国电子商务法》

第三十五条 电子商务平台经营者不得利用服务协议、交易规则以及技术等手段，对平台内经营者在平台内的交易、交易价格以及与其他经营者的交易等进行不合理限制或

---

① 《电子商务法》第 27 条第 1 款规定："电子商务平台经营者应当要求申请进入平台销售商品或者提供服务的经营者提交其身份、地址、联系方式、行政许可等真实信息，进行核验、登记，建立登记档案，并定期核验更新。"

者附加不合理条件，或者向平台内经营者收取不合理费用。

第八十二条 电子商务平台经营者违反本法第三十五条规定，对平台内经营者在平台内的交易、交易价格或者与其他经营者的交易等进行不合理限制或者附加不合理条件，或者向平台内经营者收取不合理费用的，由市场监督管理部门责令限期改正，可以处五万元以上五十万元以下的罚款；情节严重的，处五十万元以上二百万元以下的罚款。

64. 飞猪机票专员非法出售行程单该定何种罪名？

——罗某等非法出售发票罪案[①]

◉ 案情简介

公诉机关：杭州市某区人民检察院

被告人：罗某等

2015 年至 2019 年，被告人罗某等通过上海某商务咨询有限公司（以下简称某甲公司）、杭州长隆航空服务有限公司（以下简称某乙公司）ETERM 系统账号密码，利用非法获取的电子客票号，在位于杭州市余杭区××街道××村××号的家中，打印国内各大航空公司或各大机票销售代理平台售出的机票行程单（行程单于 2008 年纳入发票管理），并予以销售。经查，被告人罗某等共非法获利人民币 1 000 万元以上，涉及票面额人民币 66 亿元以上。

期间，被告人郭某作为某甲公司实际经营人，为非法牟利，将公司 ETERM 系统租赁给被告人罗某等并帮助申领空白行程单，涉及行程单张数 800 万张以上；被告人刘某受被告人罗某雇用提供某乙公司注册、客户对接、行程单打印等帮助行为，涉及票面额人民币 40 亿元以上；被告人耿某从被告人罗某等处购买非法打印的行程单后向他人加价销售，涉及票面额人民币 4 亿元以上；被告人焦某在成都某丙公司负责人潘某（另案处理）授意下，将该公司非法获取的电子客票号 180 万余个发送给被告人罗某用于非法打印行程单，涉及行程单张数 100 万张以上。同时，被告人焦某另从被告人罗某等处购买非法打印的行程单后向他人加价销售，涉及票面额人民币 2 400 余万元；被告人万某从被告人罗某等处购买、获取非法打印的行程单、出租车票、办公发票等后向他人加价销售，涉及票面额人民币 3 000 万元以上。

◉ 审理结果

最终法院判决罗某犯非法出售发票罪，判处有期徒刑 6 年，并处罚金人民币 45 万元；其他同案人员均被判处有期徒刑，并各处罚金 45 万元到 12 万元不等，同时没收违法所得，上交国库。

---

① 案例摘自浙江省杭州市余杭区人民法院（2020）浙 0110 刑初 835 号刑事判决书。

◉ 法理分析

本案罗某等非法出售打印的机票行程单用以谋利的行为，可以以非法出售发票罪追究刑事责任。《中华人民共和国刑法》第 209 条规定了非法出售发票罪，非法出售用于骗取出口退税、抵扣税款发票以外的发票的，处 2 年以下有期徒刑、拘役或者管制，并处或者单处 1 万元以上 5 万元以下罚金；情节严重的，处 2 年以上 7 年以下有期徒刑，并处 5 万元以上 50 万元以下罚金。

关于是否构成本罪，重点在于本案出售的机票行程单是否属于非法出售发票罪的发票范围。根据《中华人民共和国发票管理办法》相关规定，航空运输电子客票行程单由国家税务总局监制并根据发票管理办法纳入税务机关发票管理，是旅客购买国内航空运输电子客票的付款及报销的凭证，因此行程单属于本罪规定的发票范围。须特别注意的是，《发票管理办法》中还规定了转借、转让、介绍转让发票等违规行为。对于宽泛的转出型发票违规行为，我国刑法将其限缩为“非法出售”，由此体现出刑法的谦抑原则。所谓“出售”，是指行为人有偿地转让之行为。[①]

关于是否达到公安机关立案追诉要求。根据最高人民检察院、公安部于 2022 年 4 月 6 日联合发布修订的《关于公安机关管辖的刑事案件立案追诉标准的规定（二）》第 64 条规定：“非法出售增值税专用发票、用于骗取出口退税、抵扣税款的其他发票以外的发票，涉嫌下列情形之一的，应予立案追诉：（一）非法出售增值税专用发票、用于骗取出口退税、抵扣税款的其他发票以外的发票一百份以上且票面金额累计在三十万元以上的；（二）票面金额累计在五十万元以上的；（三）非法获利数额在一万元以上的。”具体到本案，罗某等非法获利金额 1 000 万元以上，票面累计金额 66 亿元以上，案涉发票达到 800 多万份，完全达到了立案追诉要求。

关于罗某等人的量刑是否满足罪责刑相适应原则，根据本案的涉案金额，完全达到了“情节严重”，据此对罗某在 2 年以上 7 年以下有期徒刑，并处 5 万元以上 50 万元以下罚金范围内，判处 6 年有期徒刑并处 45 万元罚金，符合法律规定。

关于本案刑事责任与民事责任是否存在竞合。本案中涉及罗某等通过电子票务系统非法获取电子客票号。电子客票号是一种用于代替传统纸质客票的电子凭证。这个号码是旅客在购票后通过电子邮件或短信等方式获得的，可以用于验证旅客的身份并进入乘车信息系统，还可以用于查询乘客的乘车信息，例如出发时间、到达时间、座位号和车次号等，属于个人信息保护范围。如因电子客票号的泄露导致对乘客的个人权益造成侵害，乘客则有权要求航空服务公司因违反了信息保存义务的保密性要求而承担合同违约责任或者侵权责任。

◉ 法条点击

《中华人民共和国电子商务法》

第八十八条 违反本法规定，构成违反治安管理行为的，依法给予治安管理处罚；构

① 王新. 新解我国发票类的罪名体系［J］. 政法论丛，2016（2）：100.

成犯罪的，依法追究刑事责任。

《中华人民共和国刑法》

第二百零九条 【非法制造、出售非法制造的用于骗取出口退税、抵扣税款发票罪】伪造、擅自制造或者出售伪造、擅自制造的可以用于骗取出口退税、抵扣税款的其他发票的，处三年以下有期徒刑、拘役或者管制，并处二万元以上二十万元以下罚金；数量巨大的，处三年以上七年以下有期徒刑，并处五万元以上五十万元以下罚金；数量特别巨大的，处七年以上有期徒刑，并处五万元以上五十万元以下罚金或者没收财产。

【非法制造、出售非法制造的发票罪】伪造、擅自制造或者出售伪造、擅自制造的前款规定以外的其他发票的，处二年以下有期徒刑、拘役或者管制，并处或者单处一万元以上五万元以下罚金；情节严重的，处二年以上七年以下有期徒刑，并处五万元以上五十万元以下罚金。

【非法出售用于骗取出口退税、抵扣税款发票罪】非法出售可以用于骗取出口退税、抵扣税款的其他发票的，依照第一款的规定处罚。

【非法出售发票罪】非法出售第三款规定以外的其他发票的，依照第二款的规定处罚。

65. 刷单手联手商铺借漏洞骗取平台近两百万元应如何定罪？

——周某、陈某某等人诈骗罪案[①]

◉ 案情简介

公诉机关：江苏省某市人民检察院
被告人：周某、陈某某等

公诉机关指控：2016年7～8月，被害单位北京三快在线科技有限公司旗下美团网、大众点评网结算系统风险控制程序暂时失效，导致消费者在上述平台注册店铺与被害单位结算周期日前一天下单消费并于次日申请退款成功后，被害单位在将消费款退还给消费者的同时，仍将消费款扣除平台管理费后的款项作为结算款结算给店铺。被告人周某、陈某某等43人分别作为店铺操作者、注册者、提供者、介绍者，利用上述所谓的“漏洞”，采用先虚假消费订单、再申请退款等方式对美团网、大众点评网注册商铺实施恶意操作，

① 案例摘自江苏省高邮市人民法院（2017）苏1084刑初357号刑事判决书。

骗取被害单位结算款。其中，周某参与诈骗金额57.8万元，陈某某参与诈骗金额88.5万元。周某、陈某某等行为均触犯了《刑法》第266条的规定，应当以诈骗罪追究其刑事责任。

被告人辩护人提出抗辩，周某、陈某某等诈骗的钱财是诈骗结算给商户的钱，应当认定为犯有"合同诈骗罪"，而不应是"诈骗罪"。理由是：美团要与商户进行结算，是因为用户消费成功后，美团要收取平台管理费，再将消费款打给商户。当美团出现漏洞之后，其将消费款退给用户的同时，又把钱打给商户，周某、陈某某等的犯罪对象是美团的结算款，而不是用户的返还款。因此，美团与商户是服务合同关系，结算是履行合同有关的财物，所以应认定周某、陈某某等犯合同诈骗罪。

◉ 审理结果

本院经审理认为，合同诈骗罪是指行为人在签订、履行合同过程中，骗取对方当事人财物的行为，其本质是通过合同交易行为获取非法利益，而不是基于其他与合同无关的事由骗取钱财。本案中，被害单位与商户签订商户入驻合同约定的是当消费者在商户消费后，被害单位于一定周期将钱款结算给商户，其结算的是商户自身经营所得。本案被告人之所以骗得钱款、被害单位遭受损失，不是基于合同本身，而是建立在恶意操作者利用被害单位结算漏洞、假冒消费者身份进行消费后申请退款这一虚假交易行为的前提下，商户操作同意退款行为是被告人能够得逞的原因，也与合同交易行为无关。故本院认为被告人的行为不符合合同诈骗罪的特征，应当定性为诈骗罪，对辩护人的上述辩护意见不予采纳。最终，法院判处本案主犯周某犯诈骗罪，判处有期徒刑10年，并处罚金人民币10万元；本案主犯陈某某犯诈骗罪，判处有期徒刑12年，并处罚金人民币12万元；其他同案人员均处以刑罚。

◉ 法理分析

本案争议焦点之一在于合同诈骗罪和诈骗罪如何区分。合同诈骗罪与诈骗罪是特殊与一般的关系，二者均表现为以非法占有为目的，虚构事实或者隐瞒真相，以骗取财物。合同诈骗罪仅发生在合同的签订、履行过程中，行为人实施的是与合同内容有关的活动，合同是导致被害人陷入认识错误而作出财产处分的主要原因。具体到本案，尽管被告人表象上是以非法占有美团平台对商户的结算款为目的，该结算款项是商家入驻平台后，基于平台的服务协议和规则产生的结算金额，表面上看似合同款项，实际并非这样。首先，判断是否构成合同诈骗罪，不能简单地以"签订合同+骗取财物"为标准来判断，应当考察行为人骗取财物与合同本身的内在联系。[①]具体到本案，本案的服务合同系商家为消费者提供线上点餐服务，消费者付款后由平台与商家进行结算。如果被告人本身便是假冒消费者，那么其与商家之间自始至终便不会建立点餐合意，商家也不会通过准备食材等必要的合同行为来完成预先拟定的线上点餐交易流程。此种情况下，"合同"仅仅是

---

① 王超. 合同诈骗罪典型案例裁判规则评析［J］. 法治现代化研究，2022（1）：126.

一种道具，商家根本无意履行合同相关的经济活动，自然便不构成合同诈骗。其次，还需要考量被告人处分财产是否是基于合同本身的错误认识。具体到本案，被害人之所以将结算款错误支付给商家，本质原因在于在双方合同之外，商家与所谓的消费者串通，设立了虚假交易行为。该虚假交易行为并非属于商家与平台的服务合同内容，平台的错误认知与合同无关，系合同外因素导致，故不宜认定为合同诈骗罪。之所以被告人希望能够以合同诈骗罪定罪量刑，原因在于合同诈骗与诈骗的起刑点、量刑标准不同，合同诈骗罪的立案追诉标准高于诈骗罪。

随着各种网络外卖、购物平台的兴起，各种新型刷单骗局也层出不穷，与传统诈骗方式相比，存在以下几个特点：第一，多是利用平台系统漏洞、算法瑕疵等，此种情况下，作为电子商务平台经营者的平台方，对于网络运行环境安全检测、支付结算安全防控应当有更高的注意和防范义务。第二，一旦发现漏洞，借助于网络系统的高速运算和便捷性，很容易发生井喷式爆发，短时间内造成被害人的大量损失。第三，由于通过电子商务平台实施犯罪，借助电子商务平台经营者本身的信息保存义务，各种交易信息、记录均被完整保存下来，一旦案发，涉案人员、涉案金额很容易被统计出来，能够精确核算诈骗金额。

◉ 法条点击

《中华人民共和国刑法》

第二百二十四条 【合同诈骗罪】有下列情形之一，以非法占有为目的，在签订、履行合同过程中，骗取对方当事人财物，数额较大的，处三年以下有期徒刑或者拘役，并处或者单处罚金；数额巨大或者有其他严重情节的，处三年以上十年以下有期徒刑，并处罚金；数额特别巨大或者有其他特别严重情节的，处十年以上有期徒刑或者无期徒刑，并处罚金或者没收财产：

（一）以虚构的单位或者冒用他人名义签订合同的；

（二）以伪造、变造、作废的票据或者其他虚假的产权证明作担保的；

（三）没有实际履行能力，以先履行小额合同或者部分履行合同的方法，诱骗对方当事人继续签订和履行合同的；

（四）收受对方当事人给付的货物、货款、预付款或者担保财产后逃匿的；

（五）以其他方法骗取对方当事人财物的。

第二百六十六条 【诈骗罪】诈骗公私财物，数额较大的，处三年以下有期徒刑、拘役或者管制，并处或者单处罚金；数额巨大或者有其他严重情节的，处三年以上十年以下有期徒刑，并处罚金；数额特别巨大或者有其他特别严重情节的，处十年以上有期徒刑或者无期徒刑，并处罚金或者没收财产。本法另有规定的，依照规定。

66. 制造并销售网络病毒以牟取暴利该担何责?

——“熊猫烧香”病毒第一案[1]

案情简介

公诉机关：湖北省某人民检察院

被告人：李某、雷某等

2006 年底，我国互联网上大规模爆发“熊猫烧香”病毒及其变种。该病毒通过多种方式进行传播，并将感染的所有程序文件改成熊猫举着三根香的模样，同时该病毒还具有盗取用户游戏账号、QQ 账号等功能。该病毒传播速度快，危害范围广，截至案发为止，已有上百万个人用户、网吧及企业局域网用户遭受感染和破坏，引起社会各界高度关注。《瑞星 2006 安全报告》将其列为十大病毒之首，在 2006 年的十大电脑病毒排行中一举成为“毒王”。2007 年 1 月中旬，湖北省网监部门根据公安部公共信息网络安全监察局的部署，对“熊猫烧香”病毒的制作者开展调查。经查，熊猫烧香病毒的制作者为湖北省武汉市李某，据李某交代，其于 2006 年 10 月 16 日编写了“熊猫烧香”病毒，并请雷某对该病毒提出修改建议。雷某认为，该病毒会修改被感染文件的图标，且没有隐藏病毒进程，容易被发现，建议李某从这两个方面对该病毒程序进行修改。李某按照雷某的建议修改了“熊猫烧香”病毒程序，由于其技术原因，修改后的病毒虽然不改变别人的图标，但还是会导致图标变花，隐藏病毒进程问题也没有解决。2007 年 1 月，雷某自己对该病毒源代码进行修改，仍未解决上述两个问题。2006 年 12 月初，李某在互联网上叫卖该病毒，同时也请王某及其他网友帮助出售该病毒。随着病毒的出售和赠送给网友，“熊猫烧香”病毒迅速在互联网上传播，由此使得自动链接李某个人网站 www.krvkr.com 的流量大幅上升。王某得知此情形后，主动提出为李某卖“流量”，并联系张某购买李某网站的“流量”，所得收入由其和李某平分。为了提高访问李某网站的速度，减少网络拥堵，王某和李某商量后，由王某化名董磊，为李某的网站在南昌锋讯网络科技有限公司租用了一个 2G 内存、百兆独享线路的服务器，租金由李某、王某每月各负担 800 元。张某购买李某网站的流量后，先后将九个游戏木马挂在李某的网站上，盗取自动链接李某网站游戏玩家的“游戏信封”，并将盗取的“游戏信封”进行拆封、转卖，从而获取利益。从 2006 年 12 月至 2007 年 2 月，李某共获利 145 149 元，王某共获利 8 万元，张某共获利 1.2 万元。由于“熊猫烧香”病毒的传播感染，影响了山西、河北、辽宁、广东、湖北、北京、

---

① 案例来源于新浪网，https://news.sina.com.cn/c/2007-09-25/110012631352s.shtml，最后访问日期：2023-08-31。

上海、天津等省市的众多单位和个人的计算机系统的正常运行。2007年2月2日，李某将其网站关闭，之后再未开启该网站。2007年2月4日、5日、7日被告人李某、王某、张某、雷某分别被仙桃市公安局抓获归案。李某、王某、张某归案后交出所得全部赃款。李某交出“熊猫烧香”病毒专杀工具。

◉ 审理结果

湖北省某人民法院审理后认为，被告人李某、雷某故意制作计算机病毒，被告人李某、王某、张某故意传播计算机病毒，影响了众多计算机系统正常运行，后果严重，其行为均已构成破坏计算机信息系统罪，应负刑事责任。被告人李某在共同犯罪中起主要作用，是本案主犯，应当按照其所参与的全部犯罪处罚。判决被告人李某犯破坏计算机信息系统罪，判处有期徒刑4年；被告人王某犯破坏计算机信息系统罪，判处有期徒刑2年6个月；被告人张某犯破坏计算机信息系统罪，判处有期徒刑2年；被告人雷某犯破坏计算机信息系统罪，判处有期徒刑1年。

◉ 法理评析

《中华人民共和国计算机信息系统安全保护条例》第28条第1款规定：“计算机病毒，是指编制或者在计算机程序中插入的破坏计算机功能或者毁坏数据，影响计算机使用，并能自我复制的一组计算机指令或者程序代码。”可见，计算机病毒具有传染性、潜伏性、隐蔽性、破坏性和可触发性。一些危险性病毒可以在计算机系统操作中导致严重的错误，甚至删除程序、破坏数据、清除系统内存区和操作系统中重要的信息，不但会造成资源和财富的巨大浪费，而且有可能造成社会性的灾难。随着信息化社会的发展，计算机病毒已成为影响网络安全的首要问题。网络病毒的泛滥，已引起世界各国高度重视，各国纷纷加强立法，打击病毒犯罪。我国《刑法》中专门设立了破坏计算机信息系统罪，其中包括故意制作、传播计算机病毒等破坏性程序的行为。

对于帮助制作、传播计算机病毒等情节较轻的行为尽管没有单列罪名，但是可以以帮助信息网络活动犯罪[①]对该行为进行相应刑事处罚。而对于尚未构成犯罪的危害网络安全的活动，我国于2016年颁布的《网络安全法》中规定了相应的行政处罚责任，且对于有违法前科的人员，禁止其从事网络安全管理和网络运营相关工作，使得相关网络安全法律规范逐渐完善，针对违法行为的损害程度，给予民事赔偿、行政处罚、刑事处罚，以最大程度地维护网络环境安全。

在本案中，被告人李某等制造计算机病毒并在网络上传播，严重地威胁了互联网的安全，损害了广大网民的财产利益，这是一种犯罪行为，应当承担刑事责任。

---

①《刑法》第287条之二第1款规定：“【帮助信息网络犯罪活动罪】明知他人利用信息网络实施犯罪，为其犯罪提供互联网接入、服务器托管、网络存储、通讯传输等技术支持，或者提供广告推广、支付结算等帮助，情节严重的，处三年以下有期徒刑或者拘役，并处或者单处罚金。”

◉ 法条点击

《中华人民共和国电子商务法》

第三十条 电子商务平台经营者应当采取技术措施和其他必要措施保证其网络安全、稳定运行，防范网络违法犯罪活动，有效应对网络安全事件，保障电子商务交易安全。

电子商务平台经营者应当制定网络安全事件应急预案，发生网络安全事件时，应当立即启动应急预案，采取相应的补救措施，并向有关主管部门报告。

第七十九条 电子商务经营者违反法律、行政法规有关个人信息保护的规定，或者不履行本法第三十条和有关法律、行政法规规定的网络安全保障义务的，依照《中华人民共和国网络安全法》等法律、行政法规的规定处罚。

《中华人民共和国网络安全法》

第二十七条 任何个人和组织不得从事非法侵入他人网络、干扰他人网络正常功能、窃取网络数据等危害网络安全的活动；不得提供专门用于从事侵入网络、干扰网络正常功能及防护措施、窃取网络数据等危害网络安全活动的程序、工具；明知他人从事危害网络安全的活动的，不得为其提供技术支持、广告推广、支付结算等帮助。

第六十三条 违反本法第二十七条规定，从事危害网络安全的活动，或者提供专门用于从事危害网络安全活动的程序、工具，或者为他人从事危害网络安全的活动提供技术支持、广告推广、支付结算等帮助，尚不构成犯罪的，由公安机关没收违法所得，处五日以下拘留，可以并处五万元以上五十万元以下罚款；情节较重的，处五日以上十五日以下拘留，可以并处十万元以上一百万元以下罚款。

单位有前款行为的，由公安机关没收违法所得，处十万元以上一百万元以下罚款，并对直接负责的主管人员和其他直接责任人员依照前款规定处罚。

违反本法第二十七条规定，受到治安管理处罚的人员，五年内不得从事网络安全管理和网络运营关键岗位的工作；受到刑事处罚的人员，终身不得从事网络安全管理和网络运营关键岗位的工作。

《中华人民共和国刑法》

第二百八十六条 【破坏计算机信息系统罪】违反国家规定，对计算机信息系统功能进行删除、修改、增加、干扰，造成计算机信息系统不能正常运行，后果严重的，处五年以下有期徒刑或者拘役；后果特别严重的，处五年以上有期徒刑。

违反国家规定，对计算机信息系统中存储、处理或者传输的数据和应用程序进行删除、修改、增加的操作，后果严重的，依照前款的规定处罚。

故意制作、传播计算机病毒等破坏性程序，影响计算机系统正常运行，后果严重的，依照第一款的规定处罚。

单位犯前三款罪的，对单位判处罚金，并对其直接负责的主管人员和其他直接责任人员，依照第一款的规定处罚。

参 考 文 献

一、中文著作

1. [美] 沃克. 牛津大辞典 [Z]. 李双元等译. 北京：法律出版社，2003.
2. 曹士兵，牛凯. 电子商务领域“二选一”行为的法律问题研究 [M]. 北京：人民法院出版社，2020.
3. 李晓秋. 信息技术时代的商业方法可专利性研究 [M]. 北京：法律出版社，2012.
4. 凌斌. 电子商务法（第二版）[M]. 北京：中国人民大学出版社，2022.
5. 人民法院出版社. 最高人民法院发布的典型案例汇编　2009—2021（知识产权　民事诉讼索引卷）[M]. 北京：人民法院出版社，2021.
6. 张楚，李晓惠. 电子商务法教程（第二版）[M]. 北京：知识产权出版社，2017.
7. 张平. 网络知识产权及相关法律问题透析 [M]. 北京：知识产权出版社，2002.

二、中文期刊

1. 曹阳. 互联网平台提供商的民事侵权责任分析 [J]. 东方法学，2017（3）.
2. 程信和，董晓佳. 网络餐饮平台法律监管的困境及其治理 [J]. 华南师范大学学报（社会科学版），2017（3）.
3. 邓鑫. 第三方电商平台自律管理规则的效力 [J]. 人民司法（案例），2018（32）.
4. 郭明瑞. 补充责任、相应的补充责任与责任人的追偿权 [J]. 烟台大学学报（哲学社会科学版），2011（1）.
5. 孔祥俊.“互联网条款”对于新类型网络服务的适用问题——从“通知删除”到“通知加采取必要措施”[J]. 政法论丛，2020（1）.
6. 兰昊. 电商领域知识产权“通知—删除”规则的困境与出路 [J]. 知识产权，2020（4）.
7. 兰昊. 电商领域知识产权“通知—删除”规则的困境与出路 [J]. 知识产权，2020（4）.
8. 兰晓为，彭小坤.“网络服务提供者”之微观解析 [J]. 科技与法律，2009（5）.
9. 蓝寿荣，郭纯. 论网络刷单行为的危害及法律责任 [J]. 南昌大学学报（人文社会科学版），2018（3）.
10. 李晓秋. 析商业方法的可专利性 [J]. 政法论坛，2011（2）.
11. 刘力，何建. 电商平台打假的裁判规范及其法理逻辑——浙江淘宝网络有限公司诉许文强等网络服务合同纠纷案 [J]. 法律适用，2019（6）.
12. 刘晓春.《电子商务法》知识产权通知删除制度的反思与完善 [J]. 中国社会科学院研究生院学报，2019（2）.
13. 罗英，谷雨. 网络平台自治规则的治理逻辑 [J]. 学习与实践，2021（8）.
14. 马更新.“通知—删除”规则的检视与完善 [J]. 政治与法律，2022（10）.

15. 沈浩蓝. 法益抑或财产权利？——《民法典》规定的“数据”的法律性质认定［J］. 科技与法律（中英文），2021（3）.
16. 王超. 合同诈骗罪典型案例裁判规则评析［J］. 法治现代化研究，2022（1）.
17. 王杰. 网络存储空间服务提供者的注意义务新解［J］. 法律科学（西北政法大学学报），2020（3）.
18. 王琴. 提供虚假刷量服务构成不正当竞争［J］. 人民司法，2021（11）.
19. 王新. 新解我国发票类的罪名体系［J］. 政法论丛，2016（2）.
20. 魏宁. 电子商务中“通知—删除”规则滥用的规制——以平台自治与法律实施为视角［J］. 南大法学，2022（5）.
21. 吴汉东. 侵权责任法视野下的网络侵权责任解析［J］. 法商研究，2010（6）.
22. 吴林昊. 重思消费者反悔权：权利基础与保护架构［J］. 甘肃政法学院学报，2022（1）.
23. 吴伟光. 对反不正当竞争法中竞争关系的批判与重构——以立法目的、商业道德与竞争关系之间的体系性理解为视角［J］. 当代法学，2019（01）.
24. 夏庆锋. 网络合同中不正当格式条款的纠正规则［J］. 江淮论坛，2020（2）.
25. 徐卓斌.《电子商务法》对知识产权法的影响［J］. 知识产权，2019（3）.
26. 杨立新. 民法总则规定网络虚拟财产的含义及重要价值［J］. 东方法学，2017（3）.
27. 张新宝. 顺风车网络平台的安全保障义务与侵权责任［J］. 法律适用（司法案例），2018（12）.

三、中文报纸

1. 李晓秋. 客观认识专利法“通知—删除”规则［N］. 中国知识产权报，2016-08-26（008）.
2. 唐旭超，王要勤.“当当”销售不达标产品被判 10 倍赔偿［N］. 人民法院报，2013-10-09（003）.